"十三五"普通高等教育本科规划教材

U0643163

土力学

主　编　林　斌
副主编　朱　杰　张德圣
编　写　缪海波
主　审　李相然

中国电力出版社
CHINA ELECTRIC POWER PRESS

内 容 提 要

本书是"十三五"普通高等教育本科规划教材。本书着重阐述基本理论、基本原理，以及新概念、新方法的主旨，适当增加工程实例和工程问题的介绍，以帮助学生加强对工程问题的理解和分析能力。全书共分八章，主要内容包括土的物理力学性质与工程分类、土的渗透性及流量计算、地基中的应力计算、土的压缩性与地基沉降计算、土的抗剪强度及其参数确定、土压力计算、地基承载力计算和土坡稳定性分析。各章后附有思考题和习题。

本书可作为土木工程专业及相近专业的土力学教材或教学参考书，也可供有关工程技术人员参考。

图书在版编目（CIP）数据

土力学/林斌主编 . —北京：中国电力出版社，2017.8

"十三五"普通高等教育本科规划教材

ISBN 978-7-5198-0828-0

Ⅰ.①土…　Ⅱ.①林…　Ⅲ.①土力学—高等学校—教材　Ⅳ.①TU43

中国版本图书馆 CIP 数据核字（2017）第 180102 号

出版发行：中国电力出版社
地　　址：北京市东城区北京站西街 19 号（邮政编码 100005）
网　　址：http：//www.cepp.sgcc.com.cn
责任编辑：孙　静
责任校对：朱丽芳
装帧设计：赵姗姗
责任印制：吴　迪

印　　刷：三河市百盛印装有限公司
版　　次：2017 年 8 月第一版
印　　次：2017 年 8 月北京第一次印刷
开　　本：787 毫米×1092 毫米　16 开本
印　　张：12.25
字　　数：297 千字
定　　价：25.00 元

前 言

  土力学是土木工程专业必修的一门专业基础课，它是将固体力学和流体力学等学科的基本原理应用于土体的一门应用学科，是力学的一个重要分支。本书紧紧围绕土力学中的三大理论和三大工程应用问题，即渗透理论、强度理论和变形理论，以及挡土墙设计、地基承载力计算、土坡稳定性分析，阐述土的基本物理力学特性，包括渗透、应力、变形、强度及在工程中的应用。土力学是一门理论性和实践性都很强的课程，本书在编写过程中，注意理论与实际的结合，通过对一些工程问题的分析，希望有助于培养学生分析与解决实际问题的能力；同时注意概念的准确和语言精练与通畅。

  本书由林斌任主编，朱杰、张德圣任副主编，全书除绪论外共分八章，绪论、第二章、第四章由林斌编写，第一章、第五章和第七章由张德圣编写；第三章、第六章、第八章由朱杰编写，其中缪海波参与了第八章部分内容的编写工作。全书由林斌统稿。

  李相然审阅了全书并提出了许多宝贵意见和建议，在此表示诚挚的感谢。

  由于编者水平和时间所限，书中不足之处在所难免，恳请广大读者多提宝贵意见。

编 者
2017 年 5 月

目 录

前言

绪论 ………………………………………………………………………………… 1

第一章 土的物理性质与工程分类 ……………………………………………… 5

第一节 土的生成 ………………………………………………………………… 5

第二节 土的结构和构造 ………………………………………………………… 6

第三节 土的三相组成 …………………………………………………………… 8

第四节 土的三相物理性质指标 ………………………………………………… 12

第五节 土的物理状态指标 ……………………………………………………… 17

第六节 土的压实性 ……………………………………………………………… 21

第七节 土的工程分类 …………………………………………………………… 27

思考题 …………………………………………………………………………… 30

习题 ……………………………………………………………………………… 31

第二章 土的渗透性及流量计算 ………………………………………………… 32

第一节 土体中水的渗透规律 …………………………………………………… 32

第二节 流网及其应用 …………………………………………………………… 43

第三节 渗透力与渗透稳定性 …………………………………………………… 47

思考题 …………………………………………………………………………… 51

习题 ……………………………………………………………………………… 51

第三章 地基中的应力计算 ……………………………………………………… 54

第一节 土中自重应力 …………………………………………………………… 54

第二节 基础底面压力计算 ……………………………………………………… 57

第三节 地基中的附加应力 ……………………………………………………… 63

思考题 …………………………………………………………………………… 82

习题 ……………………………………………………………………………… 82

第四章 土的压缩性与地基沉降计算 …………………………………………… 84

第一节 有效应力原理 …………………………………………………………… 84

第二节 土的压缩性 ……………………………………………………………… 87

第三节 地基最终沉降量计算 …………………………………………………… 90

第四节 地基沉降计算的 $e\text{-}\lg p$ 曲线法 ……………………………………… 98

第五节 饱和土的单向固结理论 ………………………………………………… 103

第六节 地基沉降组成及计算 …………………………………………………… 109

思考题 …………………………………………………………………………… 111

习题 ……………………………………………………………………………… 111

第五章　土的抗剪强度及其参数确定 ··· 114

　　第一节　莫尔-库仑强度理论 ··· 114

　　第二节　土的极限平衡条件 ··· 116

　　第三节　土的抗剪强度指标及测定方法 ··· 117

　　第四节　土的抗剪强度影响因素及指标选择 ··· 128

　　第五节　土的孔隙水压力系数 ··· 129

　　第六节　土的应力路径 ··· 132

　　思考题 ···　133

　　习题 ···　133

第六章　土压力计算 ··· 134

　　第一节　挡土墙上的土压力 ··· 135

　　第二节　土压力理论 ·· 137

　　思考题 ···　149

　　习题 ···　149

第七章　地基承载力计算 ··· 151

　　第一节　浅基础的地基破坏模式 ··· 151

　　第二节　地基的荷载 ·· 153

　　第三节　地基极限承载力 ··· 156

　　第四节　地基承载力的确定 ··· 161

　　第五节　地基承载力公式的适用条件 ·· 166

　　思考题 ···　167

　　习题 ···　167

第八章　土坡稳定性分析 ··· 169

　　第一节　土坡稳定性分析方法 ·· 169

　　第二节　水对边坡稳定性的影响 ··· 184

　　第三节　土坡稳定性的影响因素及防治措施 ··· 186

　　思考题 ···　187

　　习题 ···　187

参考文献 ··· 189

绪　　论

一、土力学的学科特点

土力学是一门研究土体的应力、变形、强度、渗流和长期稳定性的一门学科。它既是工程力学的一个分支学科，又是土木工程学科的一部分。

土力学学科承担了研究和解决土体的力学性能和土体内部的应力、变形，岩土工程中支挡结构上的外荷载（土压力），以及渗流对土体的作用等工程问题。具体可以分为三个方面：①研究土体的稳定问题。研究土体的强度和内部应力，如地基的稳定、边坡的稳定等。当地基的强度不足时，将导致建筑物的失稳或破坏；当土体的强度不足时，将导致边坡的滑坡。②研究土体变形问题。即使土体具有足够的强度能保证自身的稳定，还应控制土体的变形。对建筑物而言，要求其竖向沉降和不均匀沉降不允许超过规定的变形值，否则，将导致建筑物的倾斜、开裂，降低或失去使用价值，严重的将酿成毁坏等安全事故。③研究渗流对土体变形和稳定的影响。如对土工建筑物（如土坝、土堤、岸坡）、水工建筑物地基，或其他挡土挡水结构，必须要考虑渗流对土体和结构物的影响。为了解决上述工程问题，就要研究土的物理性质和工程性质，掌握土体的应力、变形、强度和渗透性质等力学行为及其内在规律，解决岩土工程的设计、施工、维护及工程事故处理等问题，这也正是土力学学科的性质和承担的任务。

土是一种自然界的产物，是地壳岩石经过强烈风化后所产生的碎散矿物集合体。在土的形成过程中，经受了风化、剥蚀、搬运和沉积等不同的阶段，是一个长期而复杂的过程，加上交错复杂的自然环境，构成了土与其他材料显著不同的特征和特性。

土的基本特征主要表现在三个方面：

（1）碎散性。土体是由大小不同的土颗粒堆积而成的。土颗粒之间存在着大量的孔隙，可以透水和透气。土颗粒之间的胶结力很弱，甚至是松散的，因此，可认为土是碎散的，是一种多孔、非连续介质，是一种以摩擦为主的堆积性材料。土的碎散性表明：土的强度低、受力后易变形，体积变化主要是孔隙变化，剪切变形主要由颗粒相对位移引起。

（2）自然变异性或不均匀性。土的生成条件和生成环境的不同，就产生了自然界中的多种不同的土。例如，在同一场地、不同深度的土的性质可能就不一样，甚至相距仅有几厘米也会有变化，即使是同一地点的土，其力学性质也可能随方向的不同而不同。土的自然变异性就是指土的工程性质随空间与时间而变异的性质，也称为不均匀性。土的这种变异性是客观的、自然形成的。土的自然变异性包括了不均匀性、各向异性、结构性和时空变异性。

（3）多相性。土体一般是由固体颗粒、水和气三部分所组成的三相体系。土的沉积年代不同、三相比例不同，土的性质不同。在特殊情况下，土也可以成为二相组成，如完全饱和土（孔隙体积充满了水）和干土（土中不含水）。土的三相组成导致土的性质十分复杂，如土承受的荷载是由土骨架、孔隙介质共同承担，两者存在着复杂的相互作用关系。

由于土体的上述特征，借用连续介质力学原理研究土体的渗透、变形及强度特征的土力学理论，往往采用较多的简化假设，这就导致了土力学的理论不够严密，在处理工程实践中与土力学有关的工程问题时，不能简单地凭借数学和力学的分析方法，必须重视将定量计算结果与定性的地质分析方法、土工测试技术和工程经验进行综合运用，合理地确定设计与施工方案。

二、土力学课程的内容和学习方法

土力学课程的内容分为两个部分：①土力学基本理论部分，其核心研究内容主要有土体强度、变形和渗透性问题三个方面，该部分包含了土体基本的物理、力学性质；②应用土力学部分，主要是应用土力学原理解决土工实践中遇到的与土体强度、变形有关的问题，主要包含了土压力计算、地基承载力确定与土坡稳定性分析三方面内容。

一般来说，土的物理性质可以从宏观上定义土的工程性质，因此将土的物理性质作为土力学的基础放在本书开始介绍，随后围绕土体的变形（沉降）与强度逐次展开内容，而作为应用土力学部分的挡土结构上外荷载计算、地基承载力确定和边坡稳定性分析，则在介绍了土体的基本力学性质后，安排了三章分别讲解。由此，本书共分成八章，各章的主要内容如下：

第一章土的物理性质与工程分类。主要介绍土的组成、粒组划分、三种黏土矿物及其特性、土中水的赋存状态、土的三相比例指标的定义及其计算与相互换算方法、常规物理指标的测试内容与方法、无黏性土的密实性与判断方法、黏性土的物理特性，以及建筑地基土的工程分类方法和土的压实原理与影响因素等。

第二章土的渗透性及流量计算。主要介绍达西定律及其适用条件、土的渗透系数及其测定方法、影响土渗透性的因素、地下水稳定流量计算、流网绘制及其应用、渗透力计算与渗透变形与控制方法。

第三章地基中的应力计算。主要介绍地基中的自重应力及其计算方法、地基附加应力及其产生的原因、半无限空间在集中荷载作用下的地基应力计算方法、地基附加应力的叠加计算方法、不同几何形状基础均布荷载作用下的地基附加应力计算方法、偏心荷载作用下的地基附加应力计算方法、条形基础不同荷载作用下的地基附加应力计算方法和非均质地基的附加应力计算方法。本章学习为后面地基沉降计算和地基承载力计算提供必要的条件。

第四章土的压缩性与地基沉降计算。主要介绍土的有效应力原理；土的压缩特性、压缩试验、压缩性指标的确定及压缩性评价；同时，介绍了地基沉降计算方法：分层总和法和《建筑地基基础设计规范》（GB 50007—2011）推荐方法的基本原理与计算方法；考虑应力历史条件下的地基沉降计算；饱和土的单向固结理论，分析了沉降与时间因素的关系等。

第五章土的抗剪强度及其参数确定。主要介绍土的莫尔-库仑强度理论、土的直剪试验、无侧限抗压强度试验和三轴压缩试验、十字板剪切原位试验及抗剪强度指标确定方法；不同排水条件下土的抗剪强度及影响土的抗剪强度的因素；三轴压缩试验中的孔隙压力系数物理意义及应力路径的概念。

第六章土压力计算。主要介绍静止、主动与被动土压力的基本概念、朗肯土压力理论和库仑土压力理论的基本原理及实用计算方法，尤其是在各种特殊条件下土压力的计算方法。

第七章地基承载力计算。主要介绍地基破坏的三种模式、地基的临塑荷载和界限荷载的基本概念、理论推导、适用范围和实用计算表达式；现场荷载试验、地基极限承载力和普朗特尔、太沙基和汉森等地基极限承载力计算公式及其适用条件，并给出了《建筑地基基础设计规范》（GB 50007—2011）提出的理论计算公式。

第八章土坡稳定性分析。主要介绍均质土坡表层滑动和深层圆弧滑动的稳定分析方法；介绍了摩擦圆法、泰勒法、瑞典条分法、毕肖普条分法的分析计算原理和基岩面上土体滑动失稳的剩余推力计算方法；讨论了地下水对土质边坡稳定性的影响和影响土坡稳定性的因素及防治措施。

土力学是力学的一个分支，但与其他力学分支相比，它还很不成熟、很不完善。由于土体是由固、液、气三相组成，土体三相比例的变化造成其力学性质的复杂性，往往需要通过假设或简化才能应用到工程实践中去。这对于初学者来说，常常会感到不知所措，抓不住要点和难以消化理解等。为此，提出以下几点建议：

（1）着重搞清基本概念，掌握基本计算方法。土力学课程的每一章都有一些重要而基本的概念和相应的计算方法，它们是这一章的核心与关键，应该在理解的基础上尽可能地熟记这些概念，并掌握基本的计算方法和适用条件及它们可能引起的误差范围。

（2）抓住核心内容建立联系。土力学研究的中心问题是土体的应力、变形、稳定与渗流四大主题，整个课程的安排也是围绕着这一方面展开的。因此，在土力学课程的学习中应抓住主线，找出内在联系，融会贯通。

（3）在学习理论知识的同时必须重视工程实践、重视动手试验，掌握室内试验与数据处理方法，有意识地培养自己认识工程性质和分析、解决与土力学有关的工程实际问题的能力。

三、土力学的发展简介与展望

土力学是岩土工程学科的基础课程，是一门既古老而又年青的应用学科。我国古代劳动人民创造了灿烂的文化，留下了令今人叹为观止的工程遗产，恢宏的宫殿寺院，灵巧的水榭楼台，巍峨的高塔，蜿蜒万里的长城、大运河等，这些工程无不体现出能工巧匠的高超技艺和创新智慧。然而这些还仅局限于工程实践经验，受到当时生产力水平的限制，未能形成系统的土力学和工程建设理论。

土力学逐渐形成理论始于18世纪兴起工业革命的欧洲，那时，为满足资本主义工业化的发展和市场向外扩张的需要，工业厂房、城市建筑、铁路等大规模的兴建，提出了许多与土力学相关的问题，如铁路路基问题。1773年，法国库仑（Coulomb）创立了著名的砂土抗剪强度公式，提出了计算挡土墙土压力的滑楔理论。1869年，英国朗肯（Rankine）又依据强度理论从另一角度推导了土压力计算公式。1885年，法国布辛内斯克（Boussinesq）求得了弹性半无限空间在竖向集中力作用下的应力与变形的理论解。1922年，瑞典费伦纽斯（Fellenius）提出了土坡稳定性分析方法。这些古典的理论和方法影响着后人。许多学者前赴后继的努力，为本学科的系统发展作出了贡献。1925年，美籍土力学家太沙基（Terzaghi）归纳了以往的研究成果，提出了一维固结理论，阐述了有效应力原理，发表了第一本《土力学》专著，标志着近代土力学学科的形成。1963年，英国罗斯科（Roscoe）等人创建著名的剑桥弹塑性模型，标志着人们对土的性质的认识和研究进入了一个崭新的阶段。

回顾新中国成立后的50多年，围绕着解决工程建设中提出的问题，土力学学科在我国得到了广泛的传播和发展。尤其是改革开放以后，国家大规模的建设促进了本学科的发展，在土力学理论和工程实践方面均取得了令世人瞩目的划时代进步，为国民经济发展作出了贡献。例如，许多大型水利水电工程、核电站工程、延绵万里的高速公路、大型桥梁、万吨级码头、大型厂房、林立的高楼大厦、地下空间开发利用等都呈现了本学科理论和实践的巨大成就。工程建设需要学科理论，学科理论的发展更离不开工程建设。21 世纪，人类将面对资源和环境这一严酷生存问题的挑战，有各种各样岩土工程问题需要解决，这恰恰是青年学生将来要肩负的任务。

第一章 土的物理性质与工程分类

　　土是岩石风化产生的物质，也是土力学所研究的基本对象。土的物理性质决定了土的力学性质，从而决定土的工程性质。因此，研究土的物理、力学性质，是研究土的渗透特性、变形特性和强度特性的基础。

　　土是由固体颗粒（固相）、水（液相）和气体（气相）三相所组成的，土的物理性质就是研究这三相的质量与体积间的相互比例关系，以及固、液两相相互作用表现出来的性质。随着土的组成和三相比例指标的不同，土会表现出不同的物理性质，如土的干湿、轻重、松密和软硬等。而土的这些物理性质从某种程度上又决定了土的工程性质。例如，松散、湿软的地层，土的强度低、地基承载力低、压缩性大；反之，土的强度大、地基承载力高、压缩性小。当土粒大时（无黏性土），地层的渗透性大、地基稳定性好；而当土粒细时（黏性土），则地层的渗透性小，地基稳定性差。

第一节 土 的 生 成

　　土是指覆盖在地表和部分海底的碎散的、没有胶结或胶结很弱的颗粒堆积物（沉积物）。地球最外层的坚硬固体物质称为地壳，人类生存与活动范围仅限于地壳表层。在漫长的地质年代中，由于内动力地质作用和外动力地质作用，地壳表层的岩石经历风化、剥蚀、搬运、沉积生成大小悬殊的颗粒，这些颗粒称为土。在不同的自然环境中，由各种应力的地质作用生成了不同类型的土，而土历经压密固结、胶结硬化也可再生成岩石。现在所见到的土是近期地质历史——第四纪以来生成的尚未固结的松散物质，这一地层也叫第四纪沉积层。

一、土的搬运与沉积

　　第四纪土具有各种各样的成因，不同成因类型的土具有不同的分布规律和工程地质特征。主要成因类型包括残积土、坡积土、洪积土和冲积土等。

　　1. 残积土

　　残积土是指残留在原地未被搬运的那一部分原岩风化剥蚀后的产物。残积土和基岩之间没有明显的界限，一般是由基岩风化带直接过渡到新鲜基岩。

　　2. 坡积土

　　坡积土是雨雪水流的地质作用将高处岩石风化产物缓慢地洗刷剥蚀、沿着斜坡向下逐渐移动、沉积在平缓的山坡上而形成的沉积物。

　　3. 洪积土

　　洪积土是由暂时性山洪急流挟带着大量碎屑物质堆积于山谷冲沟出口或山前倾斜平原而形成的沉积物。

　　4. 冲积土

　　冲积土是由江、河流水的地质作用剥蚀两岸的基岩和沉积物，经搬运与沉积在平缓地带而形成的沉积物。

除了上述成因类型的土之外，还有湖泊沼泽沉积土、海相沉积土、冰积土和风积土等。

二、土的风化作用

岩石在不同的风化作用下形成不同性质的土。风化作用主要有物理风化、化学风化和生物风化。

1. 物理风化

岩石经受风、霜、雨、雪的侵蚀，温度、湿度的变化，不均匀地膨胀与收缩破碎，或者运动过程中因碰撞和摩擦破碎，这种只改变矿物颗粒的大小和形状，不改变矿物颗粒的成分的风化形式称为物理风化。只经过物理风化形成的土是无黏性土，一般也称为原生矿物。

2. 化学风化

母岩表面破碎的颗粒受环境因素的作用而产生一系列的化学变化，改变了原来矿物的化学成分，形成新的矿物——次生矿物，这种风化形式称为化学风化。经化学风化形成的土是细粒土，具有黏结力，其成分主要是黏土颗粒及大量的可溶性盐类。

3. 生物风化

由植物、动物和人类活动对岩体的破坏称为生物风化。生物风化形成的土，其矿物成分没有发生变化。

第二节　土的结构和构造

土的结构和构造与土的工程性质紧密相连。对自然界所存在的各种类型的土在物理性质方面表现出来的巨大差异和各自不同的工程力学性质，除了从成分、成因、形成年代和物理化学影响等方面进行研究外，还可以从结构和构造上来探索其根源。事实上，土的结构和构造，不仅是决定土的工程性质的重要因素之一，而且与土的物质成分一样，也是地质历史与环境的产物。

一、土的结构

一般地，土的结构是指微观结构，借助于光学显微镜和电子显微镜对实体扫描放大数千倍所鉴定到的细节。

土的结构是表示土粒的大小、形状、表面特征，相互排列及其连接关系的综合特征，一般可分为单粒结构、蜂窝结构和絮状结构三种基本类型。

1. 单粒结构

如图 1-1（a）所示，单粒结构是无黏性土的基本组成形式，由较粗的砾石、砂粒在重力作用下沉积而成。因其颗粒较大，土粒的结合水很少，颗粒间没有连接力，有时仅有微弱的毛细水连接。土粒排列的紧密程度随其沉积的条件不同而异。如果土粒沉积缓慢或受反复冲击推动作用，则形成紧密的单粒结构，此时土粒排列紧密、强度大、压缩性小，因此是良好的天然地基。当土粒沉积速度快时，如洪水冲积形成的砂层和砾石层，往往形成疏松的单粒结构。由于土粒间孔隙大，土粒骨架不稳定，当受到动力荷载或其他外力作用时，土粒容易移动而趋于紧密，同时产生很大变形。因此，未经处理的这种土层，一般不宜作建筑物的地基。如果饱和疏松的土是由细砂粒或粉砂粒所组成，在强烈的振动作用下，土的结构会突然破坏变成流动状态，引起所谓的"砂土液化"现象，在地震区将会引起震害。

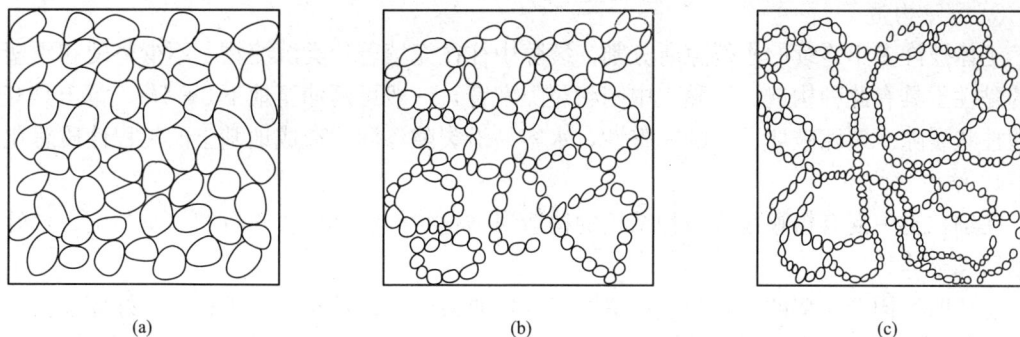

图 1-1　土的结构

（a）单粒结构；（b）蜂窝结构；（c）絮状结构

2. 蜂窝结构

如图 1-1（b）所示，当较细的土粒在水中下沉碰到已经沉积的土粒时，由于它们之间的吸引力大于其自重，因而土粒将停留在接触面上不再下沉，形成了具有很大孔隙的蜂窝结构。

3. 絮状结构

如图 1-1（c）所示，细粒土在水中处于悬浮状态，不会因单个颗粒的自重而下沉。当悬浮液中掺入某些电解质，细颗粒间的排斥力因电荷中和而破坏，凝聚成类似海绵絮状的集合体，并在聚合到一定质量时相继下沉，与已沉积的絮状集合体接触，形成孔隙很大的絮状结构。

具有蜂窝结构和絮状结构的土，颗粒间存在大量微细孔隙，其压缩性大、强度低、透水性弱。又因土粒之间的连接力较弱且不甚稳定，在受扰力作用下（如施工扰动），土粒接触点可能脱离，部分结构遭受破坏，土的强度会迅速降低。此外，具有蜂窝结构和絮状结构的土，其土粒之间的连接力（结构强度）往往由于长期的压密作用和胶结作用而得到加强。

二、土的构造

一般地，土的构造是指整个土层（土体）空间构成上特征的总和，它们借助于肉眼或放大镜可以鉴别，也可以说是土的宏观构造。

土的构造是表示天然土在沉积过程中的成层特性、结构单元的分布、颗粒成分的变化，以及土层是各向同性还是各向异性等，一般可分为层状构造、分散构造、裂隙构造和结核状构造四种类型。

1. 层状构造

土粒在沉积过程中，由于不同阶段沉积的土的物质成分、粒径大小或颜色不同，沿竖向呈现层状特征，常见的有水平层理和交错层理（常带有夹层、尖灭和透镜体等产状）。层状构造反映不同年代、不同搬运条件形成的土层，它是细粒土的一个重要特征。

2. 分散构造

在搬运和沉积过程中，土层中的土粒分布均匀，性质相近，呈现分散构造。分散构造的土可看作各向同性体。各种经过分选的砂、砾石、卵石等沉积厚度通常较大，无明显的层理，呈分散构造。

3. 裂隙构造

土体被许多不连续的小裂隙所分割，裂隙中往往充填着盐类沉淀物。不少坚硬和硬塑状态的黏性土具有此种构造。红黏土中网状裂隙发育，一般可延伸至地下3～4m。黄土具有特殊的柱状裂隙。裂隙破坏了土的完整性，水容易沿裂隙渗漏，造成地基土的工程性质恶化。

4. 结核状构造

在细粒土中混有粗颗粒或各种结核的构造属结核状构造，如含礓石的粉质黏土、含砾石的冰渍黏土等。

上述四种构造类型的土，分散构造的工程性质最好；结核状构造工程性质好坏取决于细粒土部分；裂隙构造中，因裂隙强度低、渗透性大，则工程性质最差。

第三节　土 的 三 相 组 成

土是由固体颗粒（固相）、水（液相）和气体（气相）三者所组成的，在土的固体颗粒之间存在着许多孔隙，孔隙中常有水及气体。土与一般建筑材料（如钢材、混凝土）不同，除强度较低及质地不均匀外，其主要工程特征是：土的三相成分及比例均对土的性质产生影响；一般土具有透水性；土的变形较大，且土的变形需经过一定的时间；土的变形除弹性变形外，还会产生部分不可恢复的残余变形等。

由于土的形成年代、生成环境及成分的不同，所以建筑地基土的性质是复杂而多样的。因此，设计前必须对建筑场地进行工程地质勘察，并进行土的物理、力学性质试验，作出工程地质评价。然后根据上部结构荷载、建筑物使用及构造上的要求，对地基进行变形、强度及稳定性分析。

一、土的固相

土的固相是土的三相组成中的主体，是决定土的工程性质的主要部分。土粒的大小和形状、矿物成分与级配是影响土的物理、力学性质的重要因素。粗大的土粒往往是原生矿物，形成的土是块状或粒状，而细小土粒主要是次生矿物，其形状呈片状。

1. 土粒的矿物成分

土粒的矿物成分可分为原生矿物和次生矿物。

一般粗颗粒的砾石、砂等都是由原生矿物构成，其成分与母岩相同，性质比较稳定，工程性质表现为无黏性、透水性较大、压缩性较低，常见的如石英、长石和云母等。

次生矿物主要是黏土矿物，其成分与母岩完全不同。其性质较不稳定，具有较强的亲水性，遇水易膨胀。常见的黏土矿物有高岭石、伊利石、蒙脱石。图1-2、图1-3分别表示黏土矿物晶片及黏土矿物的基本构造。由图可知，蒙脱石结构单元连接力较弱，亲水性最大，具有较强的吸水膨胀和失水收缩的特性。伊利石亲水性低于蒙脱石。高岭石结构单元的相互连接力较强，水分子不能进入。因此高岭石的亲水性最小。

2. 土粒的粒度和粒组

自然界中的土都是由大小不同的土粒组成，土粒的大小与土的性质密切相关。例如，土粒由粗变细，则土的性质由无黏性变为有黏性。

土粒的大小称为粒度，通常用粒径来表示。土粒的粒径变化时，土的性质也相应地发生变化。工程上将各种不同的土粒，按粒径范围的大小分组，即将某一级粒径的变化范围，称为粒组。土的各粒组的相对含量就称为土的颗粒级配，也称作土的粒度成分。

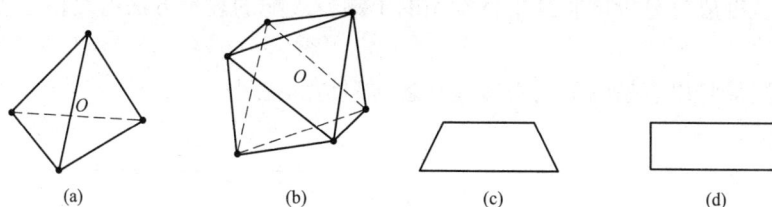

图 1-2 黏土矿物晶片示意图

（a）硅氧四面体；（b）铝氢氧八面体；（c）硅氧晶片；（d）铝氢氧晶片

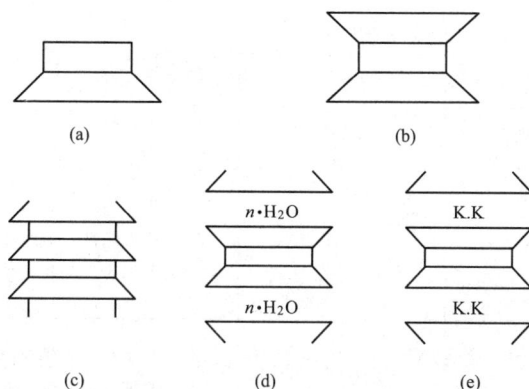

图 1-3 黏土矿物的基本构造

（a）高岭石的基本构造单元；（b）蒙脱石和伊利石的基本构造单元；（c）高岭石的晶体构造；
（d）蒙脱石的晶体构造；（e）伊利石的晶体构造

3. 土的粒度成分分析试验

土的粒度成分或颗粒级配是通过土的颗粒分析试验测定的，常用的方法有筛分法和密度计法（或沉降分析法）两种。

对于粗粒土，可以采用筛分法分析粒度成分。筛分法适用于粒径大于 0.075mm 的粒组，主要设备有电动筛析机（见图1-4），筛子的孔径分别为 20、10、5、2、1、0.5、0.25、0.1、0.075mm。将这套孔径不同的筛子，按从上至下筛孔逐渐减小的顺序放置。将事先称过质量的烘干土样过筛，称出留在各筛上的土的质量，然后计算其占总颗粒的百分数。

对于细粒土，则必须采用密度计法或沉降分析法分析粒度成分。密度计法适用于粒径小于 0.075mm 的土，主要仪器是土壤密度计和容积为 1000mL 的量筒。此法根据斯托克斯

图 1-4 电动筛析机

（Stokes）定理，球状的细颗粒在水中的下沉速度与颗粒直径的平方成正比的原理，不同粒径颗粒在水中的下沉速度不同，从而形成混合物溶液密度的差异，通过计算确定某粒径土粒的百分含量进行粗细分组。在实验室内具体操作时，是利用密度计测定不同时间土粒和水混合物悬液的密度，据此计算出某一粒径土粒占总颗粒的百分数。

4. 土的粒度成分分布曲线

根据土的粒度成分分析试验结果，常用的土颗粒级配的表示方法有表格法和级配曲线法两种。

（1）表格法。是以表格的形式直接表达各粒组情况，见表1-1。

表1-1　　　　　　　　　　　　　　　土粒粒组划分

粒组名称		粒径范围（mm）	一 般 特 征
漂石、块石颗粒		＞200	透水性很大，无黏性，无毛细水
卵石、碎石颗粒		200～20	
圆砾、角砾颗粒	粗	20～10	透水性大，无黏性，毛细水上升高度不超过粒径大小
	中	10～5	
	细	5～2	
砂粒	粗	2～0.5	易透水，当混有云母等杂质时透水性减小，而压缩性增大；无黏性，遇水不膨胀，干燥时松散；毛细水上升高度不大，随粒径变小而增大
	中	0.5～0.25	
	细	0.25～0.075	
粉粒		0.075～0.005	透水性小，湿时稍有黏性，遇水膨胀小，干时稍有收缩；毛细水上升高度较大较快，极易出现冻胀现象
黏粒		＜0.005	透水性很小，湿时有黏性和可塑性，遇水膨胀大，干时收缩显著；毛细水上升高度较大，但速度较慢

（2）级配曲线法。该法是比较全面和通用的一种图解法，其特点是可简单获得定量指标，特别适用于几种土级配好与差的相对比较。

级配曲线法的横坐标为粒径，采用对数坐标表示；纵坐标表示小于某一粒径的土质量的百分含量（如图1-5所示）。级配曲线上，d_{60} 与 d_{10} 的比值称为不均匀系数 C_u，即

$$C_u = \frac{d_{60}}{d_{10}} \tag{1-1}$$

不均匀系数 C_u 是表示土颗粒组成的重要特征。由颗粒级配曲线的坡度可以大致判断土粒的均匀程度或级配是否良好。当 C_u 很小时，曲线很陡，表示土粒均匀，级配不良；当 C_u 很大时，曲线平缓，表示土粒不均匀，级配良好。对于级配连续土体，当 $C_u > 5$ 时为不均匀土，级配良好；反之，为均匀土，级配不良。

但是，如果颗粒级配曲线斜率不连续，在该曲线上的某一位置出现水平段如图1-5中曲线2和曲线3所示，显然水平段范围所包含的粒组含量为零。为避免这种情况的发生，用曲率系数 C_c 表示土的颗粒级配曲线的斜率是否连续，C_c 按下式计算

$$C_c = \frac{(d_{30})^2}{d_{10} \times d_{60}} \tag{1-2}$$

式中　d_{10}——有效粒径，为颗粒级配曲线上纵坐标为10%所对应的粒径，表示小于该粒径的土粒的含量占总质量的10%；

d_{60}——限定粒径，为颗粒级配曲线上纵坐标为 60% 所对应的粒径，表示小于该粒径的土粒的含量占总质量的 60%；

d_{30}——颗粒级配曲线上纵坐标为 30% 所对应的粒径，表示小于该粒径的土粒的含量占总质量的 30%。

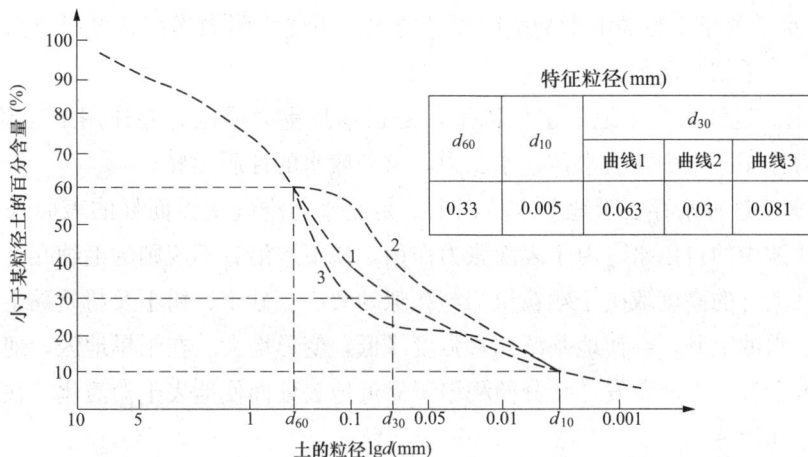

特征粒径(mm)				
d_{60}	d_{10}	d_{30}		
		曲线1	曲线2	曲线3
0.33	0.005	0.063	0.03	0.081

图 1-5 颗粒级配曲线

由图 1-5 可知，当土中缺少的中间粒径大于连续级配曲线的 d_{30} 时，曲率系数变小，而当缺少的中间粒径小于连续级配曲线的 d_{30} 时，曲率系数变大。经验表明，当级配曲线连续时，C_c 的范围为 1～3。因此，当 $C_c<1$ 或 $C_c>3$ 时，均表示级配曲线不连续。从工程观点看，土的级配不均匀（$C_u \geqslant 5$），且级配曲线连续（$C_c=1～3$）的土，称为级配良好的土。不能同时满足上述两个要求的土，称为级配不良的土。

二、土的液相

土中水即为土的液相，其含量及其性质明显地影响土的性质。土中水的赋存状态可以是液态、气态或固态。

1. 土粒与水的相互作用

黏土颗粒的带电现象早在 1809 年为莫斯科大学列依斯（Ruess）发现。列依斯曾进行了电渗电泳试验，研究表明，片状黏土颗粒的表面由于各种原因带有不平衡的负电荷，而水是极性分子，由于黏土矿物的带电性，黏土颗粒四周形成一个电场，使颗粒四周的水发生定向排列，直接影响土中水的性质，从而使黏性土具有许多无黏性土所没有的性质。

2. 土中水的形态

（1）液态水。根据水分子受到引力的大小，液态水主要可以分成结合水和自由水两大类。

1）结合水。指受电分子吸引力作用而吸附于土粒表面呈薄膜状的水。结合水依其离土粒表面的距离又可分为强结合水和弱结合水。

a. 强结合水。受颗粒电场作用力吸引紧紧包围在颗粒表面的水分子称为强结合水，它的性质接近固体，不传递静水压力，密度为 1.2～2.4g/cm³，100℃ 时不蒸发，冰点为 −78℃，具有极大的黏滞性。

b. 弱结合水（也称薄膜水）。弱结合水指紧靠于强结合水外围形成的一层水膜，其厚度

小于 $0.5\mu m$，这层水膜里的水分子和水化离子仍在土粒电场作用范围以内。弱结合水也不传递静水压力，但水膜较厚的弱结合水能向邻近的较薄的水膜处缓慢转移。弱结合水的存在是黏性土在某一含水率范围内表现出可塑性的原因。弱结合水密度为 $1.0\sim1.7g/cm^3$，冰点为 $-30\sim-20℃$。

2）自由水。处于土粒静电影响范围以外的水，不受吸附力作用，可以自由移动。自由水包括重力水和毛细水两种。

a. 重力水。这种水位于地下水位以下，是在本身重力或压力差作用下运动的自由水，对土粒有浮力作用。土中重力水传递水压力，与一般水的性质无异。

b. 毛细水。这种水存在于地下水位以上，是受水与空气交界面处的表面张力作用而存在于细颗粒孔隙中的自由水。由于表面张力作用，地下水沿着不规则的毛细孔上升，形成毛细上升带，其上升的高度取决于颗粒粗细与孔隙的大小。砂土、粉土及粉质黏土中毛细水含量较大。毛细水的上升，会使地基湿润，强度降低，变形增大。在干旱地区，地下水中的可溶盐随毛细水上升后不断蒸发，盐分便积聚于靠近地表处而使地表土盐渍化。在寒冷地区会加剧土的冻胀作用。

（2）气态水。即水汽，它对土的性质影响不大。

（3）固态水。当气温降至 $0℃$ 以下时，液态的自由水结冰为固态水。寒冷地区基础的埋置深度要考虑冻胀问题。

三、土的气相

土中的气体是指存在于土粒孔隙中未被水占据的部分。其存在的形式有两种：一种是与大气相通，不封闭，对土的性质影响不大，称为自由气体；另一种则封闭在土粒孔隙中与大气隔绝，称为封闭气体。封闭气体不易逸出，增大了土体的弹性和压缩性，减小了透水性。

土中气的成分与大气成分比较，含有更多的二氧化碳，较少的氧气，较多的氮气。土中气与大气的交换越困难，两者的差别越大。所以，在与大气连通不畅的地下工程施工中，尤其应注意氧气的补给，以保证施工人员的安全。

第四节　土的三相物理性质指标

土的各个组成部分的质量和体积之间的比例关系，称为土的三相比例指标。通过对土的三相比例指标的了解可以进一步掌握土的基本物理性质。

一、土的三相比例关系图

将土的分散分布的三相分别集中起来，按其比例关系，将固相集中在下部，液相集中在中部，气相集中在上部，构造出土的三相比例关系图，如图1-6所示。

土的三相比例指标包括9个，实测指标（或试验指标）为3个；换算指标（或导出指标）为6个。

二、土的三相实测指标（或试验指标）

土的三相实测指标，也叫试验指标，包括土的天然密度、含水率和土粒相对密度。

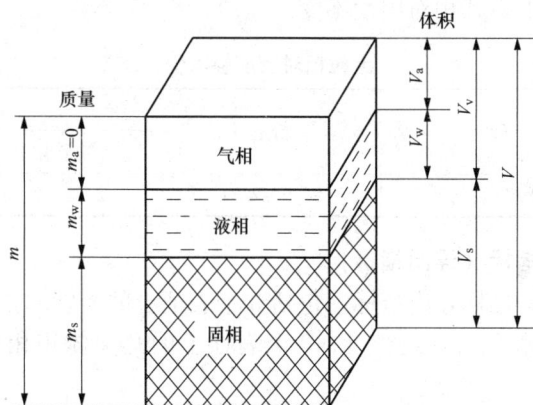

图 1-6 土的三相比例关系图

m_s、m_w、m_a—土粒、土中水、土中气的质量；m—土的总质量，$m=m_s+m_w$；

V_s、V_w、V_a—土粒、土中水、土中气的体积；V_v—土中孔隙的体积，$V_v=V_a+V_w$；

V—土的总体积，$V=V_v+V_s$

1. 土的密度（天然密度）

天然状态下土的密度称天然密度，以下式表示

$$\rho=\frac{m}{V}=\frac{m_s+m_w}{V_s+V_v} \quad (\text{g/cm}^3) \tag{1-3}$$

土的密度取决于土粒的密度、孔隙体积的大小和孔隙中水的质量多少，它综合反映了土的物质组成和结构特征，常见值为 $1.6\sim2.2\text{g/cm}^3$。

土的密度可通过室内试验或野外现场测定（原位测试）。测定方法有环刀法和灌水法，环刀法适用于黏性土、粉土与砂土，灌水法适用于卵石、砾石与原状砂。

2. 土的含水率

土中水的质量与土粒质量之比称为土的含水率，以百分数表示

$$w=\frac{m_w}{m_s}\times100\% \tag{1-4}$$

通常情况下，同一类土当含水率增大时，其强度就降低。土的含水率常用测定方法有以下 2 种：

（1）烘箱法，适用于黏性土、粉土与砂土常规试验。

（2）酒精燃烧法，适用于少量试样快速试验。

3. 土粒相对密度

土粒质量与同体积 4℃纯水的质量之比称为土粒相对密度，以下式表示

$$G_s=\frac{m_s}{V_s}\times\frac{1}{\rho_{wl}}=\frac{\rho_s}{\rho_{wl}} \tag{1-5}$$

式中 ρ_s——土粒密度，g/cm^3；

ρ_{wl}——纯水在 4℃时的密度（单位体积的质量），等于 1g/cm^3 或 1t/m^3。

土粒相对密度的试验测定方法为密度计法。

实际上，土粒相对密度在数值上等于土粒密度，前者无单位。同一类土，其相对密度变化幅度很小，通常可按经验数值选用，见表 1-2。对于同一种土，在不同的状态〔重力密度

（简称重度）、含水率〕下，其相对密度不变。

表 1-2 <center>土粒相对密度参考值</center>

土的名称	砂土	粉土	黏性土	
			粉质黏土	黏土
土粒相对密度	2.65~2.69	2.70~2.71	2.72~2.73	2.74~2.76

三、土的三相换算指标（导出指标）

土的三相换算指标，也称导出指标，包括 3 个表征土的密度的指标，即特殊条件下土的密度，如饱和密度、干密度和有效密度；3 个表征土的孔隙体积相对含量的指标，如孔隙比、孔隙率和饱和度。

1. 特殊条件下土的密度

（1）土的饱和密度与饱和重度。土的饱和密度 ρ_{sat}，是指土孔隙完全被水充满时的土的密度，即

$$\rho_{sat} = \frac{m_s + V_v\rho_w}{V}(\rho_w = \rho_{wl} = 1g/cm^3) \tag{1-6}$$

土的饱和重度为

$$\gamma_{sat} = \rho_{sat}g \quad (kN/m^3) \tag{1-7}$$

（2）土的干密度和干重度。土的干密度是指单位土体积中土粒的质量，即

$$\rho_d = \frac{m_s}{V} \quad (kg/m^3，g/cm^3) \tag{1-8}$$

土的干重度是指单位土体积中土粒的重力，即

$$\gamma_d = \rho_d g \quad (kN/m^3) \tag{1-9}$$

在工程上常把干密度作为评定土体密实程度的指标，以控制填土工程的施工质量。

（3）土的有效密度（有效重度）。单位土体积中土粒的质量扣除同体积水的质量（即为单位土体积中土粒的有效质量），称为土的有效密度 ρ'，即

$$\rho' = \frac{m_s - V_s\rho_w}{V} \tag{1-10}$$

单位土体积中土粒的重力扣除同体积水的重力（即为单位土体积中土粒的有效重力），称为土的有效重度 γ'，即

$$\gamma' = \frac{m_sg - V_s\gamma_w}{V}(kN/m^3) \tag{1-11}$$

根据式（1-6）~式（1-11），在同样条件下，上述几种重度在数值上有如下关系

$$\gamma_{sat} \geqslant \gamma \geqslant \gamma_d > \gamma' \tag{1-12}$$

$$\gamma_{sat} = \gamma' + \gamma_w \tag{1-13}$$

2. 描述土的孔隙体积相对含量的指标

（1）土的孔隙比。土中孔隙体积与土粒体积之比，即

$$e = \frac{V_v}{V_s} \tag{1-14}$$

天然状态下土的孔隙比称为天然孔隙比，它是一个重要的物理性质指标，可以用来评价天然土层的密实程度。一般 $e<0.6$ 的土是密实的土，具有低压缩性；$e>1.0$ 的土是疏松的

土，具有高压缩性。

（2）土的孔隙率。土中孔隙体积与土的总体积之比，即

$$n = \frac{V_v}{V} \times 100\% \tag{1-15}$$

土的孔隙率也可用来表示同一种土的松、密程度。

一般黏性土的孔隙率为 $30\% \sim 50\%$，无黏性土为 $25\% \sim 45\%$。

（3）土的饱和度。土中所含水分的体积与孔隙体积之比，即

$$S_r = \frac{V_w}{V_v} \times 100\% \tag{1-16}$$

饱和度可描述土体中孔隙被水充满的程度。

显然，干土的饱和度 $S_r = 0$，当土处于完全饱和状态时，$S_r = 100\%$。砂土根据饱和度可划分为三种湿润状态：$S_r \leqslant 50\%$，稍湿；$50\% < S_r \leqslant 80\%$，很湿；$S_r > 80\%$，饱和。

四、土的三相比例指标的换算

通过土工试验直接测定土粒相对密度、含水率和土的天然密度这三个基本指标后，可利用三相比例图计算出其余三相比例指标。

已知 $\rho(\gamma)$、G_s、ω，推导 e、n、S_r、$\rho_{sat}(\gamma_{sat})$、$\rho_d(\gamma_d)$ 等的表达式。推导换算指标的关键在于：熟悉各个指标的定义及其表达式，能熟练利用土的三相比例指标换算简图（见图1-7）。

令 $\rho_{wl} = \rho_w$，$V_s = 1$，则 $V_v = e$，$V = 1+e$，$m_s = G_s V_s \rho_w = G_s \rho_w$，$m_w = \omega m_s = \omega G_s \rho_w$，$m = (1+\omega)G_s \rho_w$，推导

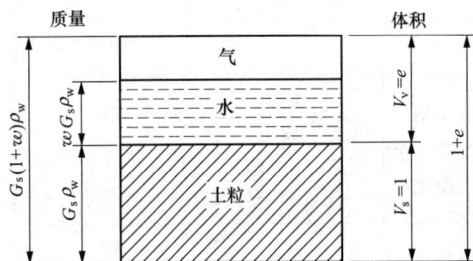

图1-7　土的三相比例指标换算简图

$$\rho = \frac{m}{V} = \frac{(1+\omega)G_s \rho_w}{1+e} \tag{1-17}$$

$$\rho_d = \frac{m_s}{V} = \frac{G_s \rho_w}{1+e} = \frac{\rho}{1+\omega} \tag{1-18}$$

由（1-18）式，得

$$e = \frac{G_s \rho_w}{\rho_d} - 1 = \frac{(1+\omega)G_s \rho_w}{\rho} - 1 \tag{1-19}$$

$$\rho_{sat} = \frac{m_s + V_v \rho_w}{V} = \frac{G_s \rho_w + e\rho_w}{1+e} = \frac{(G_s + e)\rho_w}{1+e} \tag{1-20}$$

$$\rho' = \frac{m_s - V_s \rho_w}{V} = \frac{m_s - (V - V_v)\rho_w}{V} = \frac{m_s + V_v \rho_w - V\rho_w}{V} = \rho_{sat} - \rho_w$$

$$= \frac{(G_s - 1)\rho_w}{1+e} \tag{1-21}$$

$$n = \frac{V_v}{V} = \frac{e}{1+e} \tag{1-22}$$

$$S_r = \frac{V_w}{V_v} = \frac{m_w}{V_v \rho_w} = \frac{\omega G_s \rho_w}{V_v \rho_w} = \frac{\omega G_s}{e} \tag{1-23}$$

根据各换算指标的定义，利用图 1-7 可求得

$$\gamma_{sat} = \frac{G_s + e}{1 + e}\gamma_w \tag{1-24}$$

$$\gamma' = \frac{G_s - 1}{1 + e}\gamma_w \tag{1-25}$$

$$n = 1 - \frac{\rho_d}{G_s\rho_w} \tag{1-26}$$

土的三相比例指标换算公式见表 1-3。

表 1-3 土的三相比例指标换算公式

名称	符号	表达式	单位	常见值	换算公式
密度	ρ	$\rho = \dfrac{m}{V}$	g/cm³	1.6~2.2	$\rho = \rho_d(1 + w)$
重度	γ	$\gamma = 10\rho$	kN/m³	16~22	$\gamma = \gamma_d(1 + w)$
相对密度	G_s	$G_s = \dfrac{m_s}{V_v\rho_w}$		砂土 2.65~2.69 粉土 2.70~2.71 黏性土 2.72~2.75	
含水率	w	$w = \dfrac{m_w}{m_s} \times 100\%$	%	砂土 0~40 黏性土 20~60	$w = \left(\dfrac{\gamma}{\gamma_d} - 1\right) \times 100\%$
孔隙比	e	$e = \dfrac{V_v}{V_s}$		砂土 0.5~1.0 黏性土 0.5~1.2	$e = \dfrac{n}{1 - n}$
孔隙率	n	$n = \dfrac{V_v}{V} \times 100\%$	%	30~50	$n = \left(\dfrac{e}{1 + e}\right) \times 100\%$
饱和度	S_r	$S_r = \dfrac{V_w}{V_v} \times 100\%$	%	0~1	
干密度	ρ_d	$\rho_d = \dfrac{m_s}{V}$	g/cm³	1.3~2.0	$\rho_d = \dfrac{\rho}{1 + w}$
干重度	γ_d	$\gamma_d = 10\rho_d$	kN/m³	13~20	$\gamma_d = \dfrac{\gamma}{1 + w}$
饱和密度	ρ_{sat}	$\rho_{sat} = \dfrac{m_w + m_s + V_v\rho_w}{V}$	g/cm³	1.8~2.3	
饱和重度	γ_{sat}	$\gamma_{sat} = 10\rho_{sat}$	kN/m³	18~23	
有效密度	ρ'	$\rho' = \rho_{sat} - \rho_w$	g/m³	0.8~1.3	
有效重度	γ'	$\gamma' = \gamma_{sat} - \gamma_w$	kN/m³	8~13	

例 1-1 某土样重 180g，饱和度 $S_r = 90\%$，土粒相对密度 $G_s = 2.7$，烘干后重 135g，试计算土样的天然重度和孔隙比。

解 方法一：因 $e = \dfrac{wG_s}{S_r} = \dfrac{2.7w}{0.9} = 3w$

$$w = \frac{m_w}{m_s} = \frac{180 - 135}{135} \times 100\% = \frac{1}{3} \times 100\% = 33.33\%$$

则 $e = 1$

因
$$\gamma = \rho g = \frac{m}{V} g = \frac{(1+w)G_s\gamma_w}{1+e}, \quad \gamma_w = 10.0 \text{kN/m}^3$$

则
$$\gamma = \frac{(1+w)G_s\gamma_w}{1+e} = \frac{(1+1/3) \times 2.7 \times 10}{1+1} = 18(\text{kN/m}^3)$$

方法二：
$$V_v = \frac{V_w}{S_r} = \frac{m_w/\gamma_w}{S_r} = \frac{45}{0.9} = 50(\text{cm}^3)$$

$$V_s = \frac{m_s}{\gamma_s} = \frac{m_s}{G_s} = \frac{135}{2.7} = 50(\text{cm}^3)$$

则
$$e = \frac{V_v}{V_s} = 1$$

$$\gamma = \rho g = \frac{m}{V} g = \frac{m_s + m_w}{V_s + V_v} g = \frac{180}{50+50} \times 10 \text{kN/m}^3 = 18 \text{kN/m}^3$$

例 1-2　某原状土样，经试验测得天然密度 $\rho = 1.67 \text{g/cm}^3$，含水率 $w = 12.9\%$，土粒相对密度 $G_s = 2.67$，求孔隙比 e、孔隙度 n 和饱和度 S_r。

解　方法一：绘土的三相比例指标草图（见图 1-7）。设土颗粒的体积 $V_s = 1.0 \text{cm}^3$，则 $m_s = G_s V_s = 2.67 \text{g}$，根据含水率定义得

$$m_w = w m_w = 0.129 \times 2.67 = 0.34(\text{g})$$

由图 1-7 可知

$$m = m_a + m_w + m_s = 2.67 + 0.34 = 3.01(\text{g})$$

则　　$V_w = \dfrac{m_w}{\rho_w} = 0.34(\text{cm}^3)$，$V = \dfrac{m}{\rho} = \dfrac{3.01}{1.67} = 1.8(\text{cm}^3)$，$V_v = V - V_s = 0.8(\text{cm}^3)$

根据孔隙比、孔隙率和饱和度的定义得

$$e = \frac{V_v}{V_s} = \frac{0.8}{1} = 0.8$$

$$n = \frac{V_v}{V} = \frac{0.8}{1.8} \times 100\% = 44.4\%$$

$$S_r = \frac{V_w}{V_v} = \frac{0.34}{0.8} \times 100\% = 42.5\%$$

方法二：
$$e = \frac{(1+w)G_s\gamma_w}{\gamma} - 1 = 0.8$$

$$n = \frac{e}{1+e} = 44.4\%$$

$$S_r = \frac{wG_s}{e} = 42.5\%$$

第五节　土的物理状态指标

土的物理状态，对于粗粒土（或称无黏性土），一般指土的密实度；而对于细粒土（或称黏性土），则是指土的软硬程度，即稠度。

一、无黏性土的密实度

无黏性土主要包括砂类土和碎石土，呈单粒结构。密实度是反映无黏性土工程性质的主要指标。土的密实度通常是指单位体积中固体颗粒充满的程度。判别砂土密实度常用的有下列四种方法。

1. 按天然孔隙比 e 划分

土的基本物理性质指标中，干重度和孔隙比 e 都是表示土的密实度的指标。采用土的天然孔隙比的大小来判别砂土的密实度，是一种较简捷的方法，见表1-4。但这种方法有其明显的缺点，没有考虑颗粒级配这一重要因素的影响。例如，对两种级配不同的砂，采用孔隙比 e 来评判其密实度，结果是颗粒均匀的密砂的孔隙比大于级配良好的松砂的孔隙比，即密砂的密实度小于松砂的密实度，与实际不符。

表1-4 砂土的密实度

土的名称	密 实 度			
	密 实	中 密	稍 密	松 散
砾砂、粗砂、中砂	$e<0.60$	$0.60 \leqslant e \leqslant 0.75$	$0.75<e \leqslant 0.85$	$e>0.85$
细砂、粉砂	$e<0.70$	$0.70 \leqslant e \leqslant 0.85$	$0.85<e \leqslant 0.95$	$e>0.95$

2. 根据相对密实度 D_r 判定

$$D_r = \frac{e_{max} - e}{e_{max} - e_{min}} \tag{1-27}$$

式中 D_r——土的相对密实度；

e_{max}——土的最大孔隙比；

e_{min}——土的最小孔隙比；

e——土的天然孔隙比。

土根据相对密实度可划分为三种状态：$0.67<D_r \leqslant 1$，密实；$0.33<D_r \leqslant 0.67$，中密；$0<D_r \leqslant 0.33$，松散。

相对密实度这一指标，考虑了土的级配，理论上更合理，但 e、e_{max}、e_{min} 都难以准确测定。因此 D_r 多用于填方质量的控制，对于天然土尚难应用。

3. 根据现场标准贯入试验判定

标准贯入试验是一种原位测试方法，即将质量为 63.5kg 的钢锤，提升到 76cm 的高度，让锤自由下落，打击贯入器，使贯入器入土深度为 30cm 所需的锤击数，记为 N，根据标贯锤击数按表1-5判定砂土的密实程度。

表1-5 砂土的密实度

标准贯入试验锤击数 N	$N \leqslant 10$	$10<N \leqslant 15$	$15<N \leqslant 30$	$N>30$
密实度	松散	稍密	中密	密实

注 当用静力触探探头阻力判定砂土的密实度时，可根据当地经验确定。

4. 野外鉴别（碎石土）

对于大颗粒含量较多的碎石土，一般对于漂石、块石及粒径大于 200mm 的颗粒含量较多的碎石类土，密实度很难做室内试验或原位触探试验，一般采用野外鉴别方法划分为密实、中密、稍密、松散。

二、黏性土的稠度

1. 稠度状态

黏性土由于含水率的不同，可分为固态、半固态、可塑状态和流动状态，这就是黏性土的稠度状态。它反映了土的软硬程度或土对外力引起的变化或破坏的抵抗能力的性质。土中含水率很小时，由于颗粒表面电荷的作用，水紧紧吸附于颗粒表面，成为强结合水。按水膜厚薄的不同，土表现为固态或半固态。当含水率增大时，被吸附在颗粒周围的水膜加厚，土粒周围有强结合水和弱结合水，在这种含水率情况下，土体可以被捏成任意形状而不破裂，这种状态称为可塑态。弱结合水的存在是土具有可塑状态的原因。当含水率进一步增大时，土中除结合水外，还出现了较多的自由水，黏性土变成了液体呈流动状态。

2. 稠度界限（界限含水率）

黏性土随含水率的减小可从流动状态转变为可塑状态、半固态及固态，这种从一种状态过渡到另外一种状态的分界含水率称为界限含水率。

黏性土呈液态与可塑状态之间的界限含水率称为液限 w_L；黏性土呈可塑状态与半固态之间的界限含水率称为塑限 w_p；黏性土呈半固态与固态之间的界限含水率称为缩限 w_s，如图 1-8 所示。

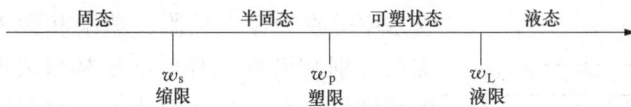

固态	半固态	可塑状态	液态
	w_s 缩限	w_p 塑限	w_L 液限

图 1-8　黏性土的稠度状态

3. 稠度界限（界限含水率）的测定方法

（1）液限的锥式液限仪测定法。先将土样调制成糊状土，装入金属杯中，刮平表面，放在底座上，用质量为 76g 的圆锥式液限仪来测定。手持液限仪顶部小柄，将锥尖接触土表面的中心，松手让其在自重作用下下沉，若液限仪 5s 沉入土中的深度恰好是 10mm，则此土样含水率为液限 w_L，如液限仪沉入土样中锥体的刻度高于或低于土面，则表示土样的含水率低于或高于液限。

（2）液限的碟式液限仪测定法。仪器构造如图 1-9 所示，试验时将调成糊状的土样装在碟内，刮平表面，用特制开槽器将土样划开，形成 V 形槽，以每秒两转的速度转动手柄，使碟子反复起落，坠击底座，当击数为 25 次，V 形槽合拢长度为 13mm 时，土样的含水率即为液限 w_L。

（3）塑限的测定方法。一般采用"搓条法"测定，即将制备好的土样放置在毛玻璃板上，用手掌搓滚成细条。当土条搓到直径为 3mm 时，恰好产生裂缝并开始断裂，则此时土条的含水率即为塑限；若土条搓不到直径为 3mm 就已经有裂缝，说明土样的含水率小于塑限，则须加少量水调匀后再搓条。

（4）缩限的测定方法。缩限一般用收缩皿法测定。在收缩皿内涂一薄层凡士林，将制备

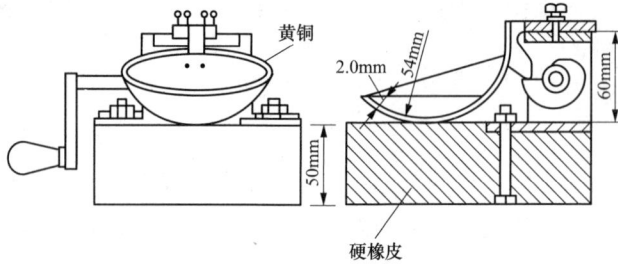

图 1-9 碟式液限仪

好的含水率等于 10mm 液限的土样分层填满收缩皿并刮平表面，称重后放入烘箱中烘至恒量，再次称重后用蜡封法测定干土样的体积。土的缩限计算公式为

$$w_n = w - \frac{V_0 - V_d}{m_d} \cdot \rho_w \times 100$$

式中　w_n——土的缩限，%；

　　　w——制备时的含水量，%；

　　　V_0——湿土样的体积，cm^3；

　　　V_d——干土样的体积，cm^3。

（5）液、塑限联合测定法。采用液、塑限联合测定仪（见图 1-10）可同时测定土样的塑限和液限含水率，试验时，将土调成不同含水率的土样（制备 3 份不同稠度的试样，土样的含水率分别为接近液限、塑限和两者的中间状态），先后分别装满盛土杯，刮平杯口表面，将 76g 质量的圆锥仪放在土样表面中心，使其在重力作用下徐徐沉入试样，测定圆锥仪在 5s 时下沉的深度和相应的含水率，然后以含水率为横坐标，圆锥下沉深度为纵坐标，绘于双对数坐标纸上，将测得的 3 点连成直线。由含水率与圆锥下沉深度关系曲线上，查出下沉 10mm 对应的含水率即为 10mm 液限 w_L（查得下沉 17mm 对应的含水率为 17mm 液限 w_L），下沉 2mm 对应的含水率即为塑限 w_p。

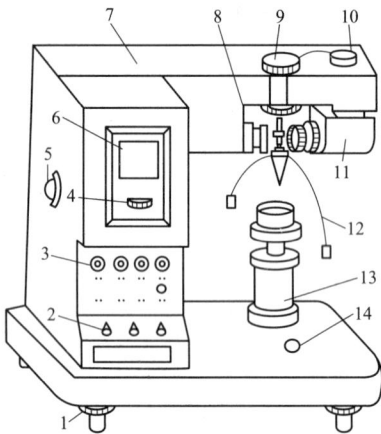

图 1-10　液、塑限联合测定仪示意图

1—水平调节螺钉；2—控制开关；3—指示灯；
4—零线调节螺钉；5—反光镜调节螺钉；
6—屏幕；7—机壳；8—物镜调节螺钉；
9—电磁装置；10—光源调节螺钉；11—光源；
12—圆锥仪；13—升降台；14—水平泡

4. 黏性土的可塑性指标

黏性土可塑性指标除了塑限、液限、缩限外，还有塑性指数和液性指数。

（1）黏性土的塑性指数 I_p。塑性指数定义为土的塑限和液限的差值，即

$$I_p = w_L - w_p \tag{1-28}$$

I_p 计算时不带百分号。土粒越细，黏粒含量越多，其比表面积也越大，与水作用和进行交换的机会越多，塑性指数 I_p 也越大。因此，《建筑地基基础设计规范》（GB 50007—2011）把它作为黏性土与粉土的定名标准，其中黏性土按照表 1-6 又可划分为黏土和粉质黏土两种。

表 1-6 黏性土按塑性指数分类

土的名称	粉质黏土	黏 土
塑性指数	$10 < I_p \leqslant 17$	$I_p > 17$

注 塑性指数由相应于 76g 圆锥体沉入土样中深度为 10mm 时测定的液限计算而得。

（2）黏性土的液性指数 I_L。土的液性指数定义为土的含水率与塑限之差除以塑性指数，即

$$I_L = \frac{w - w_p}{w_L - w_p} \tag{1-29}$$

液性指数反映黏性土天然状态的软硬程度。根据液性指数 I_L 值的大小，将黏性土划分为 5 种状态，见表 1-7。

表 1-7 黏性土的状态

液性指数	$I_L \leqslant 0$	$0 < I_L \leqslant 0.25$	$0.25 < I_L \leqslant 0.75$	$0.75 < I_L \leqslant 1$	$I_L > 1$
状态	坚硬	硬塑	可塑	软塑	流塑

注 当用静力触探探头阻力判定黏性土的状态时，可根据当地经验确定。

三、黏性土的结构性和触变性

1. 结构性

结构性是指天然土的结构受到扰动影响而改变的特性，一般用灵敏度衡量。当土受到扰动时，土的平衡体系被破坏，土的强度降低和压缩性增大。

灵敏度以原状土的强度与该土经重塑（土的结构性彻底破坏）后的强度之比来表示。重塑试样与原状试样具有相同的尺寸、密度和含水率。

对于饱和黏性土的灵敏度 S_t 可按下式计算

$$S_t = \frac{q_u}{q'_u} \tag{1-30}$$

式中 q_u——原状试样的无侧限抗压强度，kPa；

q'_u——重塑试样的无侧限抗压强度，kPa。

根据灵敏度将饱和黏性土分为：$1 < S_t \leqslant 2$，低灵敏；$2 < S_t \leqslant 4$；中灵敏；$S_t > 4$，高灵敏。

土的灵敏度越高，其结构性越强，受扰动后土的强度降低越多。

2. 触变性

黏性土的结构受到扰动，导致强度降低，但当扰动停止后，土的强度又随时间而逐渐增大，黏性土的这种强度随时间缓慢恢复的胶体性质称为土的触变性。地基处理中，利用黏性土的触变性可使地基土的强度得以恢复。例如，采用深层挤密类方法进行地基处理时，处理以后的地基常静置一段时间再进行上部结构的修建。

第六节 土 的 压 实 性

土工建筑物，如土坝、土堤及道路填方是用土作为建筑材料而成的。为了保证填料有足够的强度及较小的压缩性和透水性，在施工时常常需要压实，以提高填土的密实度（工程上

以干密度表示）和均匀性。

研究土的填筑特性常用现场填筑试验和室内压实试验两种方法。前者是在现场选一试验地段，按设计要求和施工方法进行填土，并同时进行有关测试工作，以查明填筑条件（如土料、堆填方法、压实机械等）和填筑效果（如土的密实度）的关系。

室内击实试验是近似地模拟现场填筑情况，是一种半经验性的试验，用锤击方法将土击实，研究土在不同击实功下的压实特性，以便取得有参考价值的设计数值。

一、土的击实试验与压实特性

土的压实特性是指土在反复冲击荷载作用下能被压密的特性。土料压实的实质是将水包裹的土料挤压填充到土粒间的孔隙里，排走空气占有的空间，使土料的孔隙率减小，密实度提高。土料压实过程就是在外力作用下土料的三相重新组合的过程。显然，同一种土，干密度越大，孔隙比越小，土越密实。

研究土的压实特性是通过在实验室或现场进行击实试验，以获得土的最大干密度与对应的最优含水率的关系。

击实试验方法如下：将某一土样分成 6～7 份，每份加入不同的水量，得到不同含水率的土样。将每份土样装入击实仪内，见图 1-11，用完全相同的方法加以击实。击实后，测出压实土的含水率和干密度。以含水率为横坐标，干密度为纵坐标，绘制一条含水率与干密度关系曲线（w-ρ_d），即击实曲线，见图 1-12。

图 1-11　电动击实仪

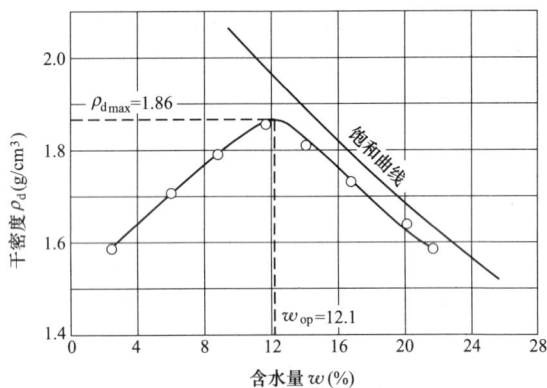

图 1-12　含水率与干密度关系曲线

另外，从理论上说，在某一含水率下将土压到最密，就是将土中所有的气体都从孔隙中赶走，使土达到饱和。将不同含水率所对应的土体达到饱和状态时的干密度关系，也绘制于图 1-12 中，得到理论上所达到的最大压实曲线，即饱和度 $S_r = 100\%$ 的压实曲线，称为饱和曲线。显然，击实曲线具有如下一些特点：

（1）峰值。土的干密度与含水率的关系（击实曲线）出现干密度峰值 ρ_{dmax}，对应该峰值的含水率为最优含水率。

（2）饱和曲线是一条随含水率增大，干密度下降的曲线。实际的击实曲线在饱和曲线的左侧，两条曲线不会相交。

（3）击实曲线位于理论饱和曲线左侧。因为理论饱和曲线假定土中空气全部被排除，孔隙完全被水占据，而实际上不可能做到。

（4）击实曲线的形态。击实曲线在峰值以右逐渐接近于饱和曲线，且大致与饱和曲线平行；在峰值以左，击实曲线和饱和曲线差别很大，随着含水率的减小，干密度迅速减小。

二、影响土击实效果的因素

影响土击实效果的因素很多，但最重要的是含水率、击实功和土的性质。

1. 土的性质

土是固相、液相和气相的三相体。当采用压实机械对土施加碾压时，土颗粒彼此挤紧，孔隙减小，顺序重新排列，形成新的密实体，粗粒土之间摩擦和咬合增强，细粒土之间的分子引力增大，从而土的强度和稳定性都得以提高。在同一击实功作用下，含粗粒越多的土，其最大干密度越大，而最佳含水率越小，即随着粗粒土的增多，击实曲线的峰点越向左上方移动。

土的颗粒级配对土击实效果也有影响。颗粒级配越均匀，击实曲线的峰值范围就越宽广而平缓；对于黏性土，击实效果与其中的黏土矿物成分含量有关；添加木质素和铁基材料可改善土的击实效果。

砂性土也可用类似黏性土的方法进行试验。干砂在压力与振动作用下，容易密实；稍湿的砂土，因有毛细压力作用使砂土互相靠紧，阻止颗粒移动，击实效果不好；饱和砂土，毛细压力消失，击实效果良好。

2. 含水率

含水率的大小对土击实效果的影响显著。可以这样来说明：当含水率较小时，水处于强结合水状态，土粒之间摩擦力、黏结力都很大，土粒的相对移动有困难，因而不易被击实。当含水率增加时，水膜变厚，土块变软，摩擦力和黏结力也减弱，土粒之间彼此容易移动。故随着含水率增大，土的击实干密度增大，至最优含水率时，干密度达到最大值。当含水率超过最优含水率后，水所占据的体积增大，限制了颗粒的进一步接近，含水率越大水占据的体积越大，颗粒能够占据的体积越小，因而干密度逐渐变小。由此可见，含水率不同，则改变了土中颗粒间的作用力，并改变了土的结构与状态，从而在一定的击实功下，改变着击实效果。

试验统计证明：最优含水率 w_{op} 与土的塑限 w_p 有关，大致为 $w_{op}=w_p \pm 2\%$。土中黏土矿物含量越大，则最优含水率越大。

3. 击实功

夯击的击实功与夯锤的质量、落高、夯击次数，以及被夯击土的厚度等有关；碾压的压实功则与碾压机具的质量、接触面积、碾压遍数及土层的厚度等有关。

击实试验中的击实功用下式表示

$$E = \frac{mdNn}{V} \tag{1-31}$$

式中　m——击锤质量，kg，在标准击实试验中击锤质量为 2.5kg；

　　　d——落距，m，击实试验中定为 0.30m；

　　　N——每层土的击实次数，标准试验为 27 击；

　　　n——铺土层数，试验中分 3 层；

　　　V——击实筒的体积，取 $1 \times 10^{-3} m^3$。

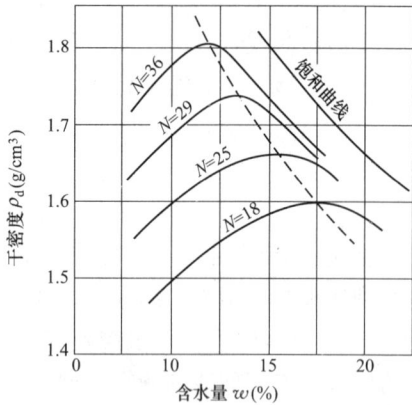

图 1-13 击实功对击实曲线的影响

对于同一种土，用不同的击实功，得到的击实曲线如图 1-13 所示。由图 1-13 可知，在不同的击实功下，曲线的形状不变，但最大干密度的位置却随着击实功的增大而增大，并向左上方移动。这就是说，当击实功增大时，最优含水率减小，相应最大干密度增大。所以在工程实践中，若土的含水率较小，则应选用击实功较大的机具，才能把土压实至最大干密度；在碾压过程中，如未能将土压实至最密实的程度，则须增大压实功（选用击实功较大的机具或增加碾压遍数）。若土的含水率较大，则应选用击实功较小的机具，否则会出现"橡皮土"现象。因此，若要把土压实到工程要求的干密度，必须合理控制压实时的含水率，选用适合的压实机具，才能获得预期的效果。

根据以上内容，分析可知：

（1）土的最大干密度和最优含水率不是常量；ρ_{dmax} 随击数的增加而逐渐增大，而 w_{op} 则随击数的增加而逐渐减小。

（2）当含水率较低时，击数的影响较明显；当含水率较高时，含水率与干密度关系曲线趋近于饱和线，也就是说，这时提高压实功是无效的。

（3）试验证明，最优含水率 w_{op} 约与 w_p 相近，大约为 $w_{op}=w_p\pm2\%$。填土中所含的细粒越多（即黏土矿物越多），则最优含水率越大，最大干密度越小。

（4）有机质对土的压实效果有不好的影响。因为有机质亲水性强，不易将土压实到较大的干密度，且能使土质恶化。

（5）在同类土中，土的颗粒级配对土的压实效果影响很大，颗粒级配不均匀的容易压实，均匀的不易压实。这是因为颗粒级配均匀的土中较粗颗粒形成的孔隙很少有细颗粒去充填。

三、压实标准的确定与控制

由于黏性填土存在着最优含水率，当含水率控制在最优含水率的左侧时（即小于最优含水率），击实土的结构常具有凝聚结构的特征。这种土比较均匀，强度较高，较脆硬，不易压密，但浸水时容易产生附加沉降；当含水率控制在最优含水率的右侧时（即大于最优含水率），土具有分散结构的特征。这种土的可塑性较大，适应变形的能力强，但强度较低，且具有不等向性。所以，含水率比最优含水率偏高或偏低，填土的性质各有优缺点，在设计土料时要根据对填土提出的要求和当地土料的天然含水率，选定合适的含水率。

工程上常采用密实度（D_c）概念作为衡量填土达到的压实标准

$$D_c = \frac{填土实际干密度}{室内标准击实功的最大干密度} \times 100\% \tag{1-32}$$

密实度 D_c 一般为 $0\sim1$，D_c 值越大，压实质量越高，反之则差；但 $D_c>1$ 时表明实际压实功已超过标准击实功。工程等级越高要求密实度越大，反之可以略小，大型或重点工程要求密实度都在 0.95 以上，小型堤防工程通常要求密实度在 0.80 以上。在填方碾压过程中，如果密实度 D_c 要求很高，当碾压机具多遍碾压后，密实度 D_c 的增长十分缓慢或达不到要求的密实度，这时切不可盲目增加碾压遍数，使得碾压成本增大、施工进度延长，而且很可能造成土体的剪切破坏，降低干密度。此时，应该认真检查土的含水率是否符合设计要求，否则就是由于使用的碾压机具是单遍压实功过小而达不到设计要求，只能更换压实功更大的碾压机具才能达到目的。

《碾压式土石坝设计规范》（SL 274—2001）规定，1、2 级土石坝，填土的密实度应达到 0.98 以上，3 级中、低坝及 3 级以下中坝，密实度应为 0.96～0.98。填土地基的压实标准也可参照这一规定。式（1-34）中的标准击实功规定为 607.5kN·m/m³，相当于击实试验中每层土夯实 27 次。

1. 细粒土的压实

细粒土和粗粒土具有不同的压密性质，其压实的方法也不同，压实细粒土宜用夯实机具或大型的碾压机具，同时必须控制土的含水率。含水率太高或者太低都得不到好的压密效果。实践经验表明，对过湿的土进行夯实或碾压时就会出现软弹现象（俗称"橡皮土"），此时土的密度是不会增大的。对很干的土进行夯实或碾压，显然也不能把土充分压实。所以，要使土的压实效果最好，其含水率一定要适当，即采用通过击实试验得到的最优含水率 w_{op} 控制。

2. 粗粒土的压实

压实粗粒土时，则宜采用振动机具，同时充分洒水。砂和砂砾等粗粒土的压实性也与含水率有关，不过不存在着一个最优含水率，一般在完全干燥或者充分洒水饱和的情况下容易压实到较大的干密度。潮湿状态，由于毛细压力增加了粒间阻力，压实干密度显著降低。粗砂含水率为 4%～5%，中砂含水率为 7% 左右时，压实干密度最小，如图 1-14 所示。所以，在压实砂砾时要充分洒水使土料饱和。

粗粒土的压实标准，一般用相对密实度 D_r 来控制。以前要求相对密实度达到 0.70 以

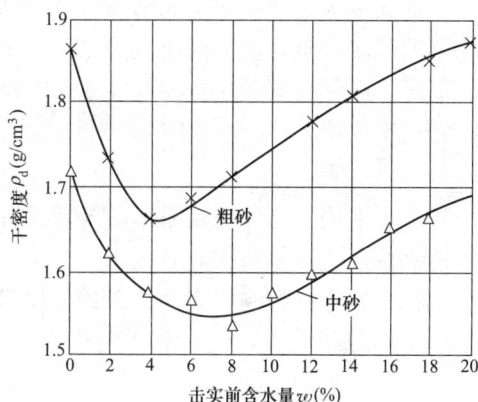

图 1-14 粗粒土的击实曲线

上，近年来根据地震震害资料的分析结果，认为高烈度区相对密实度还应提高。室内试验结果也表明，对于饱和粗粒土，在静力或动力的作用下，相对密实度为 0.70～0.75 时，土的强度明显增加，变形显著减小，可以认为相对密实度为 0.7～0.75 是力学性质的一个转折点。同时，由于大功率的振动碾压机具的发展，提高碾压密实度成为可能。所以，《水工建筑物抗震设计规范》（DL 5073—2000）规定，位于浸润线以上的粗粒土要求相对密实度达到 0.75 以上，而浸润线以下的饱和土，相对密实度则应达到 0.75～0.85。这些标准对于抗震要求的其他类型的填土，也可参照采用。

在路基的填筑压实中往往有一部分颗粒粒径超出标准试验所限定的最大颗粒粒径范围，这些大"颗粒"的存在，既可能影响压实效果，又影响检验和评定的方法。对粗粒土，土的级配和颗粒组成的差异对压实效果的影响很大，这些差异不仅反映在碾压遍数，对施加振动碾压时需要选用不同的振幅和频率也有影响，并最终决定填土的物理状态。通过对粗粒土大量试验修正计算发现，用扣除"大颗粒"后平均干密度比上标准干密度法进行压实度的评

定，从实用出发土粒比重 G_s 可以取定值 2.70。

3. 黏性土的压实

目前，国内确定黏性土压实标准的方法主要是压实系数法。由于黏性土便于在室内进行标准击实、含水率、压缩、沉陷及液塑限等试验，很容易求出黏性土的最优含水率和与之相应的最大干密度，所以依据室内标准击实试验，取最大干密度的平均值。

密实度取值：对于高坝或大堤为 0.97～0.99；中坝可取 0.95～0.97。

由于黏性土主要用于土堤或土坝的修筑工程中（如黄河、长江大堤修筑工程），对密实度标准要求较高，故黏性土压实标准确定非常重要。

4. 粉砂土的压实

粉砂土主要用于公路路基填筑工程，通过大量的室内试验后得知，粉砂土最大干密度平均值为 $1.75\text{g}/\text{cm}^3$，试验室最佳含水率平均值为 13.2%。粉砂土的颗粒非常细，具有水分散失比较快，且水分不易下渗的特点。如果在路基填筑中，每一层填土太厚，经洒水后水分会分布不均匀，特别是高温季节，常常会出现经洒水路段的土层底部水分仍然是自然含水率，而上部填土基本上已处于风干状态。所以为了保证路基的压实质量，粉砂土的压实标准均比规范规定的密实度要求提高 1～2 个百分点，具体取值：上路床的密实度为 0.98，而下路堤的密实度也达到 0.92，并使填土的含水率大于最佳含水率的 2%～3%。为了确保粉砂土路基的压实质量，在提高压实标准的前提下，还应严格控制松铺厚度（≤20cm）和含水率。同时，还要控制碾压速度在 3.6～4.0km/h。

密实度取值：$D_c = 0.92～0.98$。

5. 砂土的压实

砂土也多用于高速公路路基填筑及工业与民用建筑的基础处理工程中。砂土由于黏结性差、透水性强、在填筑作业时耗水多、难碾压、不易成型等特点，因此在施工中必须合理选择压实标准，准确控制密实度，以确保路基或基础的填筑压实质量。通过大量的室内标准击实试验发现，砂土的最大干密度相差很大，最小值为 $1.566\text{g}/\text{cm}^3$，最大值为 $1.945\text{g}/\text{cm}^3$，而且分布很不均匀。同一层土、同一车土，土质变化也很大，而且变化很不规律，无法用一个相对固定的最大干密度来进行密实度检测与控制，给施工检测造成很大困难。为此，在路基填筑中，平行地采用两种方法进行检测：一种是采用传统的密实度法，即 $D_c = \rho_d / \rho_{d\max}$；另一种是采用现场标准击实湿密度法，即密实度=试坑湿密度/现场标准湿密度×100%。

6. 砂砾填料的压实

砂砾填料用于填筑路基具有透水性好、水稳定性好的特点，比其他土具有更大的优越性，特别适合于台背、涵侧的填筑压实。用以往的土工试验方法进行击实试验得到的砂砾最大干密度远小于施工中的实测值，出现"超密"现象，有的高达 1.08，而目前还没有关于砂砾填料最大干密度试验的最佳方法。

例 1-3　某土料场中的土料为中液限黏质土，天然含水率 $w = 21\%$，土粒相对密度 $G_s = 2.70$。土样在室内标准击实功试验条件下得到的最大干密度 $\rho_{d\max} = 1.85\text{g}/\text{cm}^3$。若设计中取密实度 $D_c = 0.95$，并要求压实后土的饱和度 $S_r \leqslant 0.9$。问该土料的天然含水率是否适用于填筑？碾压时土料的含水率应控制多大？

解　（1）求压实后填土的干密度和土的孔隙比。根据题意，设计填土的干密度为

$$\rho_d = \rho_{d\max} \times D_c = 1.85 \times 0.95 = 1.76(\text{g}/\text{cm}^3)$$

由图 1-7 可知，设 $V_s=1.0$，根据式（1-18），求孔隙比 e 如下

$$\rho_d=\frac{m_s}{V}=\frac{G_s V_s}{V_s+V_v}=\frac{G_s V_s}{V_s+e V_s}=\frac{G_s}{1+e}=1.76$$

$$e=0.534$$

（2）求碾压含水率。根据题意，按饱和度 $S_r=0.9$ 控制含水率。由式 $S_r=\frac{V_w}{V_v}$ 计算水的体积

$$V_w=S_r V_r=0.9\times0.534=0.48(\text{cm}^3)$$

因此，水的质量

$$m_w=\rho_w V_w=0.48(\text{g})$$

由 $w=\frac{m_w}{m_s}\times100\%$ 得

$$w=\frac{m_w}{m_s}\times100=\frac{0.48}{2.70}\times100=17.8\%<21\%$$

通过以上计算可知，碾压时土料的含水率应控制在 17.8% 左右。土料场的土料含水率大于 3% 以上，不适于直接填筑，应进行翻晒处理，适当降低含水率。

第七节　土 的 工 程 分 类

一、土的分类原则

土的工程分类是把工程性质相近的土归到一个组合中去，以便根据同类土已知的性质去评价其工程特性，或提供一个可供描述与评价土的方法。土的工程分类是工程设计的前提，也是工程地质勘察与评价的基本内容。

土的分类体系是根据土的工程性质差异将土划分成一定的类别，其目的是通过一种通用鉴别标准，以便于在不同土类间作出有价值的比较、评价、积累及学术与经验交流。目前，国际、国内关于土的工程分类法并不统一。即使同一国家的各个行业、各个部门，土的分类体系也都是结合本专业的特点而制定的。虽然国内各部门制定有各自的分类方法，但一般遵循下列原则：①简明原则，即土的分类体系采用的指标，既要能综合反映土的主要工程性质，又要其测定方法简单，且使用方便；②工程特性差异原则，也即土的分类体系采用的指标要在一定程度上反映不同类工程用土的特征。

二、建筑地基土的工程分类

按照《建筑地基基础设计规范》（GB 50007—2011），建筑地基土（包括岩石）可分成六大类，即岩石、碎石土、砂土、粉土、黏性土和人工填土。

1. 岩石

颗粒间牢固连接，呈整体或具有节理裂隙的岩体称为岩石。岩石的坚硬程度和完整程度划分标准：

（1）岩石的坚硬程度应根据岩块的饱和单轴抗压强度标准值（见表 1-8）分为坚硬岩、较硬岩、较软岩、软岩和极软岩。当缺乏饱和单轴抗压强度资料或不能进行该项试验时，可在现场通过观察定性划分，划分标准可按相关规范执行。岩石的风化程度可分为未风化、微

风化、中等风化、强风化和全风化。

表 1-8　　　　　　　　　　　　　　　　岩石坚硬程度的划分

坚硬程度类别	坚硬岩	较硬岩	较软岩	软岩	极软岩
饱和单轴抗压强度标准值 f_{rk}（MPa）	$f_{rk}>60$	$60\geqslant f_{rk}>30$	$30\geqslant f_{rk}>15$	$15\geqslant f_{rk}>5$	$f_{rk}\leqslant 5$

（2）岩体完整程度应按表 1-9 划分为完整、较完整、较破碎、破碎和极破碎。当缺乏试验数据时可按相关规范确定。

表 1-9　　　　　　　　　　　　　　　　岩体完整程度的划分

完整程度等级	完整	较完整	较破碎	破碎	极破碎
完整性系数	＞0.75	0.75～0.55	0.55～0.35	0.35～0.15	＜0.15

2. 碎石土

土的粒径 $d>2$mm 的颗粒含量超过土总质量的 50% 的土。碎石土可按表 1-10 分为漂石、块石、卵石、碎石、圆砾和角砾。

表 1-10　　　　　　　　　　　　　　　　碎石土的分类

土的名称	颗 粒 形 状	粒 组 含 量
漂石	圆形及亚圆形为主	粒径大于 200mm 的颗粒超过土总质量的 50%
块石	棱角形为主	
卵石	圆形及亚圆形为主	粒径大于 20mm 的颗粒超过土总质量的 50%
碎石	棱角形为主	
圆砾	圆形及亚圆形为主	粒径大于 2mm 的颗粒超过土总质量的 50%
角砾	棱角形为主	

注　分类时应根据粒组含量栏从上到下以最先符合者确定。

碎石土的密实度，可按表 1-11 分为松散、稍密、中密、密实。

表 1-11　　　　　　　　　　　　　　　　碎石土的密实度

重型圆锥动力触探锤击数 $N_{63.5}$	密 实 度
$N_{63.5}\leqslant 5$	松 散
$5<N_{63.5}\leqslant 10$	稍 密
$10<N_{63.5}\leqslant 20$	中 密
$N_{63.5}>20$	密 实

注　1. 本表适用于平均粒径小于或等于 50mm，且最大粒径不超过 100mm 的卵石、碎石、圆砾、角砾。对于平均粒径大于 50mm 或最大粒径大于 100mm 的碎石土，可按规范鉴别其密实度。

　　2. $N_{63.5}$ 为经综合修正后的平均值。

3. 砂土

粒径大于 2mm 的颗粒含量不超过土总质量的 50%，粒径大于 0.075mm 的颗粒含量超过土总质量的 50% 的土称为砂土。

砂土根据粒组含量不同又细分为砾砂、粗砂、中砂、细砂和粉砂五类，如表 1-12 所示。

表 1-12 砂土的分类

土 的 名 称	粒 组 含 量
砾砂	粒径大于 2mm 的颗粒占土总质量 25%～50%
粗砂	粒径大于 0.5mm 的颗粒超过土总质量 50%
中砂	粒径大于 0.25mm 的颗粒超过土总质量 50%
细砂	粒径大于 0.075mm 的颗粒超过土总质量 85%
粉砂	粒径大于 0.075mm 的颗粒超过土总质量 50%

注 分类时应根据粒径分组含量由大到小以最先符合者确定。

砂土的密实度可按表 1-13 分为松散、稍密、中密、密实。

表 1-13 碎石土的密实度

标准贯入试验锤击数 N	密 实 度
$N \leqslant 10$	松 散
$10 < N \leqslant 15$	稍 密
$15 < N \leqslant 30$	中 密
$N > 30$	密 实

注 当用静力触探探头阻力判定砂土的密实度时，可根据当地经验确定。

4. 粉土

粉土为介于砂土与黏性土之间，塑性指数 $I_p \leqslant 10$，且粒径大于 0.075mm 的颗粒含量不超过全重 50% 的土。

5. 黏性土

土的塑性指数 $I_p > 10$ 时，称为黏性土。

按塑性指数的大小分为黏土和粉质黏土。$10 < I_p \leqslant 17$ 为粉质黏土；$I_p > 17$ 为黏土（见表 1-14）。

表 1-14 黏性土的分类

塑性指数 I_p	土 的 名 称
$I_p > 17$	黏土
$10 < I_p \leqslant 17$	粉质黏土

黏性土的状态，可按表 1-15 分为坚硬、硬塑、可塑、软塑、流塑。

表 1-15 黏性土的状态

液性指数 I_L	状 态
$I_L \leqslant 0$	坚硬
$0 < I_L \leqslant 0.25$	硬塑
$0.25 < I_L \leqslant 0.75$	可塑
$0.75 < I_L \leqslant 1$	软塑
$I_L > 1$	流塑

注 当用静力触探探头阻力判定黏性土的状态时，可根据当地经验确定。

6. 人工填土

人工填土根据其组成和成因，可分为素填土、压实填土、杂填土、冲填土。素填土为由碎石土、砂土、粉土、黏性土等组成的填土。经过压实或夯实的素填土为压实填土。杂填土为含有建筑垃圾、工业废料、生活垃圾等杂物的填土。冲填土为由水力冲填泥砂形成的填土。

此外，自然界中还分布着许多具有特殊性质的土，除了人工填土之外，还包括淤泥、红黏土、膨胀土、湿陷性土等特殊土。

(1) 淤泥为在静水或缓慢的流水环境中沉积，并经生物化学作用形成，其天然含水量大于液限、天然孔隙比大于或等于 1.5 的黏性土。当天然含水量大于液限而天然孔隙比小于 1.5 时，但大于或等于 1.0 的黏性土或粉土为淤泥质土。含有大量未分解的腐殖质，有机质含量大于 60% 的土为泥炭，有机质含量大于或等于 10%，且小于或等于 60% 的土为泥炭质土。

(2) 红黏土为碳酸盐岩系的岩石经红土化作用形成的高塑性黏土。其液限一般大于 50%。红黏土经再搬运后仍保留其基本特征，其液限大于 45% 的土为次生红黏土。

(3) 膨胀土为土中黏粒成分主要由亲水性矿物组成，同时具有显著的吸水膨胀和失水收缩特性，其自由膨胀率大于或等于 40% 的黏性土。

(4) 湿陷性土为在一定压力下浸水后产生附加沉降，其湿陷系数大于或等于 0.015 的土。

思 考 题

1-1 何谓土？岩石的风化作用包括哪三种风化？

1-2 土的结构包括哪几种基本类型？土的构造可分为几种类型？

1-3 区别土粒的粒度、粒组和颗粒级配的概念。土粒的粒度成分分析试验方法中，对于粗粒土和细粒土分别采用哪种方法？

1-4 C_u 越小（大）时，级配曲线是越陡还是越缓？土粒越均匀还是越不均匀？级配良好还是不良？

1-5 土的物理性质指标有哪些？如何定义？其中哪几个指标属于实测指标或试验指标？

1-6 土的密度 ρ 与土的重度 γ 的物理意义和单位有何区别？说明天然重度 γ、饱和重度 γ_{sat}、有效重度 γ' 和干重度 γ_d 之间的相互关系，并比较其数值的大小。饱和重度 γ_{sat}、有效重度 γ' 和水的重度 γ_w 三者之间具有什么关系？

1-7 无黏性土最主要的物理状态指标是什么？如何判别？

1-8 何谓黏性土的稠度和稠度界限（界限含水率）？

1-9 塑性指数和液性指数的定义和物理意义分别是什么？I_p 大小与土颗粒粗细有何关系？I_L 大于 1 和小于 0 时，黏性土分别处于什么状态？

1-10 如何理解黏性土的结构性？

1-11 土的击实性指的是什么？土的击实曲线具有哪些特点？影响土击实效果的主要因素有哪些？

习 题

1-1 某工程地质勘察中取原状土样做试验。用天平称 $50\mathrm{cm}^3$ 湿土质量为 95.15g，烘干后质量为 75.05g，土粒相对密度为 2.67。试计算此土样的天然密度、干密度、饱和密度、有效密度、天然含水率、孔隙比、孔隙率和饱和度。

1-2 已知某土样的土粒相对密度为 2.72，孔隙比为 0.95，饱和度为 0.37。若将此土样的饱和度提高到 0.90 时，则每 $1\mathrm{m}^3$ 的土应加多少水？

1-3 某砂土土样的天然孔隙比 e 为 0.656，烘干后测定最小孔隙比为 0.461，最大孔隙比为 0.943，试求该土样的相对密实度 D_r，并评定该砂土的密实度。

1-4 某黏性土样的含水率 $w=36.4\%$，液限 $w_L=48\%$，塑限 $w_p=25.4\%$，试计算该土的塑性指数 I_p 和液性指数 I_L。

1-5 从某场地取土，测得含水率 $w=15\%$，$e=0.6$，$G_s=2.7$。把该土的含水率调整到 $w'=18\%$ 后，均匀地夯实进行填土，测得夯实后的 $\gamma_d=17.6\mathrm{kN/m}^3$。求：①$S_r$、$\gamma$、$\gamma_d$；②进行夯实时，应向 $1\mathrm{m}^3$ 土中加多少水时才能达到 $w'=18\%$；③填土完毕后，由于贮水而使填土饱和，假定饱和后土体体积不变，此时土的含水率和天然重度是多少？

第二章　土的渗透性及流量计算

　　土是具有连续孔隙的介质，在水头差的作用下，水会从压力大的地方沿着土粒间的孔隙向压力小的地方流动。水透过土体中孔隙的现象称为水在土体中的渗透，而土体允许水透过的性质称为土的渗透性。

　　土粒间相互连通的孔隙相当于一个个弯曲的"水管"，水的渗透过程就是地下水沿着这些弯曲的管道流动的过程，这些"管道"的直径是与土粒的粒径大小、粒组含量及空间排列密切相关的，通常土粒越细小，其形成的"管道"直径也越小。对于黏性土来说，土粒间的过水"管道"的直径是以微米计的，因此水在这类土体中流动的阻力很大，其渗透过程也是非常缓慢的。

　　水在土粒间的孔隙中流动，一方面土粒会阻碍水体的流动，另一方面，流动的水体会给土粒施加一个拖拽力，当这个拖拽力大于土粒运动时的最大阻力时，土粒就会随着水流而被带走，出现塌方、泥流、管涌或流土等现象，轻则导致修建于土体上的结构物变形开裂，重则引起结构物的倒塌破坏。

　　水在土体中流动还会引起土中含水量的变化，影响土的力学特性，从而改变建筑物地基的稳定性。当土的含水量小时，土体较硬，则有利于提高地基土体的稳定性；土中适当含水可使散土粒黏合在一起，使其具有一定的黏结强度，但当土的含水量过大时，则土体会变软，降低土体的稳定性。此外，土体渗透性的强弱，对于土体的固结、强度及工程施工都有非常重要的影响。为此必须学习和研究土体的渗透特性、水在土体中的渗透规律及其与岩土工程的关系，为土工建筑物或地基的设计、施工提供必要的资料。

第一节　土体中水的渗透规律

一、达西定律（Darcy's law）与适用条件

　　土体中孔隙的形状和大小是极不规则的，水在土粒间孔隙的流动是十分复杂的，但是由于常见土体中孔隙的直径一般都比较微小，水在其中流动的黏滞阻力很大，流速也较慢，因此，其流动状态大多属于层流。

　　水在土体中的流动规律——达西定律，首先是由法国学者达西（Darcy）在1856年通过研究砂土的渗透特性而提出来的，用于描述砂土中水的渗透速度与渗透能量损失之间的基本关系。其试验装置原理图如图2-1所示。达西定律的内容表述如下：水在土体中的渗透速度与任意两点间水头差成正比，与相应的渗流路径长度成反比。采用公式描述则为

$$v = k\,\frac{h}{L} = ki \tag{2-1}$$

或

$$q = vA = kiA \tag{2-2}$$

式中　v——渗透速度，cm/s 或 m/s；

q——渗透流量，cm³/s 或 m³/s；

$i=\dfrac{h}{L}$——水力坡降，又称水力梯度，表示沿渗流方向单位距离的水头损失，无因次；

h——试样两端面间的水头差，cm 或 m；

L——渗透路径的长度，cm 或 m；

k——渗透系数，cm/s 或 m/s，其物理意义是当水力坡降 $i=1$ 时的渗透速度；

A——土样断面面积，cm² 或 m²。

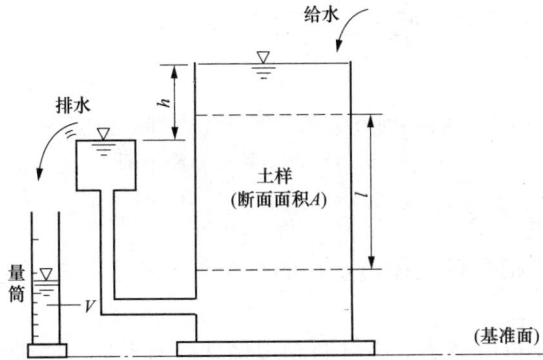

图 2-1　达西渗透试验装置示意图

由于达西定律是把整个土样端面假想为过水断面，因此按照式（2-1）计算出来的 v，应该是全断面上的平均流速；但是土样的实际过水面积，应该是土粒间孔隙的截面面积，所以过水断面上孔隙中的流速 v' 可由下式确定

$$v=nv'=\frac{e}{1+e}v' \tag{2-3}$$

由于达西定律是特定水力条件下的试验结果，因此存在一个适用范围的问题。一般认为达西定律适用于描述层流的渗透规律，对于紊流及介于两者之间的过渡流的渗透规律则不再服从线性达西定律。

通常用雷诺数（Re）来划分地下水的流态，即 $Re=\dfrac{vd_{10}}{\eta}$，其中 d_{10} 为土的有效粒径，v 为渗透速度，η 为水的运动黏滞系数。

研究表明，当 $Re\leqslant10$ 时，水在土体中的渗透规律满足线性达西定律，即 $v=ki$；当 $Re>200$ 时，水在土体中的流态为紊流，则有 $v=ki^{0.5}=k\sqrt{i}$；当 $10<Re\leqslant200$ 时，水在土体中的流态属于层流与紊流之间的过渡区域，则有 $v=ki^{0.74}$。

另外，达西定律描述的是砂土中水的渗透速度与水力坡降之间的线性关系，但是对于密实的黏土，由于吸附水膜具有较大的黏滞阻力，因此只有当水力坡降达到某一临界值后，黏土中的水才能够克服吸附水的黏滞阻力而发生渗透。该临界水力坡降称为黏土的起始水力坡降，公式表达为 $v=k(i-i_0)$，i_0 为密实黏土的起始水力坡降。对于粗颗粒土而言，只有在较小的水力坡降下，渗透速度与水力坡降之间才呈线性关系，而在较大的水力坡降下，水在土体中的流动就进入了紊流状态，此时渗透速度与水力坡降呈非线性关系，此时达西定律将不再适用。土体中水的渗透速度与水力坡降之间的关系如图 2-2 所示。

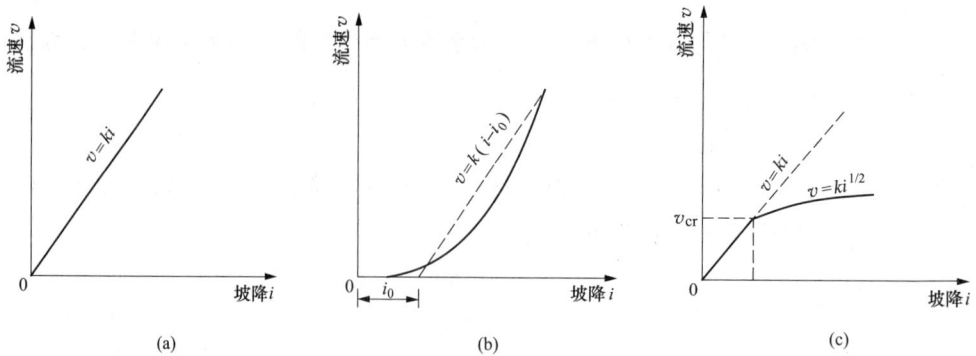

图 2-2 土体中水的渗透速度与水力坡降之间的关系

(a) 砂土；(b) 密实黏土；(c) 砾石

二、渗透系数的测定

渗透系数的大小是直接衡量土体透水性的一个重要物理指标，它的大小不能由计算求出，只能通过试验直接测定。

渗透系数的测定方法可以分为室内试验和现场试验两大类。通常现场试验比室内试验所得到的成果准确可靠。因此对于重要工程必须进行现场渗透性试验。

（一）室内试验

室内测定土体渗透系数的试验方法可以分为两大类：一个是常水头试验；另一个是变水头试验，前者适用于透水性强的无黏性土，后者适用于透水性弱的黏性土。

1. 常水头试验

常水头试验装置如图 2-1 所示，圆柱体试样断面面积为 A，长度为 l，保持水头差 h 不变，用秒表和量筒测定经过一定时间 t 的透水量是 V，则渗透系数 k 可根据达西公式计算如下

$$q = \frac{V}{t} = kiA = k\frac{h}{L}A$$

所以

$$k = \frac{V/t}{Ai} = \frac{VL}{Aht} \tag{2-4}$$

对于透水性很小的黏性土，由于流经试样的水量很少，难以准确量测，因此宜采用变水头试验。

2. 变水头试验

变水头试验是在整个试验过程中，土样两端的水头差不是恒定的，而是随着时间变化的，其试验装置如图 2-3 所示。

圆柱体土样断面面积为 A，长度为 L，试验中测压管的水位在不断下降，测定时间 $t_1 \sim t_2$ 时测压管的水位 h_1 和 h_2 后，渗透系数则可由达西公式计算求出。

设在任意时刻测压管的水位为 h（变数），水力坡降 $i = \frac{h}{L}$。在 $\mathrm{d}t$ 时间内，断面面积为 a 的测压管水位下降了 $\mathrm{d}h$，则在 $\mathrm{d}t$ 时间内流经土样的透水量为

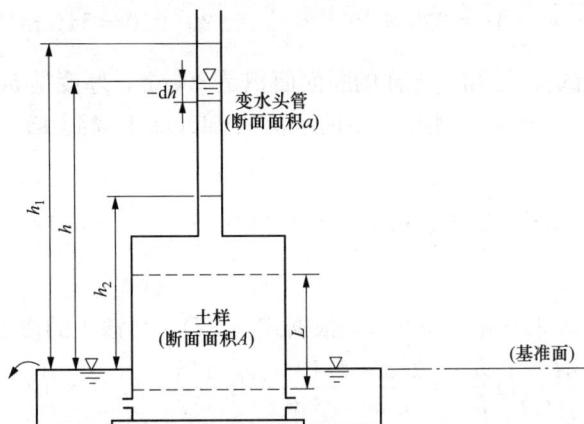

图 2-3　变水头试验装置示意图

$$dV = -a\,dh \tag{2-5}$$

式中　"－"表示透水量随 h 的减小而增加。

根据达西定律，在时间 dt 内流经土样的透水量又可以表示为

$$dV = k\frac{h}{L}A\,dt \tag{2-6}$$

由式（2-5）与式（2-6）相等，得到

$$-a\,dh = k\frac{h}{L}A\,dt$$

将上式两边分离变量并积分有

$$k\frac{A}{L}\int_{t_1}^{t_2}dt = -a\int_{h_1}^{h_2}\frac{dh}{h}$$

则土的渗透系数为

$$k = \frac{aL}{A(t_2-t_1)}\ln\frac{h_1}{h_2}$$

如用常用对数表示，则上式可以写成

$$k = \frac{2.3aL}{A(t_2-t_1)}\lg\frac{h_1}{h_2} \tag{2-7}$$

式（2-7）中的 a、L、A 为已知，试验时只要测出与时刻 t_1、t_2 相对应的水头差 h_1、h_2，就可以计算出渗透系数 k 值了。

影响渗透系数的因素很多，如土的种类、级配、颗粒形状与排列、孔隙比、水温和水的黏滞特性等，特别是在试样制备过程中对土骨架和结构的扰动。因此，为了能够准确地测定土的渗透系数，必须尽力保持土的原始状态并消除人为因素的影响。

例2-1　在图2-1所示的常水头试验中，已知：$h=45\text{cm}$，$L=25\text{cm}$，若土样的断面面积是 120cm^2，渗透系数为 $2.5\times10^{-2}\text{cm/s}$，求 10s 内土的透水量。

解　由已知条件 $A=120\text{cm}^2$，$k=2.5\times10^{-2}\text{cm/s}$，$t=10\text{s}$，$h=45\text{cm}$，$L=25\text{cm}$，得到 10s 内土的透水量为

$$V = k\frac{h}{L}At = 2.5 \times 10^{-2} \times \frac{45}{25} \times 120 \times 10 = 54(\text{cm}^3)$$

例 2-2 某变水头试验,已知:土样的断面面积是 30cm^2,厚度是 5cm,测压管的内径是 0.4cm。试验中经过 6.5min 后,测压管中的水位从 145cm 下降到 132cm,求该土的渗透系数 k。

解 已知 $A = 30\text{cm}^2$,$L = 5\text{cm}$,$a = 3.14 \times \left(\frac{0.4}{2}\right)^2 = 0.13\text{cm}^2$,$h_1 = 145\text{cm}$,$h_2 = 132\text{cm}$

$t_2 - t_1 = 6 \times 60 + 30 = 390\text{s}$,则根据式(2-7),得该土的渗透系数为

$$k = \frac{2.3aL}{A(t_2 - t_1)}\lg\frac{h_1}{h_2} = \frac{2.3 \times 0.13 \times 5}{30 \times 390}\lg\frac{145}{132} = 5.21 \times 10^{-6}(\text{cm/s})$$

例 2-3 某水平堆积而成的土层厚度自上而下分别为 H_1,H_2,$\cdots$,H_n,水平渗透系数分别是 k_{x1},k_{x2},$\cdots$,k_{xn},垂直渗透系数分别是 k_{z1},k_{z2},$\cdots$,k_{zn},如果上下面的总水头差是 Δh,则:(1)试根据图 2-4(a)求水平透水时总水平渗透系数 k_x [提示:$i_x = i_{xi}(\Delta h = \Delta h_i)$,$q_x = \sum\limits_{i=1}^{n} q_{xi}$];(2)试根据图 2-4(b)求垂直透水时总垂直渗透系数 k_z(提示:$q_z = q_{zi}$,$\Delta h = \sum\limits_{i=1}^{n} \Delta h_i$)。

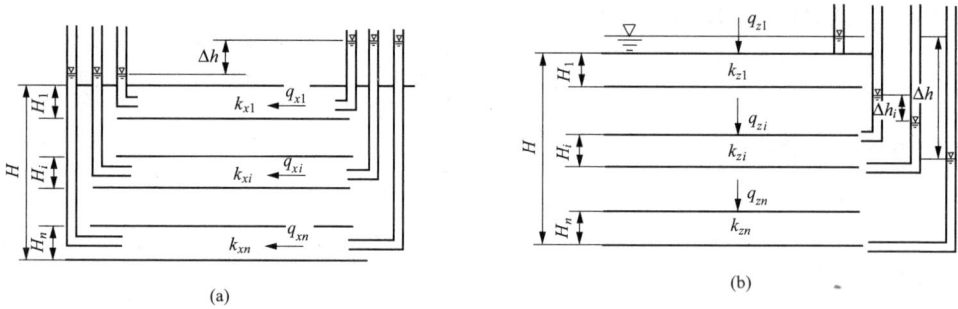

图 2-4 水在成层土中的渗流情况
(a)水平渗透;(b)垂直渗透

解 (1)水平渗透时,由各层土的水力坡降(或水头差)相等,单位面积上的总水平渗透流量等于各层渗透流量之和,即

$$q_x = \sum_{i=1}^{n} q_{xi}$$

其中

$$q_x = k_x i_x H,\quad q_{xi} = k_{xi} i_{xi} H_i$$

即

$$k_x i_x H = \sum_{i=1}^{n} k_{xi} i_{xi} H_i$$

将 $i_x = i_{xi}$ 代入,可得

$$k_x = \frac{\sum\limits_{i=1}^{n} k_{xi} H_i}{H}$$

(2)垂直渗透时,由各层土单位面积上的垂直渗透流量相等,则

$$q_z = q_{zi} = k_{zi} i_{zi} = k_{zi} \frac{\Delta h_i}{H_i}$$

各层水头损失之和等于总水头差，即

$$\sum_{i=1}^{n} \Delta h_i = \sum_{i=1}^{n} q_z \frac{H_i}{k_{zi}} = \Delta h$$

即

$$q_z \sum_{i=1}^{n} \frac{H_i}{k_{zi}} = \Delta h$$

所以

$$q_z = \frac{\Delta h}{\sum_{i=1}^{n} \dfrac{H_i}{k_{zi}}}$$

垂直渗透流量

$$q_z = k_z i_z = k_z \frac{\Delta h}{H}$$

总垂直渗透系数

$$k_z = \frac{H}{\sum_{i=1}^{n} \dfrac{H_i}{k_{zi}}}$$

（二）现场试验

由于现场取样、运输及室内制样时，不可避免地会对试验土样造成扰动和损伤，从而人为地加大了土样的透水性能，特别是对于某些土层，如纯砂土，取得原状土样是非常困难的，有时甚至不可能，因此现场测试土层的渗透性能是非常必要的。对于透水性较小的黏性土，常常利用压缩试验的结果间接地求出渗透系数。

根据现场地下水位的高低或不同研究目的需要，现场试验包括抽水试验和注水试验两种方法。当地下水位埋深较深时，通常采用注水试验来测定土层的渗透系数。

1. 抽水试验

（1）潜水完整井抽水试验。现场抽水试验如图 2-5 所示，在现场设置一个抽水井（直径在 15cm 以上）和两个以上的观测井。边抽水边观察水位情况，当单位时间从抽水井中抽出的水量稳定，并且抽水井及观测井中的水位稳定之后，根据单位时间的抽水量 q 和抽水井及观测井的水位，利用达西定律计算求出渗透系数 k。

在距离抽水井中心任意 r 处，水头高度为 h，现假设该处有一微小的水平距离增量

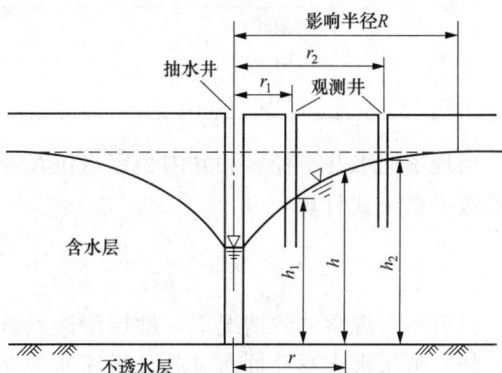

图 2-5　潜水完整井抽水试验

$\mathrm{d}r$，其水头损失增量为 $\mathrm{d}h$，则该处的水力坡降可近似表示为 $i \approx \dfrac{\mathrm{d}h}{\mathrm{d}r}$，此时在 r 处的过水断面面积 A 是一个以 r 为半径，高度为 h 的圆柱体侧面面积，即 $A = 2\pi r h$，由达西定律得到

$$q = k \frac{\mathrm{d}h}{\mathrm{d}r}(2\pi r h)$$

分离变量并积分

$$q \int_{r_1}^{r_2} \frac{\mathrm{d}r}{r} = 2\pi k \int_{h_1}^{h_2} h\,\mathrm{d}h$$

$$q \ln \frac{r_2}{r_1} = \pi k (h_2^2 - h_1^2)$$

所以

$$k = \frac{q}{\pi(h_2^2 - h_1^2)} \ln \frac{r_2}{r_1} = \frac{2.3q}{\pi(h_2^2 - h_1^2)} \lg \frac{r_2}{r_1} \tag{2-8}$$

式中 h_1、h_2——距抽水井距离为 r_1、r_2 的观测井的地下水位。

由图 2-5 可知，距抽水井距离越远，抽水对其地下水位的影响越小。从抽水井中心到地下水位不受影响位置的距离 R 称为抽水井的影响半径。工程实践中，通常采用如下经验公式来计算水井（钻孔）抽水时的影响半径

$$R = 2s_{\mathrm{w}}\sqrt{kh_0} \tag{2-8a}$$

$$R = 10s_{\mathrm{w}}\sqrt{k} \tag{2-8b}$$

式中 k——渗透系数，$\mathrm{m/d}$；

h_0——含水层厚度，m；

s_{w}——水位降深，m。

一般认为，式（2-8a）适用于砂类潜水层大口径抽水情况，其计算结果比较接近实际情况；而式（2-8b）则比较适合厚度很大的承压含水层长时间抽水情况。

在砂土地层中抽水时，若水井（钻孔）中水位降深只有几米时，其影响半径 R 见表 2-1。

表 2-1 砂土地层潜水完整井抽水影响半径

土　　性	影响半径 R（m）
细砂	25～100
中砂	100～500
粗砂	400～1000

当现场抽水井半径 r 和井内稳定水位 h 及影响半径以外地下水头高度 H_0 为已知时，渗透系数 k 按下式计算

$$k = \frac{q}{\pi(H_0^2 - h^2)} \ln \frac{R}{r} = \frac{2.3q}{\pi(H_0^2 - h^2)} \lg \frac{R}{r} \tag{2-9}$$

只有一个观察井的情况下，地层渗透系数 k 的计算，请大家作为练习自行推导。

（2）承压水完整井抽水试验。承压水完整井抽水试验如图 2-6 所示，对于厚度为 M 的承压含水层在进行抽水试验时，其稳定涌水量的计算仍然满足达西定律，因此在距离抽水井中心任意 r 处，水头高度为 h，现假设该处有一微小的水平距离增量 $\mathrm{d}r$，其水头损失增量为 $\mathrm{d}h$，则该处的水力坡降可近似表示为 $i \approx \dfrac{\mathrm{d}h}{\mathrm{d}r}$，此时在 r 处的过水断面面积 A 是一个以 r 为半径，高度为 M 的圆柱体侧面面积，即 $A = 2\pi r M$，由达西定律得到

$$q = k\frac{\mathrm{d}h}{\mathrm{d}r}(2\pi r M)$$

分离变量积分后有

$$q \int_{r_0}^{R} \frac{\mathrm{d}r}{r} = 2\pi k M \int_{h_0}^{H_0} \mathrm{d}h$$

则渗透系数 k 为

$$k = \frac{q}{2\pi(H_0 - h_0)} \ln \frac{R}{r_0}$$

有一个或两个观察井的情况下，地层渗透系数 k 的计算，模仿潜水井抽水自行推导练习。

2. 注水试验

现场注水试验时，注水井的工作条件恰好和抽水试验时抽水井的条件相反，水从井孔向周围岩层渗透，降落漏斗是倒转的，如图 2-7 所示。此时，水力坡度为

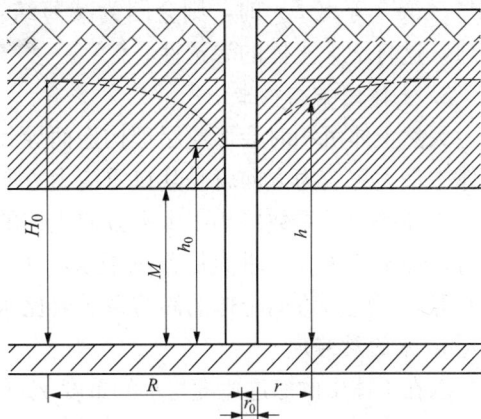

图 2-6 承压水完整井抽水示意图

$$i \approx -\frac{\mathrm{d}h}{\mathrm{d}r}$$

模仿潜水完整井抽水公式推导过程，参照式 (2-8) 则可得到注水试验时地层渗透系数 k 的计算公式为

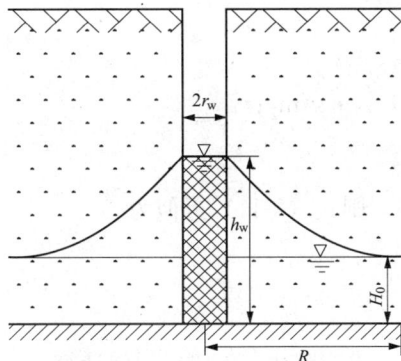

图 2-7 现场注水试验示意图

$$k = \frac{q}{\pi(h_w^2 - H_0^2)} \ln \frac{R}{r_w} = \frac{2.3q}{\pi(h_w^2 - H_0^2)} \lg \frac{R}{r_w}$$

$$(2-10)$$

三、土渗透特性的影响因素

影响土体渗透性的因素很多，而且也比较复杂，由于土体沉积时的各向异性，导致水平和竖直方向的渗透系数不同。虽然影响土渗透性的因素随土的类别不同而不同，但是主要可以归纳如下几种。

1. 土的粒度成分及矿物成分

土的颗粒大小、表面形状及颗粒级配，通过影响土体中孔隙的大小和形状来影响土体的渗透性。土粒越粗、磨圆度和均匀性越好，渗透性就越大，当土粒粗细混杂时，细颗粒充填在粗颗粒所形成的孔隙中，就会降低土的渗透性。例如，砂土中含有较多的粉土及黏土粒时，其渗透性将大大降低。

土的矿物成分对于卵石、砂土和粉土等无黏性土的渗透性影响不大，但是对于黏土的渗透性影响较大。黏性土中含有亲水性较大的黏土矿物（如蒙脱石）或有机质时，由于它们具有吸水膨胀显著的特点，会大大降低土的渗透性，而含有大量有机质的淤泥质土几乎是不透水的。

2. 结合水膜的厚度

黏性土中，若土粒具有较厚的结合水膜时，会阻塞土的孔隙，降低土的渗透性。当土体中的水含有低价阳离子（如 Na^+、K^+ 等离子）时，会使土粒的结合水膜变厚而降低土粒间孔隙通道的面积，所以此类土的透水性较低。相反，当土体中的水含有高价的阳离子（如

Al^{3+}、Fe^{3+} 等离子）时，则会因为减薄结合水膜厚度而使黏土粒凝聚成团，增大土粒间的孔隙，这将增大土体的渗透性。

3. 土体的结构构造

天然土体沉积时会形成层理构造而导致土体的物理力学性质具有明显的各向异性。由于土体中最大主应力方向就是其自重应力方向，因此在通常情况下，竖直方向（垂直层理面方向）土体的渗透系数要小于水平方向土体的渗透系数。但是对于某些特殊情况则要具体分析对待，如土体中含有垂直层面的裂缝，或土体中含有竖直方向的大孔隙（如天然风积黄土中）等，则竖直方向土体的渗透系数要比水平方向大得多。

4. 水的黏滞度

水在土体中的渗透速度与水的重度 γ_w 和黏滞系数 η 有关，它们又都与温度有关。研究表明，在具有相同结构性的同一土体中，作用有相同水力坡降时，试验测得土体的渗透系数随水温而变化，例如，水温为 24℃ 时比水温为 5℃ 时测得的渗透系数约大 65%。因此，室内试验测得的渗透系数必须考虑温度的影响，目前常用的方法是将水温为 10℃（有的以 20℃ 水温为标准）时测得的渗透系数作为标准值，在其他温度下测得的土体渗透系数按（2-11）修正

$$k_{10} = k_t \frac{\eta_t}{\eta_{10}} \cdot \frac{\gamma_{w,10}}{\gamma_{w,t}} \tag{2-11}$$

式中　η_t、η_{10}——温度为 t 和 10℃ 时水的动力黏滞系数，$N \cdot s/m^2$；

　　　$\gamma_{w,t}$、$\gamma_{w,10}$——温度为 t 和 10℃ 时水的重度，kN/m^3。

由于水的重度随温度的变化相对较小，因此 $\frac{\gamma_{w,10}}{\gamma_{w,t}} \approx 1$，则式（2-11）近似为

$$k_{10} = k_t \frac{\eta_t}{\eta_{10}} \tag{2-12}$$

其中 $\frac{\eta_t}{\eta_{10}}$ 称为水的黏滞性比值，可由图2-8中的曲线确定，或按照式（2-13）近似计算

$$\frac{\eta_t}{\eta_{10}} \approx 1.4e^{-0.03t} \tag{2-13}$$

式中　t——试验时水的温度，℃。

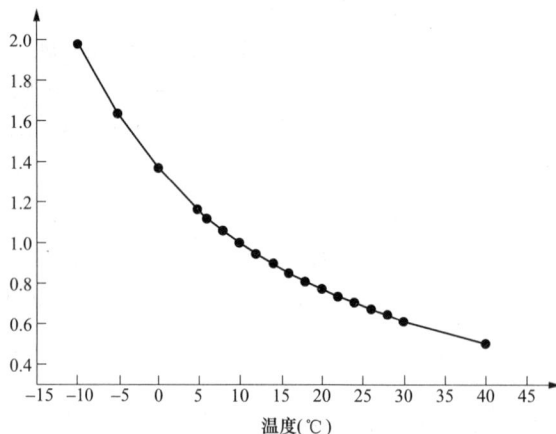

图 2-8　水的黏滞性与温度的关系

5. 土中气

当土体孔隙中存在有密闭气泡时，会阻塞水在土体中的渗流通道，从而降低土的渗透性。这种密闭气泡有时是由于溶解于水中的气体分离出来而形成的，为了避免这种现象，室内测试土体渗透系数时要求使用不含溶解气体的蒸馏水。

四、土层中地下水稳定渗透流量计算

当在位于地下水位以下的土层中进行土体开挖的岩土工程实践时（如基坑开挖、钻井等），土层中的自由水就会向开挖空间渗流，此时为了保证工程的顺利施工，就必须进行基坑降水，而地下水稳定渗透流量的计算就十分重要。

1. 单井涌水量计算

根据裘布衣假设，在均质各向同性含水层中的完整潜水井，其水流如图 2-5 所示，沿径向轴对称流入井内，且渗流符合线性达西定律，抽水前、后地下水位的变化如图 2-5 中的虚、实线所示，最后形成一个以井轴为中心的圆柱形曲面，由式（2-8）得到

$$q = \frac{k\pi(h_2^2 - h_1^2)}{\ln\frac{r_2}{r_1}} = 1.366k\frac{h_2^2 - h_1^2}{\lg\frac{r_2}{r_1}} \tag{2-14}$$

2. 群井涌水量的计算

在很多情况下，降水井的布置在平面上往往比较集中，呈群井布置方式（见图 2-9），其中 x_i 为任意点 A 与各井点之间的距离。假定 y_i 为第 i 个井点抽水时，A 点水位降低后的高度；h_i 为第 i 个井点孔外的水位；r_i 为第 i 个井点的半径；q_i 为第 i 个井点的涌水量，则由式（2-14）得到：当第 i 个井点单独抽水时（其余井点不抽水），A 点的水位降落可以表示为

$$y_i^2 - h_1^2 = \frac{q_i}{\pi k}\ln\frac{x_i}{r_i} \tag{2-15}$$

若各个井点同时抽水，A 点在各井点的共同影响下，最终水位 h_0 为各个井点单独抽水时个别影响的叠加，为

图 2-9　群井抽水示意图

$$H^2 - h_0^2 = \frac{q_1}{\pi k}\ln\frac{x_1}{r_1} + \cdots + \frac{q_5}{\pi k}\ln\frac{x_5}{r_5} \tag{2-16}$$

式中　H——每个井点处的初始地下水位高度，令各井点处水位高度相等。

假设有 n 个井点同时抽水，且令所有井点半径均相等，即 $r_1 = r_2 = \cdots = r_n = r_0$（各井布置在同一个圆周上）；各井点涌水量也相等，即 $q_1 = q_2 = \cdots q_n = \dfrac{q}{n}$（$q$ 为所有井点同时抽水时的总涌水量，n 为井点总数）；各井点的影响范围均相等，即 $x_1 = x_2 = \cdots = x_n = R + r_0$，则式（2-16）变为

$$q = 1.366k\frac{(2H - s_w)s_w}{\lg(R + r_0) - \lg r_0} \tag{2-17}$$

式中　s_w——井群中心处的水位降低值；

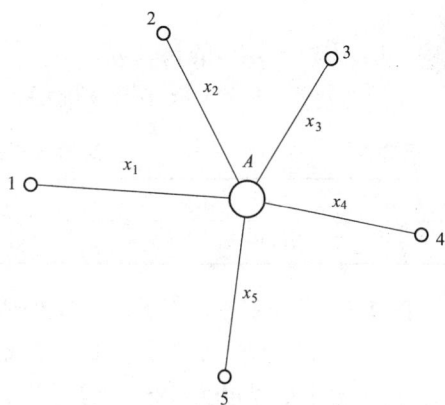

$(R+r_0)$——等效抽水影响半径；

r_0——等效抽水井半径（见图 2-9）。

式（2-17）相当于将群井等效为一个大井，按照完整潜水井渗流规律计算大井的流量。

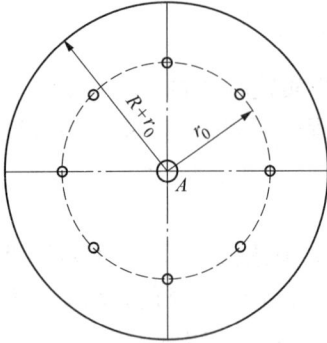

图 2-10 圆形布置井群示意图

对于涌水量相同的潜水抽水井而言，若直径为 r_w，各抽水井均匀布置在半径为 r_0 的圆周上（见图 2-10），则单个井的涌水量为

$$q_i = 1.366k \frac{(2H - s_w)s_w}{\lg(R + r_0)^n - \lg r_w r_0^{n-1}} \quad (2\text{-}18)$$

当群井的布置形式不是分布在同一个圆上时，可按式（2-19）计算等效抽水半径 r_0

$$r_0 = \sqrt{\frac{F}{\pi}} = 0.565\sqrt{F} \quad (2\text{-}19)$$

式中 F——布井轮廓范围的面积。

若布井轮廓为很狭长的矩形，宜用式（2-20）计算等效抽水半径 r_0，即

$$r_0 = \eta \frac{L + B}{4} \quad (2\text{-}20)$$

式中 L、B——矩形的长、宽；

η——系数，按表 2-2 确定。

表 2-2　　　　　　　　　矩形布井等效抽水半径影响系数 η

B/L	0.05	0.1	0.2	0.3	0.4	0.5	0.6~1.0
η	1.05	1.08	1.12	1.14	1.16	1.17	1.18

例 2-4　某矩形基坑开挖时为减少地下水的影响（地下水位与地表齐平），拟在边界面积为 60m×30m 范围内布置抽水井以降低地下水位，要求边界范围内的地下水位最小降深为 5m，潜水含水层厚度为 12m，渗透系数 $k=17.28\text{m/d}$，降水井采用半径为 0.2m 的钻孔。影响半径经试验选定为 140m，试设计该降水系统。

解　第一步，采用"大井法"计算抽水井群的总用水量 q。

将 $F=60\text{m} \times 30\text{m}$ 代入式（2-19），计算出等效抽水半径为 $r_0 = 0.565\sqrt{60 \times 30} = 24\text{m}$，由式（2-17）求得满足整体降深要求的总流量为

$$q = \frac{1.366 \times 17.28 \times (2 \times 12 - 5) \times 5}{\lg \frac{140}{24}} = 2927.82(\text{m}^3/\text{d})$$

第二步，用试算法确定所需要的抽水孔数量。

先根据抽水设备的能力（能达到的最大降深值为 s_{max}）和工程对降深的要求值 s，选取各抽水孔的水位降深值 s_w，显然有 $s \leqslant s_w \leqslant s_{max}$。初步确定抽水孔个数 n，并假定各抽水井均匀地布置在等效抽水半径为 r_0 的圆周上，然后采用式（2-18）计算每个抽水孔的流量 q_i 和总流量 q。

针对该题，假设需要至少 $n=5$ 个抽水井，且选取各抽水孔的降深为 $s_w = 7.5\text{m}$，则有

$$q_i = \frac{1.366 \times 17.28 \times (2 \times 12 - 7.5) \times 7.5}{\lg \dfrac{140^5}{0.2 \times 24^4}} = 561.6 (\text{m}^3/\text{d})$$

$$q = nq_i = 5 \times 561.6 = 2808\text{m}^3/\text{d} < 2927.82\text{m}^3/\text{d}$$

说明满足不了设计要求，即抽水孔数量不足，再选取 $n=6$，求得：$q_i = 492.4\text{m}^3/\text{d}$，$q = nq_i$ $= 6 \times 492.4 = 2954.4\text{m}^3/\text{d} > 2927.82\text{m}^3/\text{d}$，满足要求。故最后设立抽水井 6 个，且沿 60m $\times$ 30m 基坑边界均匀布置。

第二节 流网及其应用

达西定律可以进行简单边界条件下的渗流计算，而在实际工程中所涉及的渗流问题，其边界条件往往比较复杂，例如土坡、坝基、闸基、路堤及带挡墙（或板桩）基坑等的渗流问题，它们多为二维或三维渗流问题。此时达西定律需要用微分形式表达，再结合边界条件进行求解。本节主要介绍二维渗流（平面渗流）的问题及其图解法（流网解法）。

一、平面稳定渗流的基本微分方程

实际工程中的堤坝和土坡等线性构筑物，其长轴方向远远大于宽度方向，可以认为渗流规律在长轴方向上的任意断面都是相同的，即渗流只沿着与长轴方向垂直的断面进行，这类渗流就属于平面渗流。当渗流场中水头和流速等渗流要素均不随时间而改变时，这种渗流就称为稳定渗流。

现从平面稳定渗流场中任取一微单元体，面积为 $\text{d}x\text{d}z$，厚度为 $\text{d}y=1$，则渗流在 x、z 方向流入微单元体的速度分别为 v_x、v_z，相应的流出速度分别为 $v_x + \dfrac{\partial v_x}{\partial x}\text{d}x$、$v_z + \dfrac{\partial v_z}{\partial z}\text{d}z$，如图 2-11 所示。在 $\text{d}t$ 时间内流入微单元体的水量为 $\text{d}q_1$，则有

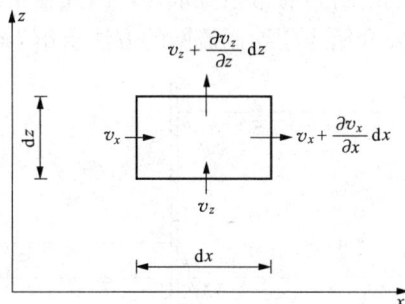

图 2-11 平面渗流连续条件

$$\text{d}q_1 = (v_x\text{d}z \cdot 1 + v_z\text{d}x \cdot 1)\text{d}t \qquad (2\text{-}21)$$

在 $\text{d}t$ 时间内流出微单元体的水量 $\text{d}q_2$ 为

$$\text{d}q_2 = \left[\left(v_x + \frac{\partial v_x}{\partial x}\text{d}x\right)\text{d}z \cdot 1 + \left(v_z + \frac{\partial v_z}{\partial z}\text{d}z\right)\text{d}x \cdot 1\right]\text{d}t \qquad (2\text{-}22)$$

由于是稳定渗流，土体骨架不会产生变形且水体也不可压缩，则根据水流连续原理，$\text{d}t$ 时间内流入和流出微单元体的水量应该相等，即

$$\text{d}q_1 = \text{d}q_2$$

从而得到渗流连续条件下的微分方程为

$$\frac{\partial v_x}{\partial x} + \frac{\partial v_z}{\partial z} = 0 \qquad (2\text{-}23)$$

式（2-23）即为二维渗流连续方程。

对于各向异性的土体，根据达西定律有

$$v_x = k_x i_x = k_x \frac{\partial h}{\partial x} \qquad (2\text{-}24)$$

$$v_z = k_z i_z = k_z \frac{\partial h}{\partial z} \tag{2-25}$$

式中 k_x、k_z——x、z 方向的渗透系数；

  i_x、i_z——x、z 方向的水力坡度；

  h——测压管水头或总水头。

将式（2-24）、式（2-25）代入式（2-23），得到平面稳定渗流基本方程为

$$k_x \frac{\partial^2 h}{\partial x^2} + k_z \frac{\partial^2 h}{\partial z^2} = 0 \tag{2-26}$$

对于各向同性的土体，有 $k_x = k_z$，则式（2-26）变为

$$\frac{\partial^2 h}{\partial x^2} + \frac{\partial^2 h}{\partial z^2} = 0 \tag{2-27}$$

式（2-26）、式（2-27）都是著名的 Laplace 方程，因此土体中的渗流问题实际上是 Laplace 方程的求解问题。通过求解特定边界条件下的 Laplace 方程，即可得到该条件下的渗流场。

二、平面稳定渗流问题的流网解法

对于式（2-26）、式（2-27）所示的 Laplace 方程的求解，常用的方法有解析法、数值法、图解法和模型试验法。在实际工程中，由于渗流问题的边界条件一般都比较复杂，其严密的解析解通常很难求得，因此在常用解法中尤以简便、快捷的图解法应用最为广泛。这里主要介绍应用绘制流网的方法求解 Laplace 方程的近似解。

1. 流网及其性质

平面稳定渗流基本微分方程的解可以用渗流区平面内两簇相互正交的曲线来表示。其中一簇表示水质点的流动路线，称为流线，流线上任一点的切线方向就是流速矢量的方向。另一簇与流线正交的曲线称为等势线，在任一条等势线上，各点的测压水位或总水头都在同一水平线上（水头等值）。工程上将这种由流线簇与等势线簇交织形成的网格图形称为流网，如图 2-12 所示。

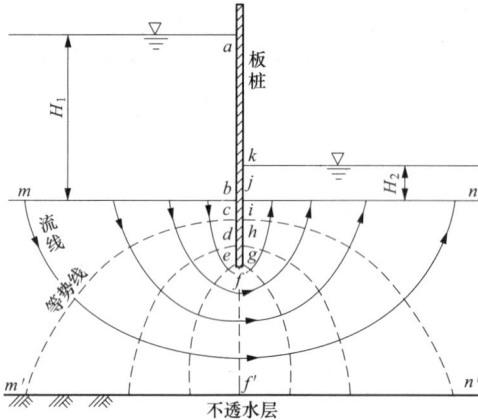

图 2-12 板桩维护基坑下的渗流流网

各向同性土体中渗流流网具有以下性质：

（1）流网是相互正交的网格。由于流线与等势线具有相互正交的性质，所以流网为正交网格。

（2）流网为曲边正方形。在流网中，每个网格的长宽比为常量，为方便考虑，通常取为1.0，这时方格网就成为正方形或曲边正方形。

（3）相邻等势线间的水头损失相等。渗流区内水头依等势线等量变化，相邻等势线的水头差相同。

（4）各流槽的渗透流量相等。相邻流线间的渗流区域称为流槽，每一流槽的单位流量与总水头 h、渗透系数 k 及等势线间隔数有关，与流槽位置无关。

（5）流线越密的部位流速越大，等势线越密的部位水力坡降越大。根据达西定律，各流

槽的渗透流量为 $q=kiA=vA$，由于各流槽的渗透流量相等，可知流线密集的地方，同一流槽的断面积就越小，因而该处流速就越大。由水力坡降公式 $i=\dfrac{\Delta h}{L}$，且相邻等势线间的水头损失相等，可知等势线越密的地方水利坡降越小。

2. 流网的绘制

在工程上，流网通常采用近似作图法绘制，这种图解法绘制流网的最大优点是简便迅捷，适用于建筑物边界轮廓较为复杂的情况，虽然绘制精度方面略显不足，但是一般不会比土质不均匀性质所引起的误差更大，因此能够满足工程精度要求。

流网的绘制主要依据流网的性质，采用试绘的方法逐步修正，而试绘流线和等势线的形状时应结合渗流场的边界条件进行。通常情况下，建筑物的地下轮廓线及下面地基中的不透水层面可以作为两根边界流线，夹在这两根边界流线中间的流线形状应该是按照边界流线的形状逐渐过渡的，相类似的情况如：上、下游河床或排水面近似为边界等势线，其间的其他等势线也是逐步过渡的。

下面结合图 2-13 来具体介绍流网的绘制步骤：

（1）首先按照一定比例绘出建筑物基础轮廓和地基土层剖面图，并根据边界条件确定渗流区的边界流线和边界等势线。

在图 2-13 中，边界流线有两条，一条是沿基础底部轮廓线的上边界流线，即 b-1-2-3-4-5-6-7-8-c 线；另一条是沿地基土层的不透水面 m-n 线的下边界流线。而 a-b 和 c-d 线则分别是上、下游透水界面的等势线。

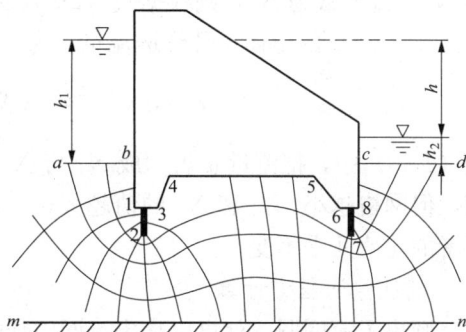

图 2-13　流网的绘制方法

（2）根据流网性质初步绘出流网形态。先按照上、下边界流线形态大致描绘几条流线，这些中间流线的形状应该由基础底面轮廓形状逐渐向不透水层面 m-n 线过渡。原则上，中间流线数量越多，流网越准确，但是绘制及后期修改的工作量也越大，所以实际工程中是按照建筑物的重要程度控制中间流线数量的，一般将中间流线的数量控制在 3～4 条。

初步绘制好流线后，根据流网为曲边正方形性质绘制相应的等势线。绘制流线和等势线时应注意保持每条曲线均为光滑连续的曲线，否则就要修正曲线，特别是要注意等势线的修正。

（3）逐步修正流网。初步绘出的流网，可以采用加绘网格对角线的方法来检验其正确性。如果每一网格的对角线都正交且成长方形，则表明流网是正确的，否则要做进一步的修改。由于渗流区域的边界通常是不规则的，因此在形状突变处，较难满足网格为正方形的要求。对此应从整个流网来分析，只要多数网格满足流网性质，少量网格不符合要求所引起的计算误差，对计算结果的影响可以忽略。最后需要说明的是：初步绘制的流网中，最后一排网格可能不正好是正方形曲边网格，此时只要检验这一排每个网格的长宽比是否相等即可，而不要求与以上各排有同样的长宽比值。

三、流网的工程应用

工程上可以利用流网来求解渗流区域内稳定渗透流量、渗透速度及渗流区域内任意点的孔隙水压力等问题。

1. 渗透速度的计算

计算渗流区域内某一网格内的渗透速度，可以先从流网图中量出该网格流线的长度 l，再根据流网中任意两条等势线之间水头损失相等的性质，假设渗流区域内上、下游水头差为 $h=h_1-h_2$，流网中的等势线数量为 n，流线数量为 m（包括边界等势线和边界流线），流网中流槽数 $N_f=m-1$，等势线间隔数 $N_d=n-1$，则任意两等势线之间的水头差为

$$\Delta h=\frac{h}{N_d}=\frac{h}{n-1} \tag{2-28}$$

所求网格内的渗透速度为

$$v=ki=k\frac{\Delta h}{L}=k\frac{h}{l(n-1)} \tag{2-29}$$

2. 渗透流量的计算

要根据流网计算渗透流量，假设流入和流出的总水头分别为 h_1 和 h_2，等势线的间隔数为 N_d，流槽数为 N_f，则根据式（2-28）和流网各流槽的渗透流量相等的性质，可求出渗透断面宽度为 L 的土体全部渗透流量 q 为

$$q=qN_fL=-k\Delta hN_fL=k(h_1-h_2)\frac{N_f}{N_d}L \tag{2-30}$$

式（2-30）中，把流量 q 表示成 N_f 与 N_d 的比，也就是说正方形流网网格的大小可以随意画，但网格越小，N_f 和 N_d 的值越大；网格越大，则 N_f 和 N_d 的值越小（精度下降），但是两者的比值几乎不变。

3. 孔隙水压力计算

画出了流网图，就可以求出流网中任意点的孔隙水压力（水压力分布）。等势线是水头高度 h 相等的线，由流网中相邻等势线间的水头损失相等的性质可知，正方形网格的每一格的水头损失都相等，所以根据总水头的边界条件就可以求出流网中任意点的水头压力 u，从而可以计算出相应的压力水头高度 h

$$h=\frac{u}{\gamma_w} \tag{2-31}$$

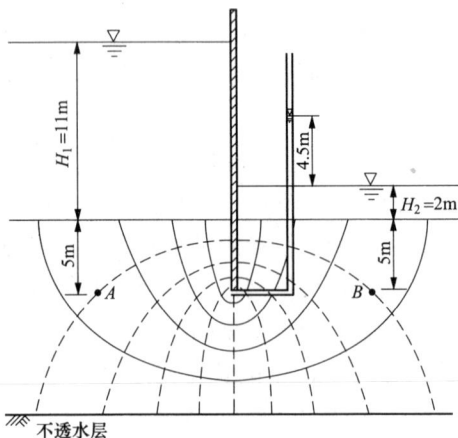

图 2-14　板桩下的流网

例 2-5　在图 2-14 中，$H_1=11m$，$H_2=2m$，板桩的入土深度是 5m，地基土的渗透系数 $k=5\times10^{-4}cm/s$，土的相对密度 $G_s=2.69$，孔隙率 $n=39\%$。

求：（1）图中点 A 和点 B 的孔隙水压力。

（2）板桩单位宽度的渗透流量。

解　（1）在图 2-14 中，流网网格 $N_f=5$，$N_d=10$，总水头 $H_1-H_2=11m-2m=9m$，则每个网格的水头损失 $\Delta h=9m/10=0.9m$。

A、B 两点的孔隙水压力分别为

$u_A=(5+11-0.9)\times9.8kPa=148.0kPa$

$u_B=(5+11-0.9\times9)\times9.8kPa=77.4kPa$

（2）已知渗透系数 $k=5\times10^{-4}cm/s=$

$0.432\mathrm{m/d}$，则由式（2-30）可求得板桩单位宽度的渗透流量为

$$q = k(H_1 - H_2)\frac{N_f}{N_d}L = 0.432 \times 9 \times \frac{5}{10} \times 1\mathrm{m}^3/\mathrm{d} = 1.944(\mathrm{m}^3/\mathrm{d})$$

第三节　渗透力与渗透稳定性

一、渗透力

水在土粒间的孔隙中渗流时，受到土粒阻力 F_T 的作用，其作用方向与水流方向是相反的，起着阻碍水流流动的作用；相反，水的流动必然会给阻碍其运动的土粒施加一个与阻力 F_T 大小相等、方向相反的拖拽力，试图推动土粒顺着水流的方向运动。把水流作用在单位体积土体上的拖拽力称为水的渗透力 J，也称为动水压力。

由上述定义可以知道，渗透力是体积力，它的作用方向与水流方向一致。渗透力的计算具有重要的工程意义，例如，在研究土体中存在水渗流时的稳定性问题，就必须考虑渗透力对土体稳定性不利的影响；但渗透力在工程实践中也有其有利的一面，例如，在大坝上游抛掷黏土，利用渗透力的拖拽作用将黏土粒充填于坝体缝隙中以达到堵水的目的等。

渗透力的计算公式推导过程如图 2-15 所示。

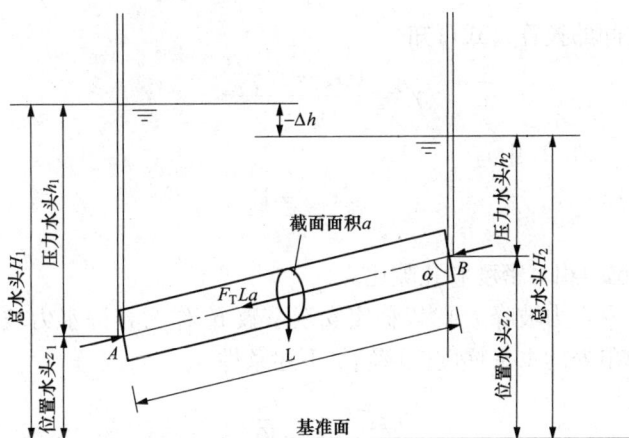

图 2-15　渗透力计算示意图

在图 2-15 中，渗透力来源于沿着流线的孔隙水压力的差 Δu。设 a 为流管的横截面面积，则渗透力（单位体积力）推导如下：

（1）点 A、B 两端的静水压力分别为 $h_1\gamma_w a$ 和 $h_2\gamma_w a$。

（2）流管中水柱自重为 $\gamma_w La$。

（3）设单位体积土对渗流水的阻力为 F_T，则土骨架对渗流水的总阻力为 $F_T La$。

（4）沿 AB 作用线方向，由作用在水柱上的静力平衡方程得到

$$\gamma_w h_1 a - \gamma_w aL\cos\alpha - F_T La - \gamma_w h_2 a = 0 \tag{2-32}$$

在图 2-15 中，存在如下几何关系

$$\cos\alpha = \frac{z_2 - z_1}{L}, \quad h_1 = H_1 - z_1, \quad h_2 = H_2 - z_2 \tag{2-33}$$

将式（2-33）代入式（2-32）有

$$F_T = \gamma_w \frac{H_1 - H_2}{L} = \gamma_w i \tag{2-34}$$

因为 $|F_T| = |J|$，所以渗透力 J 的大小为

$$J = \gamma_w \frac{-\Delta h}{L} = \gamma_w i \tag{2-35}$$

二、渗透稳定性

由于渗透力的方向与水流方向是一致的，因此当水流方向是自下而上时，渗透力的方向与土体自重应力的方向相反，这样势必减小土粒间的接触压力。例如在图 2-14 中，如果渗透水流出流管后，继续垂直向上渗流，则渗透水流对单位体积土体向上的作用力为 J，而土粒垂直向下单位体积的有效重度为 γ'。当水力坡降 i 大于或等于某个特定值 i_{cr} 时，则会导致渗透力 J 大于或等于土的有效重度 γ'，此时土粒间的接触压力等于零，土体由于土粒处于悬浮状态而失去稳定。称这个特定值 i_{cr} 为临界水力坡降。土体发生失稳的临界水力坡降为

$$J = \gamma_w i_{cr} = \gamma' \tag{2-36}$$

即

$$i_{cr} = \frac{\gamma'}{\gamma_w} \tag{2-37}$$

由土基本物理指标之间的换算公式可知

$$\gamma' = \frac{(G_s - 1)\gamma_w}{1 + e} \tag{2-38}$$

将式（2-38）代入式（2-37）中有

$$i_{cr} = \frac{G_s - 1}{1 + e} \tag{2-39}$$

式中　G_s、e——土粒的相对密度和孔隙比。

工程上通常将临界水力坡降 i_{cr} 除以稳定安全系数 K 作为容许水力坡降 $[i]$，设计时在结构物的下游渗流逸出处的水头梯度应该满足下述条件

$$i \leqslant [i] = \frac{i_{cr}}{K} \tag{2-40}$$

通常取 $K = 2.0$。

1. 渗透变形

土体中发生渗流时，当渗透力大于土粒间的滚动摩擦力或大于土粒的自重时，土体内会发生流土、管涌等渗透破坏现象。

（1）流土（flowing soil）。在向上的渗透水流作用下，表面土局部范围内的土体或土粒同时发生悬浮、移动的现象称为流土。只要渗透力，即水力坡降达到一定的大小，任何类型的土都会发生流土破坏。流土经常发生在堤坝下游渗流逸出处无保护的情况。当土体中 $i > i_{cr}$ 时，就会在下游渗流逸出处出现表面隆起，裂缝开展，砂粒涌出，即流土发生。若地基为比较均匀的砂层，当水位差较大、渗透路径不太长，也即水力坡降较大时，下游渗流逸出处也会有 $i > i_{cr}$。这时地表将普遍出现小泉眼，冒气泡，继而土粒群向上鼓起，发生浮动、跳跃，称为砂沸。砂沸也是流土的一种形式。

对底部土层主要是由细砂、粉砂、粉土或饱和的低塑性黏性土组成的基坑进行开挖时，

如采用表面直接排水方法，基坑底部土体将会受到向上的渗透力的作用，则可能发生流砂现象。此时基坑底部的土体会随水涌出而无法清除，使基坑底部土的结构遭到破坏，强度降低，造成基坑周边建筑物产生较大的附加沉降，甚至会导致工程事故。

流土发生的条件是：在自下而上的渗流逸出处，任何土，包括黏性土或无黏性土，只要满足渗透坡降大于临界水力坡降，即 $i > i_{cr}$，均会发生流土现象。

（2）管涌（piping）。在渗透水流作用下，土中的一些细小颗粒在粗颗粒形成的孔隙中移动，以至于被水流带走，随着土粒间的孔隙不断扩大、渗透速度不断增加，较粗的颗粒也相继被水流逐渐带走，最终导致土体内形成贯通的渗流管道，造成土体塌陷，这种现象称为管涌。由此可知，管涌破坏一般有个时间发展过程，是一种渐进性的破坏。管涌可以发生在局部范围，但也可能逐步扩大，最后导致土体失稳破坏。管涌多发生在一定级配的无黏性土中，特别是不均匀系数 $C_u > 10$ 的砂土中；发生的部位可能在渗流逸出处，也可能在土体内部，所以管涌也称为渗流的潜蚀现象。

图 2-16（a）为发生在其大堤最大的管涌。由于暴雨使湘江水猛长，从而使土体中的水力坡降增大，加之土的结构原因，发生了图中的管涌。图 2-16 中的沙袋用来提高逸出口水位，以降低水力坡降。此外，还抛了一些大的砾石形成反滤层，如图 2-16（b）所示。

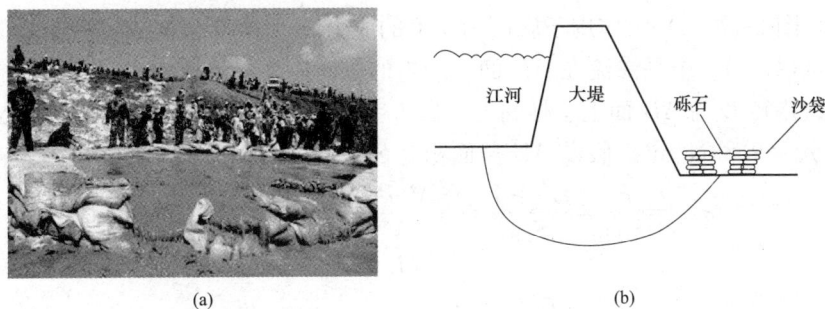

图 2-16　降低上下游水头差的工程应急方法及剖面示意图

2. 防治渗透破坏的基本措施

根据土体发生渗透破坏的力学原理，防治渗透破坏的基本措施包括：①降低水对土粒的渗透力；②增加土体的自重。

由式（2-35）可知，降低计算点的水力坡降 i 是降低渗透力 J 的唯一方法，而 $i = \dfrac{-\Delta h}{L}$。因此，降低渗透力的基本方法有两个：一个是降低计算点与上游起算点之间的水头高度差 Δh，工程上通常是在下游渗透逸出处，利用沙袋围堰方法来人为抬高逸出处的水头高度（如图 2-16 所示），以达到降低上下游之间水头差的目的，从而降低渗透力。另一个是通过增加两点之间的渗透路径 L 的方法，达到降低渗透力的目的，一般是通过在上游做防渗铺盖或打板桩等方法来实现。

在特定渗透力作用下，防止土体的渗透破坏，可以通过增加下游渗流逸出处的土体自重的方法，来增加土体的竖向自重压力，即在渗流逸出处设置荷载过滤层，并使之满足如下的关系

$$JV < \gamma' V + p \tag{2-41}$$

式中　V——土体积；

p——渗流逸出处设置荷载过滤层所增加的竖向压力。

例 2-6 在图2-17 所示的三种试验中，砂土的有效重度 $\gamma' = 9.8\text{kN/m}^3$。

（1）试分别求图 2-17（a）和（b）中作用于底面 AB 的应力是多少？

（2）在图 2-17（c）中，当 Δh 增加到多少时会产生流砂现象？

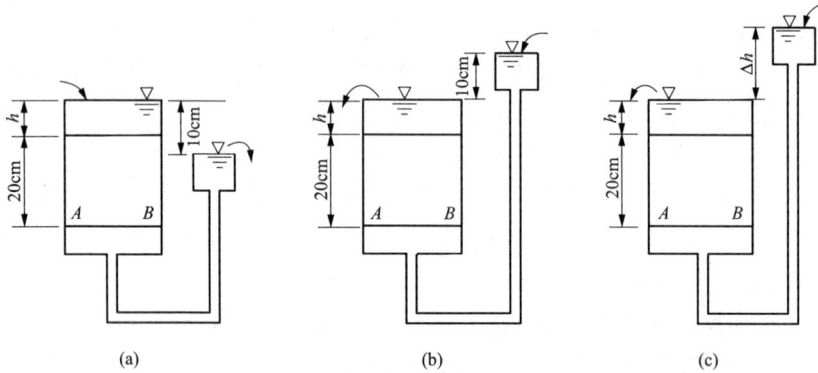

图 2-17　室内渗透试验时各种不同的水位差

解　（1）图 2-17（a）中作用于底面 AB 上的应力 F 由两部分构成：一个是 AB 面上的土体有效重量 G；另一个是渗流在 AB 面上产生的方向向下的渗透力 J。

已知渗透路径 L 为 AB 面上土样高度，即 $L=0.2\text{m}$，产生渗流的水头差为 $\Delta h=0.1\text{m}$，取水的重度 $\gamma_w=9.8\text{kN/m}^3$。假设 AB 截面积为 S_{AB}，AB 面上的竖向应力 σ_{AB} 为

$$\sigma_{AB}=\frac{F}{S_{AB}}=\frac{G'+J}{S_{AB}}=\frac{\gamma'V+JV}{\dfrac{V}{L}}=\left(\gamma'+\frac{\Delta h}{L}\gamma_w\right)L$$

$$=\left(9.8+\frac{0.1}{0.2}\times9.8\right)\times0.2=2.94(\text{kPa})$$

在图 2-17（b）中作用于底面 AB 上的渗透力方向变为由下往上，则有

$$\sigma_{AB}=\frac{F}{S_{AB}}=\frac{G'-J}{S_{AB}}=\frac{\gamma'V-JV}{\dfrac{V}{L}}=\left(\gamma'-\frac{\Delta h}{L}\gamma_w\right)L$$

$$=\left(9.8-\frac{0.1}{0.2}\times9.8\right)\times0.2=0.98(\text{kPa})$$

（2）产生流砂现象的条件是：AB 面上土粒的接触应力等于零，即

$$\sigma_{AB}=\frac{F}{S_{AB}}=\frac{G'-J}{S_{AB}}=\frac{\gamma'V-JV}{\dfrac{V}{L}}=\left(\gamma'-\frac{\Delta h}{L}\gamma_w\right)L=0$$

即

$$\gamma'-\frac{\Delta h}{L}\gamma_w=0$$

代入数据由上式解得

$$\Delta h=0.2\text{m}$$

思 考 题

2-1 达西定律的适用条件是什么？

2-2 影响土的渗透系数的主要因素有哪些？

2-3 渗透系数的测定方法有哪些？它们的适用条件是什么？

2-4 作图法绘制二维流网的步骤有哪些？

2-5 流网有哪些性质？如何利用它们解决工程实际问题？

2-6 什么是渗透力、临界水力梯度？

2-7 什么是流砂现象？它对岩土工程会产生哪些影响？

2-8 什么是流土？什么是管涌？两者有何区别？

2-9 发生流土现象的条件是什么？

2-10 防治土体渗透破坏的基本方法有哪些？相应的机理是什么？

2-11 在实验室做定水头或变水头渗透试验和在现场做抽水或注水试验均可测得土的渗透系数，这几种方法有何区别，适用于什么条件？用这些方法测定土的渗透系数时应注意什么问题？

习 题

2-1 如图2-18所示，板桩打入不透水层，试说明地基中A、B两点间有无渗透发生，为什么？

2-2 某黏性土试样厚度$L=40cm$，横截面面积$A=30\times10^{-4}m^2$，玻璃测管内径$r=4cm$，进行变水头渗透试验时，经过600s后，水头差由1.8m变为1.6m。试计算该黏性土的渗透系数。

2-3 某饱和砂土单元体高度为10cm，其上下表面超静孔隙水压力分别为$\mu_1=100Pa$，$\mu_2=300Pa$，砂土相对密度为2.65，含水量为28%，试分析此单元体是否已渗透破坏。

2-4 某基坑挖深8m，地下水位在$-2m$处，基坑内地下水位于基坑表面处，如图2-19所示。试计算为保证基坑不发生流砂，板桩插入深度D至少应为多少？

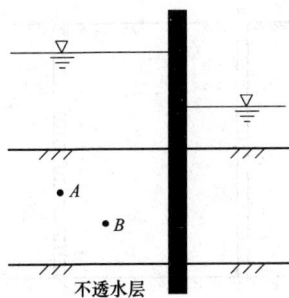

图2-18 习题2-1图

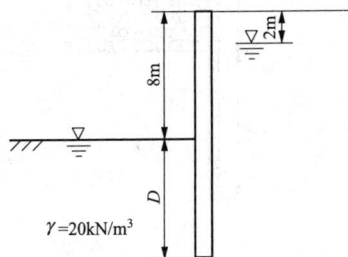

图2-19 习题2-4图

2-5 本章图2-11图描绘的流网中，设$H_1=10m$，$H_2=2m$，板桩的插入深度为4.3m，地基土层的渗透系数$k=1\times10^{-3}cm/s$，试回答以下问题。

（1）求图题 2-11 图中各等势线的压力水头，并绘制出板桩左右两侧的水压力分布图。

（2）计算 1m 宽板桩一天的透水量。

2-6 图 2-20 描绘出了混凝土坝下渗透性地基的流网图，$H_1 = 6$m，混凝土坝埋入土中 1.5m，地基的渗透系数 $k = 5 \times 10^{-3}$ cm/s。试回答下列问题：

（1）求各等势线的压力水头和作用于坝的水压力分布。

（2）计算 1m 宽坝一天的透水量。

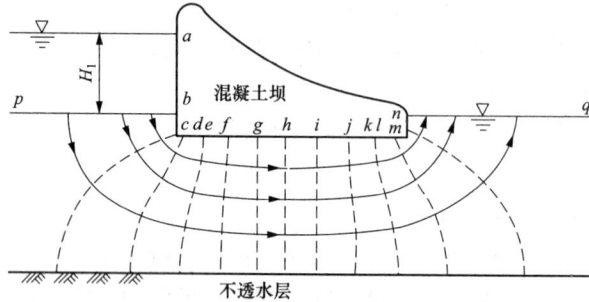

图 2-20 习题 2-6 图

2-7 如图 2-21 所示板桩前的地面上设置荷载时，试讨论于管涌的安全性（求满足安全时 h_f、H、D 三者之间的关系）。设砂土地基的饱和重度为 γ_{sat}，荷载的重度为 γ_f，水的重度为 γ_w。

2-8 如图 2-22 所示，观测孔 a、b 的水位标高分别为 23.5m 和 23.2m，两孔之间的水平距离为 20m。

（1）确定 ab 段的平均水力坡降 i。

（2）如果该土层为细砂，渗透系数 $k = 5 \times 10^{-3}$ cm/s，试计算 ab 段的地下水渗透速度 v 和通过单位过水断面积的渗透流量 q（提示：流量＝流速×过水面积×时间）。

（3）如果该土层为粉质黏土，渗透系数 $k = 5 \times 10^{-6}$ cm/s，起始水力坡降为 $i_0 = 0.005$，试计算 ab 段的地下水渗透速度 v 和通过单位过水断面积的渗透流量 q。

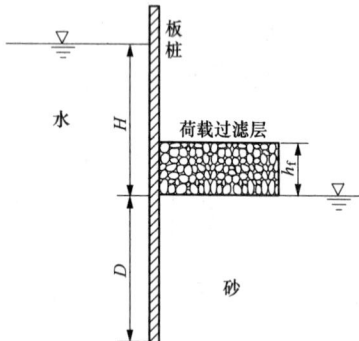

图 2-21 习题 2-7 图

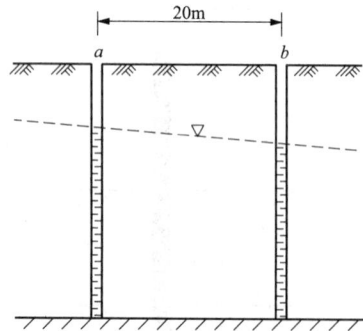

图 2-22 习题 2-8 图

2-9 某水平地基土层是由两层均质且厚度相等的砂土层和黏土层组成，渗透系数之比为 $k_{砂} : k_{黏} = 10^4$，现发生竖向渗流，试计算两者水头损失之比。

2-10 某地基土层剖面如图 2-23 所示，上部为黏土层，下部砂层为承压水层，由测压管水柱可知，承压水头高出砂层顶面 5m。现在黏土层中开挖基坑深度为 4m，试确定防止基坑底板发生流土的水深 h 应为多少？

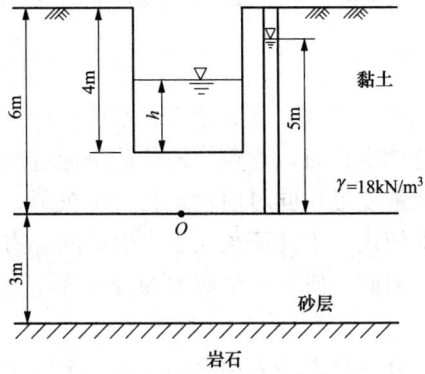

图 2-23 习题 2-10 图

第三章　地基中的应力计算

在自身重力、建筑物荷载和其他因素（如地震、基坑开挖、地面堆载等）作用下，土体中会产生应力。在地基上建造建筑物时，建筑物的荷载将通过基础传递给地基，改变了地基土中的应力状态，从而引起地基变形，同时使建筑物发生沉降、倾斜。若地基沉降超出容许的范围，则影响建筑物的正常使用。当外荷载在土中引起的应力过大时，会使建筑物地基的承载力不足而造成整体失稳。因此，研究土中应力的分布规律是建筑物地基变形和稳定分析的重要依据。

土中应力按产生的原因可分为自重应力和附加应力。土体受自身重力作用而存在的应力称为自重应力；而土体受外荷载（如建筑物荷载、交通荷载等）作用附加产生的应力增量称为附加应力。对于形成年代较为久远的土体，在自重应力长期作用下变形已经稳定，除了新近沉积土（第四纪全新世近期沉积的土）和近期人工填土（如路堤、土坝等）外，自重应力不会导致地基土变形，土体的变形主要来自外荷载产生的附加应力。另外，附加应力也是造成地基土强度破坏和失稳的重要原因。要计算由建筑物产生的附加应力，必须确定基础底面接触压力的分布和大小。

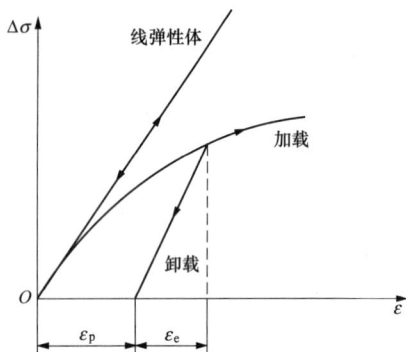

图 3-1　土的应力-应变关系
ε_e—弹性应变；ε_p—塑性应变

本章计算土中应力，假设土体为理想弹性体，即其应力-应变关系为线性关系，卸载时弹性变形完全恢复。但是，根据土样的单轴压缩试验，实际上土体应为弹塑性体，其应力-应变曲线呈现非线性特征，且卸载后存在着明显的残余变形（见图 3-1）。当然，在一般建筑物荷载作用下地基中应力变化范围即应力增量 $\Delta\sigma$ 不大，为简化计算，可采用应力-应变曲线上的一条割线近似代替一段曲线，则能够将土体作为线弹性体看待。

在进行土中应力计算时，应力符号的规定法则与弹性力学相同，但正负与弹性力学相反，即当某一截面上的外法线是沿着坐标轴的正方向，这个截面称正面；正面上的应力分量以沿坐标轴正方向为负，沿反方向为正，包括正应力和剪应力。

第一节　土中自重应力

一、均质土中的自重应力

自重应力是由土体自重引起的应力，也反映了土体的初始应力状态。计算时，假定地基是半无限空间弹性体，则在自重应力下，同一深度处的任一土单元受力条件相同，土体不发生侧向应变，这时，任一竖直面都是对称面，因此，在土体内部任一水平面和竖直面上都不存在剪应力，且地基土只会发生竖向变形，这种应力状态称为侧限应力状态。

　　以天然地面上任一点为坐标原点 O，坐标轴 z 以竖直向下为正。设均质土体的天然重度为 γ，则地基中任意深度 z 处的竖向自重应力 σ_{cz} 就是单位面积上的土柱重量［见图 3-2（a）］。该处土的竖向自重应力为

$$\sigma_{cz} = \gamma z \tag{3-1}$$

　　由式（3-1）可知，均质土的竖向自重应力 σ_{cz} 随深度线性增加［见图 3-2（b）］，而沿水平面上则呈均匀分布［见图 3-2（a）］。

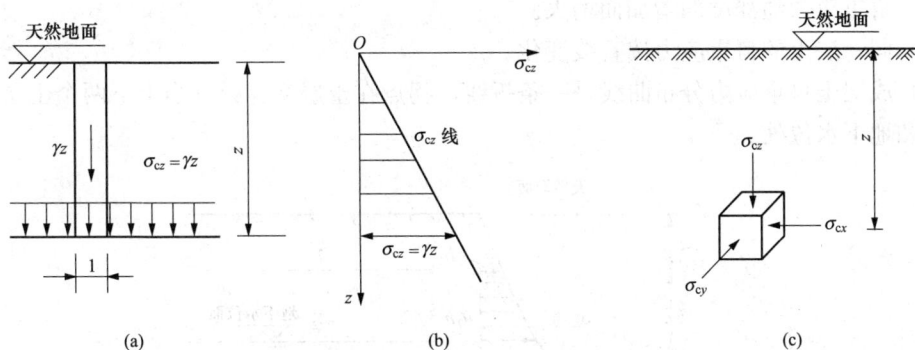

图 3-2　土中自重应力的分布
(a) 任意水平面上的分布；(b) 沿深度的分布；
(c) 水平向自重应力 σ_{cx}、σ_{cy}

　　地基中除有竖向自重应力 σ_{cz} 外，还存在水平自重应力 σ_{cx} 和 σ_{cy}［见图 3-2（c）］。由于在自重条件下为侧限应力状态，土中无侧向应变，且任一竖直面均为对称面，故有 $\varepsilon_x = \varepsilon_y = 0$ 及 $\sigma_{cx} = \sigma_{cy}$。根据广义虎克定律可得

$$\varepsilon_x = \frac{\sigma_{cx}}{E} - \frac{\mu}{E}(\sigma_{cy} + \sigma_{cz}) = 0 \tag{3-2}$$

则有
$$\sigma_{cx} = \sigma_{cy} = \frac{\mu}{1-\mu}\sigma_{cz} = K_0\sigma_{cz} \tag{3-3}$$

$$K_0 = \frac{\mu}{1-\mu} \tag{3-4}$$

式中　K_0——静止土压力系数，是侧限条件下土中水平有效应力与竖向有效应力之比，由于土并非线弹性体，所以 K_0 依据土的种类、密度不同而异；

　　　　μ——泊松比。

　　对处于地下水位以下的土层，由于水对土体有浮力作用，应以有效重度 γ' 代替天然重度 γ 计算。另外为了简便，后续各章把常用的竖向自重应力 σ_{cz} 简称为自重应力。

二、成层土中的自重应力

　　天然地基土一般是成层的，各层土具有不同的重度，所以需要分层来计算。如地下水位位于同一土层中，计算自重应力时，地下水位面也应作为分层的界面。设各土层的厚度为 h_i，重度为 γ_i，则在深度 z 处土的自重应力计算公式为

$$\sigma_{cz} = \gamma_1 h_1 + \gamma_2 h_2 + \cdots + \gamma_n h_n = \sum_{i=1}^{n} \gamma_i h_i \tag{3-5}$$

式中　n——深度 z 范围内的土层总数；

　　　h_i——第 i 层土的厚度，m；

　　　γ_i——第 i 层土的天然重度，kN/m^3，对地下水位以下的土层取有效重度 γ'_i。

成层土自重应力分布见图 3-3。

分析成层土自重应力分布曲线的变化规律，可以得出以下结论：

（1）自重应力随深度的增加而增大。

（2）同一层土的自重应力按直线变化。

（3）成层土自重应力分布曲线是一条折线，拐点在土层交界处（当上下两个土层重度不同时）和地下水位处。

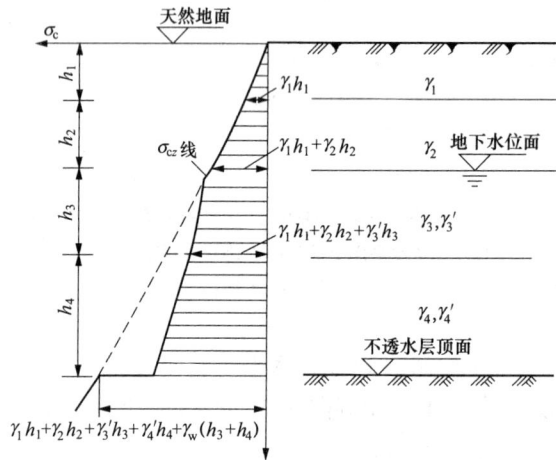

图 3-3　成层土自重应力分布

在地下水位以下，如埋藏有不透水层（基岩或坚硬黏土层），由于不存在水的浮力，故作用在不透水层和上覆土层的界面及界面以下土的自重应力等于整个上覆土层的水土总重，且界面上下的自重应力会发生突变，使界面处具有两个自重应力值。

此外，地下水位的升降也会引起土中自重应力的变化。例如在软土地区，由于长期抽取地下水而导致地下水位大幅度下降，使得地基中原水位以下土的自重应力增大，土体受压后造成了地表大面积沉降的严重后果。

例 3-1　按照图 3-4（a）给出的资料，计算并绘制出地基土中的自重应力 σ_{cz} 沿深度的分布曲线。

解　已知天然地面下第一层粉土厚 4m，地下水位在 3m 处；第二层为细砂层，厚 3m，分别计算土层界面和地下水位处自重应力大小，其计算过程如下：

地下 3m 处　　　　　　　$\sigma_{cz} = 18.0 \times 3 = 54 (kPa)$

地下 4m 处（地下水位以下用有效重度）

$$\gamma'_f = \frac{(G_s - 1)\gamma_w}{1 + e} = \frac{(2.70 - 1) \times 10}{1 + 0.91} = 8.9 (kN/m^3)$$

$$\sigma_{cz} = 54 + 8.9 \times 1 = 62.9 (kPa)$$

地下 7m 处

$$\gamma'_s = \frac{(2.65 - 1) \times 10}{1 + 0.7} = 9.7 (kN/m^3)$$

$$\sigma_{cz} = 62.9 + 9.7 \times 3 = 92 (kPa)$$

计算得到的自重应力分布如图 3-4（b）所示。

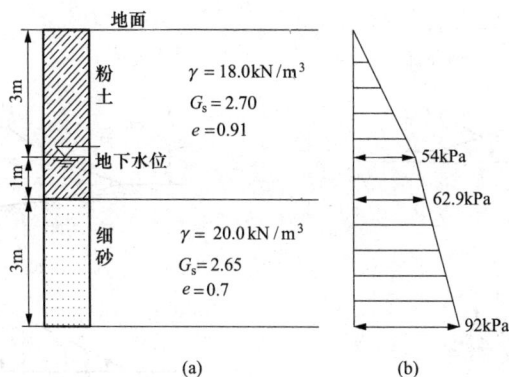

图 3-4 例 3-1 图

第二节 基础底面压力计算

一、基础底面压力分布规律

建筑物荷载通过基础传递给地基表面，在基础底面与地基之间便产生了接触应力，称为基础底面接触压力，简称基础底面压力。相应的地基反作用于基础底面的应力则称为地基反力，它是基础底面压力的反作用力。在计算地基中的附加应力及进行建筑物基础设计时，需要确定基础底面压力的分布规律。

基础底面压力的分布规律与上部结构形式和荷载、基础的形式和刚度、基础埋置深度及地基土的力学性质等许多因素有关。精确地确定基础底面压力的数值与分布形式是很复杂的问题，它与上部结构、基础、地基三者的力学性质有关，还涉及三者之间的共同作用问题，这里仅对其分布规律及主要影响因素作简单的定性讨论与分析，不考虑上部结构的影响，仅将其简化为作用在基础上的荷载。

1. 柔性基础

对于柔性基础，当建筑物荷载均匀地作用在基础上时，若基础底面压力也均匀地传递给地基，根据弹性理论，地基中的任意水平面上附加应力分布为中间大、边缘小，形成的地基沉降呈中间大、边缘小的凹形曲面。由于是柔性基础，在垂直荷载作用下几乎无抗弯能力，而随地基一起变形。所以，基础底面压力与作用在基础上的荷载分布基本保持一致，当荷载均布时，基础底面压力也是均布的，如图 3-5 所示。实际工程中并没有完全的柔性基础，常把土坝等视为柔性基础，因此，在计算土坝底部的接触压力分布时，认为与土坝的外形轮廓相同，其大小等于各点以上的土柱重量，如图 3-6 所示。

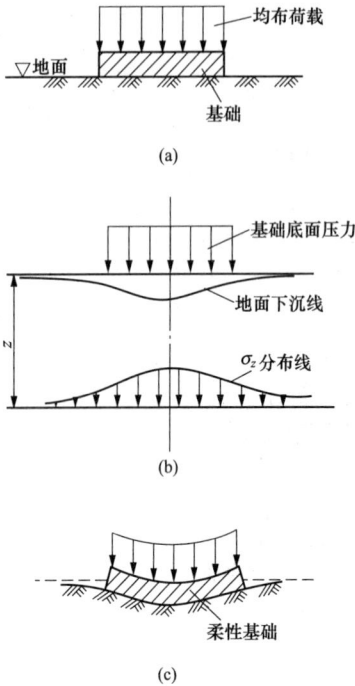

图 3-5 柔性基础的基础底面压力分布

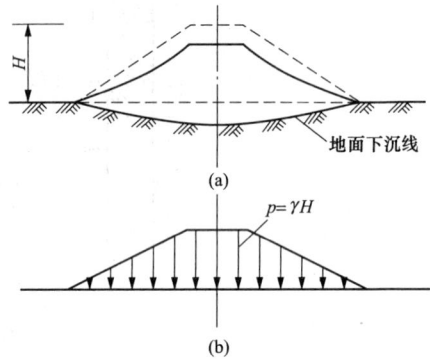

图 3-6 土坝的基础底面压力分布

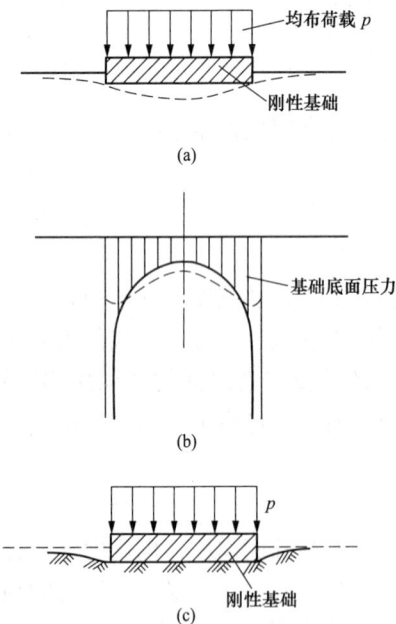

图 3-7 刚性基础的基础底面压力分布

2. 刚性基础

对于刚性基础，在均布荷载作用下，基础底面压力使地基呈中间大而边缘小的沉降趋势，基础底面中部将与地面脱离，但由于基础刚度足够大而不发生变形，基础底面保持平面状态。为使基础和地基接触处的变形相互协调，基础底面压力的分布将重新调整，两端应力增大，而中间应力减小。假设地基是弹性地基，根据弹性理论解得的基础底面压力分布将如图 3-7 所示，在基础的边缘处为无穷大。

事实上，天然地基为弹塑性介质，通常与弹性理论解下基础底面压力分布形态有较大差别。要获取基础底面压力的实际分布和大小，可在基础底面不同部位埋设压力传感器（土压力盒），它是可以将基础底面压力转换为频率信号输出到终端的量测元件。

大量实测资料证明，当建筑物荷载较小时，基础底面压力会呈现如图 3-8（a）所示的分布形式。而当基础底面两端压力较大，超过土的强度后，在基础端部附近的土首先产生屈服而导致应力重新分布，成为图 3-8（b）所示的马鞍形分布；继续增大荷载，塑性区逐渐扩大，这时上部荷载必须依靠基础底面中部压力的增加来平衡，使基础底面压力呈抛物线形［见图 3-8（c）］。若外荷载到足够大，基础底面压力会继续发展呈倒钟形分布〔见图3-8（d）〕。

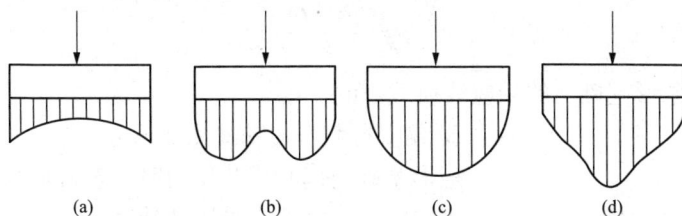

图3-8　实测刚性基础基础底面压力分布

另外，砂土地基与黏土地基的基础底面压力分布也有所不同。当刚性基础放置于砂土地基表面时，产生的基础底面压力一般呈现如图3-8（c）所示的抛物线分布，这是因为基础两端砂土受力后较易向侧向挤出，而将压力转嫁于基础底面的中间部位。黏性土由于具有较大的黏聚力，不易发生侧向挤出，其基础底面压力一般为如图3-8（b）所示的马鞍形分布。

综上所述，基础底面压力的分布形式十分复杂，但由于基础底面压力都是作用在地表面附近，根据弹性理论的圣维南原理可知，随地面下深度 z 的增加，基础底面压力的分布形式对地基中附加应力的影响逐渐减少，至一定深度后，地基中的应力分布几乎与基础底面压力的分布形式无关，而只取决于荷载合力的大小和位置。因此，目前在地基计算中，常采用材料力学的简化方法，即假定基础底面压力呈直线分布，由此引起的误差在工程计算中是允许的。

二、基础底面压力的简化计算

1. 中心荷载下的基础底面压力

（1）矩形基础。中心荷载下的基础，其所受荷载的合力通过基础底面形心（见图3-9），基础底面压力假定为均匀分布，则其计算公式为

$$p = \frac{F+G}{A} = \frac{P}{A} \qquad (3\text{—}6)$$

$$G = \gamma_{\mathrm{G}} A d$$

$$A = bl$$

式中　p——基础底面压力，kPa；

　　　F——作用在基础上的竖向力设计值，kN；

　　　G——基础自重设计值和基础台阶上回填土重力之和，kN；

　　　γ_{G}——基础和回填土平均重度，一般取 $\gamma_{\mathrm{G}} = 20\mathrm{kN/m^3}$，但在地下水位以下部分应扣去浮力 $10\mathrm{kN/m^3}$；

　　　d——基础埋置深度，m，须从设计地面或室内外平均设计地面算起；

　　　A——基础底面面积，$\mathrm{m^2}$；

　b、l——矩形基础的宽度和长度，m。

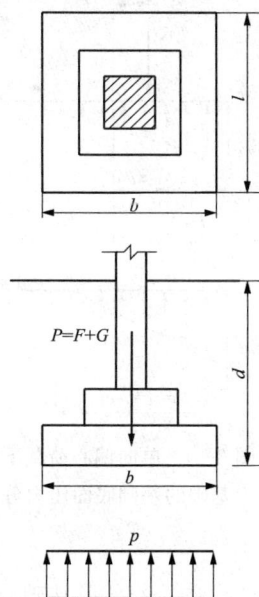

图3-9　中心受压的基础底面压力

（2）条形基础。条形基础理论上是指当 l/b 为无穷大时的矩形基础。实际工程中，当 $l/b \geqslant 10$ 时，即可按条形基础考虑。计算时在长度方向截取1m进行计算，即 $l=1\mathrm{m}$，此时

的基础底面压力为

$$p = \frac{F+G}{b} \tag{3-7}$$

式中　F、G——条形基础上的相应线荷载，kN/m。

2. 偏心荷载下的基础底面压力

矩形基础受偏心荷载作用时，基础底面压力不是均匀分布，可按材料力学偏心受压柱计算。

单向偏心荷载下的矩形基础如图 3-10 所示。假设偏心方向与基础底面长边方向（即 l 方向）一致，即作用在 y 轴上，则基础底面两边缘的最大、最小压力为

$$p_{min}^{max} = \frac{F+G}{A} \pm \frac{M}{W} \tag{3-8}$$

$$W = \frac{bl^2}{6}$$

M——作用在基础底面的力矩，kN·m；

W——基础底面的抗弯截面抵抗矩，m³。

将合力偏心距 $e = \dfrac{M}{F+G}$ 引入式（3-8）得

$$p_{min}^{max} = \frac{F+G}{A}\left(1 \pm \frac{6e}{l}\right) \tag{3-9}$$

由式（3-9），当 $e < l/6$ 时，$p_{min} > 0$，基础底面压力为梯形分布；当 $e = l/6$ 时，$p_{min} = 0$，基础底面压力为三角形分布；当 $e > l/6$ 时，$p_{min} < 0$，基础底面压力在距偏心荷载较远的一边，但由于基础底面与地基土间无法承受拉应力，则基础底面压力将重新分布，如图 3-10（c）所示。由于偏心荷载与地基反力相互平衡，荷载 $F+G$ 的作用点即为重分布的地基反力三角形形心处，则可得基础底面边缘最大压力为

$$p_{max} = \frac{2(F+G)}{3ba} \tag{3-10}$$

$$a = \frac{l}{2} - e$$

式中　a——单向偏心作用点和基础底面边缘最大压力处间的距离，m。

图 3-10　单向偏心荷载下矩形基础的基础底面压力分布

同样，若条形基础受偏心荷载作用，则在荷载延伸方向取 1m 计算。

矩形基础在双向偏心荷载作用下，如基础底面最小压力 $p_{min} \geqslant 0$，则矩形基础底面边缘四个角点处的压力 p_{max}、p_{min}、p_1、p_2 可按下式计算，如图 3-11 所示

$$p_{min}^{max} = \frac{F+G}{A} \pm \frac{M_x}{W_x} \pm \frac{M_y}{W_y} \tag{3-11}$$

$$p_2^1 = \frac{F+G}{A} \mp \frac{M_x}{W_x} \pm \frac{M_y}{W_y} \tag{3-12}$$

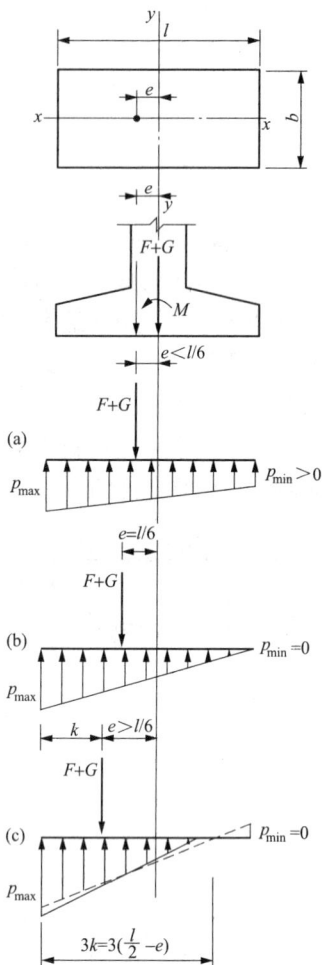

式中 M_x、M_y——荷载 $F+G$ 分别对矩形基础

底面 x、y 对称轴的力矩，kN·m；

W_x、W_y——基础底面分别对 x、y 轴的抗弯截面抵抗矩，m³。

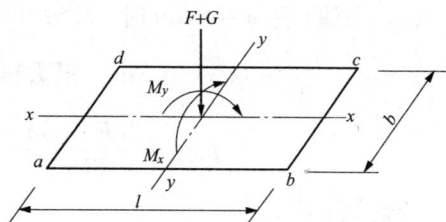

例 3-2 柱基础底面尺寸为 $l \times b = 1.2\text{m} \times 1.0\text{m}$，作用在基础底面的单向偏心荷载 $F+G = 150\text{kN}$，偏心方向与长边 l 方向一致〔见图 3-12（a）〕。如果合力偏心距分别为 0.1、0.2m 和 0.3m。试确定基础底面压力数值，并绘出压力分布图。

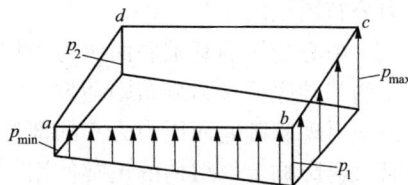

图 3-11 双向偏心荷载下矩形基础的基础底面压力分布

解 （1）当偏心距 $e = 0.1\text{m}$ 时，$e < l/6 = 1.2/6 = 0.2\text{m}$，基础底面压力为梯形分布，最大、最小压力为

$$p_{max} = \frac{F+G}{A}\left(1 + \frac{6e}{l}\right) = \frac{150}{1.2 \times 1.0}\left(1 + \frac{6 \times 0.1}{1.2}\right) = 187.5(\text{kPa})$$

$$p_{min} = \frac{F+G}{A}\left(1 - \frac{6e}{l}\right) = \frac{150}{1.2 \times 1.0}\left(1 - \frac{6 \times 0.1}{1.2}\right) = 62.5(\text{kPa})$$

基础底面压力分布图见图 3-12（b）。

（2）当偏心距 $e = 0.2\text{m}$ 时，$e = l/6 = 1.2/6 = 0.2\text{m}$，基础底面压力为三角形分布，最大、最小压力为

$$p_{max} = \frac{F+G}{A}\left(1 + \frac{6e}{l}\right) = \frac{150}{1.2 \times 1.0}\left(1 + \frac{6 \times 0.2}{1.2}\right) = 250(\text{kPa})$$

$$p_{min} = \frac{F+G}{A}\left(1 - \frac{6e}{l}\right) = \frac{150}{1.2 \times 1.0}\left(1 - \frac{6 \times 0.2}{1.2}\right) = 0(\text{kPa})$$

应力分布图见图 3-12（c）。

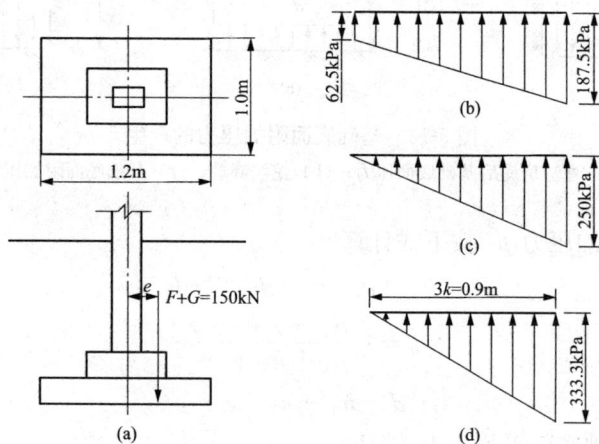

图 3-12 例 3-2 图

（3）当偏心距 $e=0.3\text{m}$ 时，$e>l/6=1.2/6=0.2\text{m}$，基础底面压力为三角形分布，则设
$$a=\frac{l}{2}-e=\frac{1.2}{2}-0.3=0.3\text{m}，最大压力为$$

$$p_{max}=\frac{2(F+G)}{3ba}=\frac{2\times150}{3\times1.0\times0.3}=333.3(\text{kPa})$$

基础受压宽度为
$$b'=3a=0.9\text{m}$$

应力分布图见图 3-12（d）。

可见，中心受压的基础底面压力为均匀分布，对均质地基来说基础将产生均匀沉降。而偏心受压的基础底面压力分布则随偏心距 e 发生变化，偏心距越大，基础底面应力分布越不均匀，甚至出现基础底面压力为零的部位。这时由于地基不均匀沉降使基础产生倾斜，当倾斜过大时，会影响上部结构的正常使用。因此，在设计偏心受压基础时，应注意选择合理的基础底面形式与尺寸，尽可能减小偏心距，使建筑物的荷载较为均匀地传递给地基。

三、基础底面附加压力

在工程设计计算中，上部荷载多是由建筑物基础传给地基，也就是说荷载都是作用在地面下某一深度处的，这个深度就是基础埋置深度。

浅基础一般都是埋置于地基表面下一定深度处，称为基础埋置深度，建筑物建造之前，基础底面处就已受自重应力作用。若基础埋置深度为 d，在其范围内土的重度为 γ_0，则基础底面处土的自重应力 $\sigma_c=\gamma_0 d$。基坑开挖后，相当于在基坑底面卸载 $\gamma_0 d$，若地基土为理想弹性体，卸载后槽底必定会产生向上的回弹变形。事实上，地基土并非理想弹性体材料，卸载后基坑底面不会立即发生回弹，回弹变形的大小、速度与土的性质、基坑深度和宽度，以及开挖基坑后至砌筑基础前所经历的时间等因素有关。

一般情况下，为简化计算，常假设基坑开挖后，基坑底面不产生回弹变形（即浅基坑）。因此，利用建筑物建后的基础底面平均压力扣除建前基础底面处土中自重应力后，才是新增加的作用于地基上的附加应力，一般用基础底面平均附加压力表示，它是引起地基内附加应力和地基变形的原因，如图 3-13 所示。

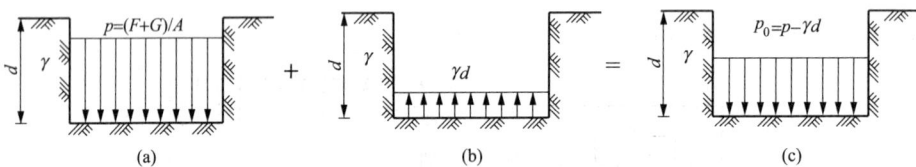

图 3-13　基础底面附加压力的产生

（a）建造房屋后基础底面压力；（b）挖坑卸载；（c）基础底面附加压力

基础底面平均附加压力 p_0 按下式计算

$$p_0=p-\sigma_c=p-\gamma_0 d \tag{3-13}$$

$$\gamma_0=\frac{\gamma_1 h_1+\gamma_2 h_2+\cdots}{h_1+h_2+\cdots}$$

$$d=h_1+h_2+\cdots$$

式中　　　p——基础底面平均压力，kPa；

　　　　　σ_c——基础底面处土的自重应力，kPa；

　　　　　γ_0——基础底面标高以上天然土层的加权平均重度，kN/m^3；

γ_1、γ_2、$\cdots$——基础底面标高以上各土层的重度，kN/m^3，地下水位以下取有效重度；

h_1、h_2、$\cdots$——基础底面标高以上各土层的厚度，m；

d——基础埋置深度，m，须从天然地面起算，新填土场地则应从原天然地面起算。

得到基础底面平均附加压力后，可以将其作为弹性半空间表面的外荷载，再根据弹性力学理论计算地基中的附加应力。值得注意的是，一般基础具有一定的埋深，因此，假设地基附加应力作用在弹性半空间的表面上，利用弹性力学理论的计算结果，只是一种近似值，但该误差在工程上是允许的。

第三节 地基中的附加应力

对于一般天然土层，由自重应力引起的压缩变形在长期地质历史时期中已经稳定，不会再使地基产生沉降。地基沉降主要是由地基中的附加应力引起的，附加应力是建筑物修建后在地基内新增加的应力。目前求解地基中的附加应力时，一般假定地基土是连续、均质、各向同性的完全弹性体，然后根据弹性理论的基本公式进行计算。

下面介绍地表作用不同类型荷载时，在地基内引起的附加应力分布。

一、竖向集中荷载作用下的附加应力计算

1885 年，法国数学家布辛内斯克（J. Boussinesq）用弹性理论推导出了在弹性半空间表面上作用有竖直集中荷载 P 时，半空间内任一点 M 的应力及位移解析解，如图 3-14 所示。以 P 作用点为原点 O，这即是空间上的轴对称问题，在半空间（即地基）中任一点 M（x，y，z）处的 6 个应力分量和 3 个位移分量的表达式如下

$$\sigma_x = \frac{3P}{2\pi}\left\{\frac{x^2 z}{R^5} + \frac{1-2\mu}{3}\left[\frac{1}{R(R+z)} - \frac{(2R+z)x^2}{(R+z)^2 R^3} - \frac{z}{R^3}\right]\right\} \tag{3-14a}$$

$$\sigma_y = \frac{3P}{2\pi}\left\{\frac{y^2 z}{R^5} + \frac{1-2\mu}{3}\left[\frac{1}{R(R+z)} - \frac{(2R+z)y^2}{(R+z)^2 R^3} - \frac{z}{R^3}\right]\right\} \tag{3-14b}$$

$$\sigma_z = \frac{3P}{2\pi}\frac{z^3}{R^5} = \frac{3P}{2\pi R^2}\cos^3\theta \tag{3-14c}$$

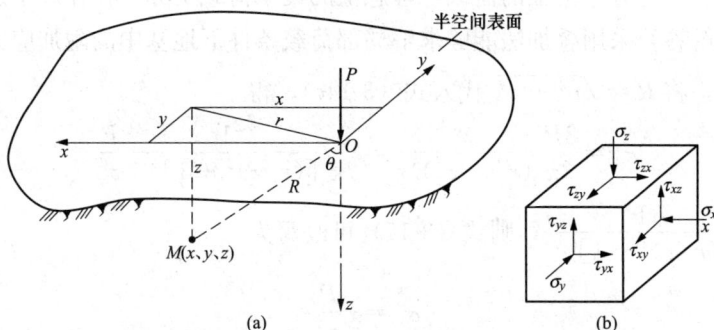

图 3-14 竖向集中荷载作用下地基中的附加应力

(a) 半无限空间中任意点 M（x，y，z）；(b) M 点处的单元体

$$\tau_{xy} = \frac{3P}{2\pi} \left[\frac{xyz}{R^5} - \frac{1-2\mu}{3} \frac{(2R+z)xy}{(R+z)^2 R^3} \right] \tag{3-15a}$$

$$\tau_{zy} = \frac{3P}{2\pi} \frac{yz^2}{R^5} \tag{3-15b}$$

$$\tau_{zx} = \frac{3P}{2\pi} \frac{xz^2}{R^5} \tag{3-15c}$$

$$u = \frac{P}{4\pi G} \left[\frac{xz}{R^3} - (1-2\mu) \frac{x}{R(R+z)} \right] \tag{3-16a}$$

$$v = \frac{P}{4\pi G} \left[\frac{yz}{R^3} - (1-2\mu) \frac{y}{R(R+z)} \right] \tag{3-16b}$$

$$w = \frac{P}{4\pi G} \left[\frac{z^2}{R^3} + 2(1-\mu) \frac{1}{R} \right] \tag{3-16c}$$

$$G = \frac{E}{2(1+v)}$$

$$R = \sqrt{x^2 + y^2 + z^2} = \sqrt{r^2 + z^2} = z/\cos\theta$$

式中　σ_x、σ_y、σ_z——x、y、z 方向的正应力；

　　　τ_{xy}、τ_{yz}、τ_{zx}——剪应力，前一角标表示与它作用微面的法线方向平行的坐标轴，后一角标表示与它作用方向平行的坐标轴；

　　　u、v、w——M 点沿 x、y、z 方向的位移；

　　　P——作用于坐标原点 O 的竖向集中荷载；

　　　G——剪切模量；

　　　R——M 点至坐标原点 O 的距离；

　　　θ——R 线与 z 坐标轴的夹角；

　　　r——M 点与坐标原点 O 的水平距离；

　　　E——弹性模量（或采用土的变形模量 E_0）；

　　　μ——泊松比。

其中对地基沉降计算影响最大的是 z 方向的正应力，即竖向附加应力 σ_z。当然，基础底面压力一般是有一定分布范围的荷载，理想上的集中荷载实际不存在。不过，根据得到的布辛内斯克弹性解答，采用叠加法能够求解局部荷载条件下地基中的附加应力。

为计算方便，将 $R = \sqrt{r^2 + z^2}$ 代入式（3-14c），得

$$\sigma_z = \frac{3P}{2\pi} \frac{z^3}{(r^2 + z^2)^{5/2}} = \frac{3}{2\pi} \frac{1}{[(r/z)^2 + 1]^{5/2}} \frac{P}{z^2} \tag{3-17}$$

令 $\alpha = \dfrac{3}{2\pi} \dfrac{1}{[(r/z)^2 + 1]^{5/2}}$，则式（3-17）可改写为

$$\sigma_z = \alpha \frac{P}{z^2} \tag{3-18}$$

式中　α——集中荷载作用下的地基竖向附加应力分布系数，是 r/z 的函数，可由表 3-1 查用。

表 3-1　　　　　　　　集中荷载作用下的地基竖向附加应力分布系数 α

$\dfrac{r}{z}$	α	$\dfrac{r}{z}$	α	$\dfrac{r}{z}$	α	$\dfrac{r}{z}$	α	$\dfrac{r}{z}$	α
0.00	0.477 5	0.40	0.329 4	0.80	0.138 6	1.20	0.051 3	1.60	0.020 0
0.01	0.477 3	0.41	0.323 8	0.81	0.135 3	1.21	0.050 1	1.61	0.019 5
0.02	0.477 0	0.42	0.318 3	0.82	0.132 0	1.22	0.048 9	1.62	0.019 1
0.03	0.476 4	0.43	0.312 4	0.83	0.128 8	1.23	0.047 7	1.63	0.018 7
0.04	0.475 6	0.44	0.306 8	0.84	0.125 7	1.24	0.046 6	1.64	0.018 3
0.05	0.474 5	0.45	0.301 1	0.85	0.122 6	1.25	0.045 4	1.65	0.017 9
0.06	0.473 2	0.46	0.295 5	0.86	0.119 6	1.26	0.044 3	1.66	0.017 5
0.07	0.471 7	0.47	0.289 9	0.87	0.116 6	1.27	0.043 3	1.67	0.017 1
0.08	0.469 9	0.48	0.284 3	0.88	0.113 8	1.28	0.042 2	1.68	0.016 7
0.09	0.467 9	0.49	0.278 8	0.89	0.111 0	1.29	0.041 2	1.69	0.016 3
0.10	0.465 7	0.50	0.273 3	0.90	0.108 3	1.30	0.040 2	1.70	0.016 0
0.11	0.463 3	0.51	0.267 9	0.91	0.105 7	1.31	0.039 3	1.72	0.015 3
0.12	0.460 7	0.52	0.262 5	0.92	0.103 1	1.32	0.038 4	1.74	0.014 7
0.13	0.457 9	0.53	0.257 1	0.93	0.100 5	1.33	0.037 4	1.76	0.014 1
0.14	0.454 8	0.54	0.251 8	0.94	0.098 1	1.34	0.036 5	1.78	0.013 5
0.15	0.451 6	0.55	0.246 6	0.95	0.095 6	1.35	0.035 7	1.80	0.012 9
0.16	0.448 2	0.56	0.241 4	0.96	0.093 3	1.36	0.034 8	1.82	0.012 4
0.17	0.444 6	0.57	0.236 3	0.97	0.091 0	1.37	0.034 0	1.84	0.011 9
0.18	0.440 9	0.58	0.231 3	0.98	0.088 7	1.38	0.033 2	1.86	0.011 4
0.19	0.437 0	0.59	0.226 3	0.99	0.086 5	1.39	0.032 4	1.88	0.010 9
0.20	0.432 9	0.60	0.221 4	1.00	0.084 4	1.40	0.031 7	1.90	0.010 5
0.21	0.428 6	0.61	0.216 5	1.01	0.082 3	1.41	0.030 9	1.92	0.010 1
0.22	0.424 2	0.62	0.211 7	1.02	0.080 3	1.42	0.030 2	1.94	0.009 7
0.23	0.419 7	0.63	0.207 0	1.03	0.078 3	1.43	0.029 5	1.96	0.009 3
0.24	0.415 1	0.64	0.202 4	1.04	0.076 4	1.44	0.028 8	1.98	0.008 9
0.25	0.410 3	0.65	0.199 8	1.05	0.074 4	1.45	0.028 2	2.00	0.008 5
0.26	0.405 4	0.66	0.193 4	1.06	0.072 7	1.46	0.027 5	2.10	0.007 0
0.27	0.400 4	0.67	0.188 9	1.07	0.070 9	1.47	0.026 9	2.20	0.005 8
0.28	0.395 4	0.68	0.184 6	1.08	0.069 1	1.48	0.026 3	2.30	0.004 8
0.29	0.390 2	0.69	0.180 4	1.09	0.067 4	1.49	0.025 7	2.40	0.004 0
0.30	0.384 9	0.70	0.176 2	1.10	0.065 8	1.50	0.025 1	2.50	0.003 4
0.31	0.379 6	0.71	0.172 1	1.11	0.064 1	1.51	0.024 5	2.60	0.002 9
0.32	0.374 2	0.72	0.168 1	1.12	0.062 6	1.52	0.024 0	2.70	0.002 4
0.33	0.368 7	0.73	0.164 1	1.13	0.061 0	1.53	0.023 4	2.80	0.002 1
0.34	0.363 2	0.74	0.160 3	1.14	0.059 5	1.54	0.022 9	2.90	0.001 7
0.35	0.357 7	0.75	0.156 5	1.15	0.058 1	1.55	0.022 4	3.00	0.001 5
0.36	0.352 1	0.76	0.152 7	1.16	0.056 7	1.56	0.021 9	3.50	0.000 7
0.37	0.346 5	0.77	0.149 1	1.17	0.055 3	1.57	0.021 4	4.00	0.000 4
0.38	0.340 8	0.78	0.145 5	1.18	0.035 9	1.58	0.020 9	4.50	0.000 2
0.39	0.335 1	0.79	0.142 0	1.19	0.052 6	1.59	0.020 4	5.00	0.000 1

　　如图 3-15 所示，假设有若干竖向集中荷载 P_i（$i=1$，2，…，n）作用于地基表面，由于布辛内斯克解是建立在弹性理论基础上的，因此可利用叠加原理，地基中深度 z 处某点

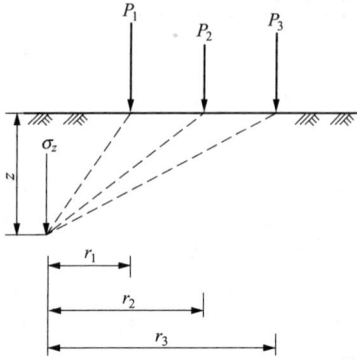

图 3-15 多个集中荷载作用下的
附加应力 σ_z

M 的竖向附加应力 σ_z 应为各集中荷载单独作用时在 M 点所引起的附加应力总和,即

$$\sigma_z = \sum_{i=1}^{n} \alpha_i \frac{P_i}{z^2} = \frac{1}{z^2} \sum_{i=1}^{n} \alpha_i P_i \qquad (3\text{-}19)$$

式中　α_i——第 i 个集中荷载作用下的地基竖向附加应力分布系数,根据 r_i/z 由表 3-1 查得,其中 r_i 是第 i 个集中荷载作用点到点 M 的水平距离。

例 3-3　在地面作用一集中荷载 $P = 200\text{kN}$,试确定:(1)地基中 $z = 2\text{m}$ 处,与荷载的水平距离 $r = 0$、1、2、3m 和 4m 处各点的竖向附加应力 σ_z 值,并绘出分布图;(2)在地基中 $r = 0\text{m}$ 的竖直线上距地面 $z = 0$、1、2、3m 和 4m 处各点的 σ_z 值,并绘出分布图;(3)取 $\sigma_z = 20$、10、4kPa 和 2kPa,反算在地基中 $z = 2\text{m}$ 的水平面上的 r 值和在 $r = 0\text{m}$ 的竖直线上的 z 值,并绘出相应于该四个应力值的 σ_z 等值线图。

解　(1)在地基中 $z = 2\text{m}$ 的水平面上指定点的附加应力 σ_z 的计算数据,见表 3-2,σ_z 的分布图绘于图 3-16。

表 3-2　　　　　　　　　　σ_z 计算结果

z (m)	r (m)	r/z	α	$\sigma_z = \alpha \dfrac{P}{z^2}$ (kPa)
2	0	0	0.478	23.9
2	1	0.5	0.273	13.7
2	2	1.0	0.084	4.2
2	3	1.5	0.025	1.3
2	4	2.0	0.009	0.5

(2)在地基中 $r = 0\text{m}$ 的竖直线上,指定点的附加应力 σ_z 的计算数据见表 3-3,σ_z 的分布图绘于图 3-17。

表 3-3　　　　　　　　　　σ_z 计算结果

z (m)	r (m)	r/z	α	$\sigma_z = \alpha \dfrac{P}{z^2}$ (kPa)
0	0	0	0.478	∞
1	0	0	0.478	95.6
2	0	0	0.478	23.9
3	0	0	0.478	10.6
4	0	0	0.478	6.0

(3)当指定附加应力 σ_z 时,反算 $z = 2\text{m}$ 的水平面上的 r 值和在 $r = 0\text{m}$ 的竖直线上的 z 值,见表 3-4,附加应力 σ_z 的等值线图绘于图 3-18。

表 3-4 反 算 结 果

σ_z (kPa)	z (m)	α	r/z	r (m)
20	2	0.400	0.27	0.54
10	2	0.200	0.65	1.30
4	2	0.080	1.02	2.04
2	2	0.040	1.30	2.60
σ_z (kPa)	r (m)	r/z	α	z (m)
20	0	0	0.478	2.19
10	0	0	0.478	3.09
4	0	0	0.478	4.89
2	0	0	0.478	6.91

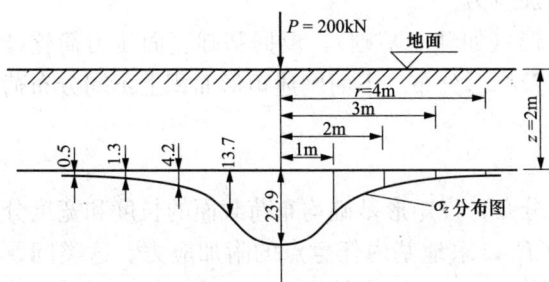

图 3-16 例 3-3 水平向附加应力分布

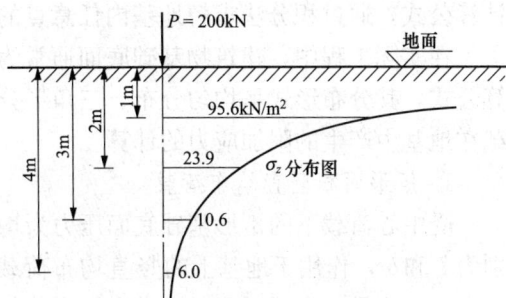

图 3-17 例 3-3 竖向附加应力分布

由例 3-3 计算结果可知，竖直集中荷载作用下的地基竖向附加应力 σ_z 的分布特征如下：

(1) 在地基中同一深度处，竖向附加应力 σ_z 在集中荷载作用线上最大，向两边逐渐减小。根据不同深度水平面上的 σ_z 计算结果，随着深度的增加，水平面上应力的分布趋于均匀化。

(2) 在集中荷载 P 作用线上，竖向附加应力 σ_z 随深度的增加而减小。

当 $z=0$ 时，$\sigma_z=\infty$。出现这一结果是由于将集中荷载作用面积看作零所致。一方面说明式（3-18）不太适用于集中荷载作用点及其附近，因此在选择应力计算点时不应过于接近集中荷载作用点；另一方面也说明在靠近集中荷载作用点附近的 σ_z 很大。

当 $z=\infty$ 时，$\sigma_z=0$。这说明到达一定深度后，集中荷载的影响可以忽略不计。

(3) 若在空间将 σ_z 值相同的点连接成曲面，可以得到图 3-18 所示的 σ_z 等值线，其空间曲面的形状如泡状，所以也称为应力泡。

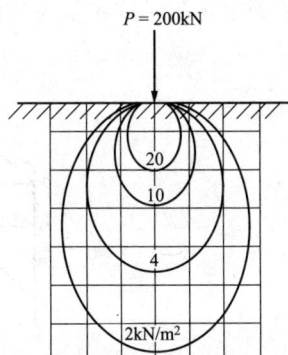

图 3-18 例 3-3 σ_z 等值线

由图 3-16 和图 3-17 可知，地表集中荷载在地基中引起的附加应力分布是向下、向四周无限扩散的，其特性导致多个集中荷载下附加应力的相互影响。

当基础底面形状不规则或荷载分布较复杂时，可将基础底面划分为若干个小面积，把小面积上的荷载用集中荷载代替，再利用叠加原理计算附加应力。如果小面积的最大边长小于计算应力点深度的1/3，用此法所得的应力值与精确解相比，误差不超过5%。另外，在工程中，由于荷载对于地基中附加应力的叠加作用，使得邻近基础将互相产生影响，引起附加沉降，这在软土地基中尤为明显。例如，邻近的新建筑物可能使旧建筑物发生倾斜或产生裂缝；水闸岸墙建成后，往往引起闸底板开裂等。

以上为竖向集中荷载作用下的附加应力解，而当弹性半空间表面作用有水平集中荷载时，地基中任一点的应力和位移分量可由西罗提公式求解；当弹性半空间内某深度处作用有竖向集中荷载时，地基中的应力和位移分量则可由明德林公式求解，这里不再赘述。

二、矩形面积上不同分布荷载作用下的附加应力计算

建筑物荷载是通过基础传递给地基的，基础形状及基础底面压力分布可能有所不同，但由于假设地基土为弹性介质，故可利用弹性体的应力叠加原理和集中荷载作用下的附加应力计算公式，通过积分法求解地基内任意点的附加应力。

在实际工程中，建筑物基础底面通常为矩形（如独立基础），根据基础底面压力简化计算公式，其分布形式呈均匀分布、三角形分布及梯形分布。下面阐述矩形面积上不同分布荷载在地基中产生的附加应力的计算。

1. 矩形面积竖直均布荷载

受中心荷载下的矩形基础底面压力为均匀分布，设矩形基础均布荷载面的长度和宽度分别为 l 和 b，作用于地基上的竖直均布荷载为 P_0，求地基内任意点的附加应力。这类问题的求解方法是：先通过积分法求出矩形荷载面角点下一定深度某点的附加应力表达式，再利用角点法求出地基土中同一深度任意点的附加应力。

已知如图3-19所示的矩形荷载面的4个角点 O、A、C、D，由对称性，在同一深度处，各角点下的附加应力 σ_z 相同。以矩形荷载面角点 O 为坐标原点，在荷载面内任取微分面积 $\mathrm{d}A = \mathrm{d}x\mathrm{d}y$，可将其上作用的总的分布荷载用集中荷载 P 代替，则 $P = p_0\mathrm{d}A = p_0\mathrm{d}x\mathrm{d}y$，由式（3-14c）可求出该集中荷载 P 在角点 O 下深度 z 处 M 点引起的竖向附加应力微量 $\mathrm{d}\sigma_z$ 为

$$\mathrm{d}\sigma_z = \frac{3P}{2\pi}\frac{z^3}{R^5} = \frac{3p_0}{2\pi}\frac{z^3}{(x^2 + y^2 + z^2)^{5/2}}\mathrm{d}x\mathrm{d}y$$

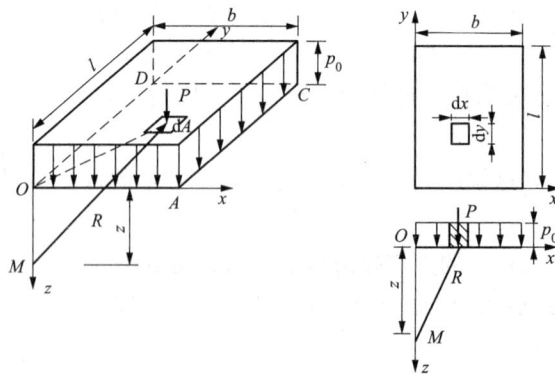

图3-19 矩形面积均布荷载作用时角点下点的应力

将上式对整个矩形荷载面积分，即可得出矩形面积竖直均布荷载 p_0 在 M 点引起的附加应力 σ_z

$$\sigma_z = \int_0^l \int_0^b \frac{3p_0}{2\pi} \frac{z^3}{(x^2+y^2+z^2)^{5/2}} \mathrm{d}x \mathrm{d}y$$

$$= \frac{p_0}{2\pi} \left[\arctan \frac{m}{n\sqrt{1+m^2+n^2}} + \frac{mn}{\sqrt{1+m^2+n^2}} \left(\frac{1}{m^2+n^2} + \frac{1}{1+n^2} \right) \right] \tag{3-20}$$

式中，$m=l/b$，$n=z/b$，其中 l 为矩形的长边边长，b 为矩形的短边边长。

为了计算方便，可将式（3-20）简写成

$$\sigma_z = \alpha_c p_0 \tag{3-21}$$

其中 $\alpha_c = \dfrac{1}{2\pi} \left[\arctan \dfrac{m}{n\sqrt{1+m^2+n^2}} + \dfrac{mn}{\sqrt{1+m^2+n^2}} \left(\dfrac{1}{m^2+n^2} + \dfrac{1}{1+n^2} \right) \right]$

称 α_c 为均布矩形面积荷载角点下的应力分布系数，简称角点应力系数，可按 m 和 n 值从表 3-5 中查得。

表 3-5　　　　　　　　均布矩形面积荷载角点下的竖向附加应力系数 α_c

$n=z/b$	$m=l/b$										
	1.0	1.2	1.4	1.6	1.8	2.0	3.0	4.0	5.0	6.0	10.0
0.0	0.250 0	0.250 0	0.250 0	0.250 0	0.250 0	0.250 0	0.250 0	0.250 0	0.250 0	0.250 0	0.250 0
0.2	0.248 6	0.248 9	0.249 0	0.249 1	0.249 1	0.249 1	0.249 2	0.249 2	0.249 2	0.249 2	0.249 2
0.4	0.240 1	0.242 0	0.242 9	0.243 4	0.243 7	0.243 9	0.244 2	0.244 3	0.244 3	0.244 3	0.244 3
0.6	0.222 9	0.227 5	0.230 0	0.235 1	0.232 4	0.232 9	0.233 9	0.234 1	0.234 2	0.234 2	0.234 2
0.8	0.199 9	0.207 5	0.212 0	0.214 7	0.216 5	0.217 6	0.219 6	0.220 0	0.220 2	0.220 2	0.220 2
1.0	0.175 2	0.185 1	0.191 1	0.195 5	0.198 1	0.199 9	0.203 4	0.204 2	0.204 4	0.204 5	0.204 6
1.2	0.151 6	0.162 6	0.170 5	0.175 8	0.179 3	0.181 8	0.187 0	0.188 2	0.188 5	0.188 7	0.188 8
1.4	0.130 8	0.142 3	0.150 8	0.156 9	0.161 3	0.164 4	0.171 2	0.173 0	0.173 5	0.173 8	0.174 0
1.6	0.112 3	0.124 1	0.132 9	0.143 6	0.144 5	0.148 2	0.156 7	0.159 0	0.159 8	0.160 1	0.160 4
1.8	0.096 9	0.108 3	0.117 2	0.124 1	0.129 4	0.133 4	0.143 4	0.146 3	0.147 4	0.147 8	0.148 2
2.0	0.084 0	0.094 7	0.103 4	0.110 3	0.115 8	0.120 2	0.131 4	0.135 0	0.136 3	0.136 8	0.137 4
2.2	0.073 2	0.083 2	0.091 7	0.098 4	0.103 9	0.108 4	0.120 5	0.124 8	0.126 4	0.127 1	0.127 7
2.4	0.064 2	0.073 4	0.081 2	0.087 9	0.093 4	0.097 9	0.110 8	0.115 6	0.117 5	0.118 4	0.119 2
2.6	0.056 6	0.065 1	0.072 5	0.078 8	0.084 2	0.088 7	0.102 0	0.107 3	0.109 5	0.110 6	0.111 6
2.8	0.050 2	0.058 0	0.064 9	0.070 9	0.076 1	0.080 5	0.094 2	0.099 9	0.102 4	0.103 6	0.104 8
3.0	0.044 7	0.051 9	0.058 3	0.064 0	0.069 0	0.073 2	0.087 0	0.093 1	0.095 9	0.097 3	0.098 7
3.2	0.040 1	0.046 7	0.052 6	0.058 0	0.062 7	0.066 8	0.080 6	0.087 0	0.090 0	0.091 6	0.093 3
3.4	0.036 1	0.042 1	0.047 7	0.052 7	0.057 1	0.061 1	0.074 7	0.081 4	0.084 7	0.086 4	0.088 2
3.6	0.032 6	0.038 2	0.043 3	0.048 0	0.052 3	0.056 1	0.069 4	0.076 3	0.079 9	0.081 6	0.083 7
3.8	0.029 6	0.034 8	0.039 5	0.043 9	0.047 9	0.051 6	0.064 5	0.071 7	0.075 3	0.077 3	0.079 6
4.0	0.027 0	0.031 8	0.036 2	0.040 3	0.044 1	0.047 4	0.060 3	0.067 4	0.071 2	0.073 3	0.075 8
4.2	0.024 7	0.029 1	0.033 3	0.037 1	0.040 7	0.043 9	0.056 3	0.063 4	0.067 4	0.069 6	0.072 4
4.4	0.022 7	0.026 8	0.030 6	0.034 2	0.037 6	0.040 7	0.052 7	0.059 7	0.063 9	0.066 2	0.069 6
4.6	0.020 9	0.024 7	0.028 3	0.031 7	0.034 8	0.037 8	0.049 3	0.056 4	0.060 6	0.063 0	0.066 3
4.8	0.019 3	0.022 9	0.026 2	0.029 4	0.032 4	0.035 2	0.046 3	0.053 3	0.057 6	0.060 1	0.063 5
5.0	0.017 9	0.021 2	0.024 3	0.027 4	0.030 2	0.032 8	0.043 5	0.050 4	0.054 7	0.057 3	0.061 0
6.0	0.012 7	0.015 1	0.017 4	0.019 6	0.021 8	0.023 3	0.032 5	0.038 8	0.043 1	0.046 0	0.050 6
7.0	0.009 4	0.011 2	0.013 0	0.014 7	0.016 4	0.018 0	0.025 1	0.030 6	0.034 6	0.037 6	0.042 8
8.0	0.007 3	0.008 7	0.010 1	0.011 4	0.012 7	0.014 0	0.019 8	0.024 6	0.028 3	0.031 1	0.036 7
9.0	0.005 8	0.006 9	0.008 0	0.009 1	0.010 2	0.011 2	0.016 1	0.020 2	0.023 5	0.026 2	0.031 9
10.0	0.004 7	0.005 6	0.006 5	0.007 4	0.008 3	0.009 2	0.013 2	0.016 7	0.019 8	0.022 2	0.028 0

对于矩形面积均布荷载下地基土内任一点的附加应力计算，即计算点并不位于角点以下的情况，可利用式（3-21）和叠加原理求得，这种方法称为角点法。如计算地面任一 O 点下深度 z 处的附加应力，可通过 O 点将荷载面分为若干矩形面积，O 点就是这些矩形的公共角点，再按照式（3-21）计算各小矩形公共角点下的附加应力 σ_z，并求其代数和。计算点不在矩形荷载面角点下的情况主要有四种，如图 3-20 所示。

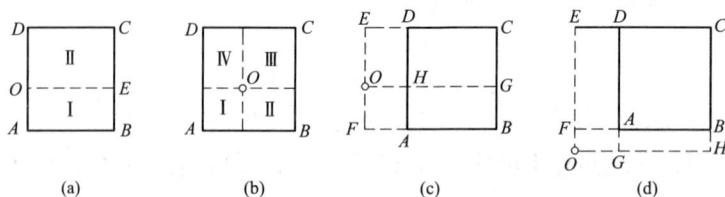

图 3-20 角点法求 O 点下某深度处的附加应力

（1）计算点 O 在荷载面边缘。过 O 作辅助线 OE 将矩形面积分为两个小矩形，O 点是 Ⅰ、Ⅱ 两个小矩形的公共角点，O 点下任意深度 z 处的附加应力为 Ⅰ、Ⅱ 两个小矩形面积均布荷载在该点产生的附加应力之和，即

$$\sigma_z = (\alpha_{cI} + \alpha_{cII})p_0$$

其中 α_{cI} 和 α_{cII} 分别是相应于矩形 Ⅰ、Ⅱ 的角点应力系数。

（2）计算点 O 在荷载面内

$$\sigma_z = (\alpha_{cI} + \alpha_{cII} + \alpha_{cIII} + \alpha_{cIV})p_0$$

若 O 点位于荷载面中心，则 $\alpha_{cI} = \alpha_{cII} = \alpha_{cIII} = \alpha_{cIV}$，得矩形面积均布荷载中心点下的附加应力 $\sigma_z = 4\alpha_{cI}p_0$。

（3）计算点 O 在荷载面边缘外侧。此时荷载面可看成是 Ⅰ（$OFBG$）与 Ⅱ（$OFAH$）的差值和 Ⅲ（$OECG$）与 Ⅳ（$OEDH$）的差值合成的结果，即

$$\sigma_z = (\alpha_{cI} - \alpha_{cII} + \alpha_{cIII} - \alpha_{cIV})p_0$$

（4）计算点 O 在荷载面角点外侧。

把荷载面看成由 Ⅰ（$OHCE$）面积中扣除 Ⅱ（$OHBF$）和 Ⅲ（$OGDE$）以后再加上 Ⅳ（$OGAF$）而成的，即

$$\sigma_z = (\alpha_{cI} - \alpha_{cII} - \alpha_{cIII} + \alpha_{cIV})p_0$$

需要注意，用角点法计算各矩形面积的应力分布系数 α_c 时，l 恒为矩形的长边边长，而 b 为短边边长。另外，在用式（3-21）计算时，计算点必须始终处于矩形任一角点下。

例 3-4 某均布荷载 $p = 100\text{kPa}$，荷载面面积为 $2\text{m} \times 1\text{m}$，如图 3-21 所示，求荷载面上角 A 点、边上 E 点、中心 O 点及荷载面以外 F 点和 G 点等各点下 $z = 1\text{m}$ 深度处的附加应力，并结合计算结果阐述附加应力的扩散规律。

解

（1）A 点下的竖向附加应力。A 点是矩形 $ABCD$ 的角点，且 $m = l/b = 2/1 = 2$，$n = z/b = 1$，查表 3-5 得 $\alpha_c = 0.1999$，则

$$\sigma_{zA} = \alpha_c p = 0.1999 \times 100 = 20(\text{kPa})$$

（2）E 点下的竖向附加应力。通过 E 点将矩形荷载面划分为两个相同的小矩形 $EADI$ 和 $EBCI$，其中 $EADI$ 的角点应力系数为

$$m = \frac{l}{b} = \frac{1}{1} = 1, \quad n = \frac{z}{b} = \frac{1}{1} = 1$$

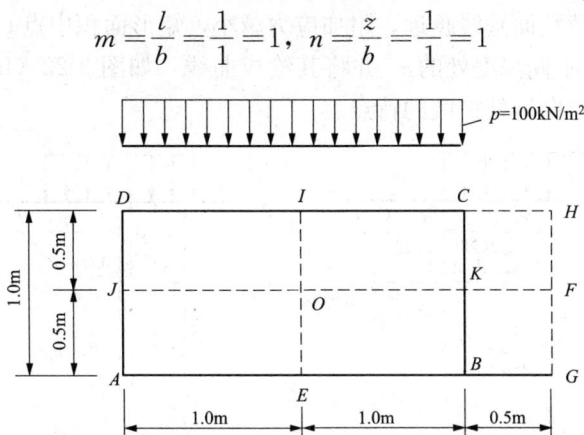

图 3-21 例 3-4 图

查表 3-5 得 $\alpha_c = 0.175\ 2$，则

$$\sigma_{zE} = 2\alpha_c p = 2 \times 0.175\ 2 \times 100 = 35 (\text{kPa})$$

（3）O 点下的竖向附加应力。过 O 点将矩形分为 4 个相同的小矩形，分别为 $OEAJ$、$OJDI$、$OICK$ 和 $OKBE$，求 $OEAJ$ 角点应力系数为

$$m = \frac{l}{b} = \frac{1}{0.5} = 2, \quad n = \frac{z}{b} = \frac{1}{0.5} = 2$$

查表 3-5 得 $\alpha_c = 0.120\ 2$，则

$$\sigma_{zO} = 4\alpha_c p = 4 \times 0.120\ 2 \times 100 = 48.1 (\text{kPa})$$

（4）F 点下附加应力。F 点不在荷载面内部，过 F 点作矩形 $FGAJ$、$FJDH$、$FGBK$ 和 $FKCH$。

$FGAJ$ 的角点系数为 $\quad m = \frac{l}{b} = \frac{1}{0.5} = 2, \quad n = \frac{z}{b} = \frac{1}{0.5} = 2$

查表 3-5 得 $\alpha_c^{FGAJ} = 0.136\ 3$。

$FGBK$ 的角点系数为 $\quad m = \frac{l}{b} = \frac{0.5}{0.5} = 1, \quad n = \frac{z}{b} = \frac{1}{0.5} = 2$

得 $\alpha_c^{FGBK} = 0.084\ 0$。

则 $\qquad \sigma_{zF} = 2(\alpha_c^{FGAJ} - \alpha_c^{FGBK})p = 2(0.136\ 3 - 0.084\ 0) \times 100 = 10.5 (\text{kPa})$

（5）G 点下附加应力。通过 G 点作矩形 $GADH$ 和 $GBCH$。

$GADH$ 的角点系数为 $m = \frac{l}{b} = \frac{2.5}{1} = 2.5, \quad n = \frac{z}{b} = \frac{1}{1} = 1$

查表 3-5 得 $\alpha_c^{GADH} = 0.201\ 6$。

$GBCH$ 的角点系数为 $m = \frac{l}{b} = \frac{1}{0.5} = 2, \quad n = \frac{z}{b} = \frac{1}{0.5} = 2$

查表 3-5 得 $\alpha_c^{GBCH} = 0.120\ 2$。

则 $\qquad \sigma_{zG} = (\alpha_c^{GSDH} - \alpha_c^{GBCH})p = (0.201\ 6 - 0.120\ 2) \times 100 = 8.1 (\text{kPa})$

将计算结果绘于图 3-22，可见，矩形面积均布荷载作用下，附加应力不仅产生于荷载面下方，且在荷载面以外的地基土中（即 F、G 两点下方）也会产生附加应力。另外，在地基中同一深度处，距离荷载面垂线越远，附加应力越小，矩形面积中点 O 下 σ_{zO} 最大。求出中点 O 下和远端 F 点下不同深度处的 σ_z，并将其绘成曲线，如图 3-22（b）所示。上述结果证实了地基中的附加应力向远处扩散的特点。

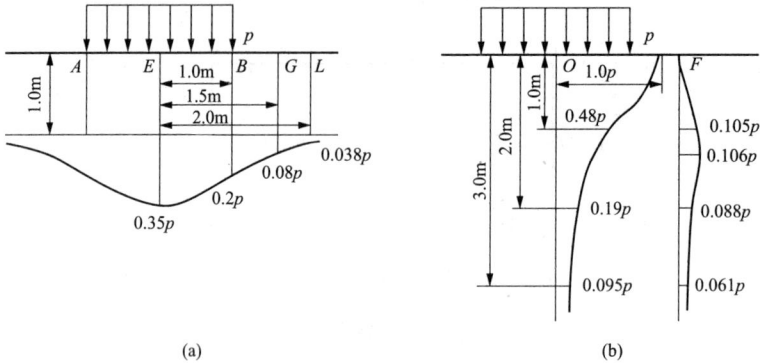

(a)

(b)

图 3-22 例 3-4 计算结果

2. 矩形面积竖直三角形分布荷载

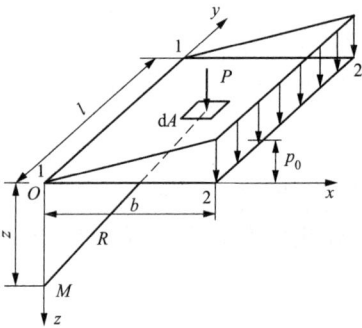

图 3-23 矩形面积竖直三角形荷载
作用时 O 点下的附加应力

如图 3-23 所示，若矩形面积上作用有竖直荷载，沿边长 b 方向呈三角形分布，而沿 l 方向为均匀分布，最大荷载强度为 p_0，取荷载强度为零的角点 1 作为坐标原点 O，同样可利用式（3-14c）与积分法求得 O 点下任意深度 z 处附加应力 σ_z。在荷载作用面内任取一微单元面积 $\mathrm{d}A = \mathrm{d}x\mathrm{d}y$，单元上的分布荷载可用集中荷载 $P = \dfrac{x}{b}p_0\mathrm{d}x\mathrm{d}y$ 代替，则此集中荷载 P 在 O 点下某深度 z 处 M 点引起的竖向附加应力微量 $\mathrm{d}\sigma_z$ 为

$$\mathrm{d}\sigma_z = \frac{3p_0}{2\pi b} \cdot \frac{xz^3}{(x^2 + y^2 + z^2)^{5/2}}\mathrm{d}x\mathrm{d}y$$

将上式沿矩形面积积分，得到矩形面积竖直三角形荷载在 O 点下任意深度 z 处所引起的竖向附加应力为

$$\sigma_z = \alpha_{t1}p_0 \tag{3-22}$$

$$\alpha_{t1} = \frac{mn}{2\pi}\left[\frac{1}{\sqrt{m^2 + n^2}} - \frac{n^2}{(1 + n^2)\sqrt{(1 + m^2 + n^2)}}\right]$$

其中 α_{t1} 为矩形面积上作用竖直三角形荷载时，对应点 1 下竖向附加应力分布系数，由表 3-6 查得，其中 $m = l/b$，$n = z/b$，此时注意，参数 b 为沿三角形荷载变化方向上的矩形边长，而 l 为矩形的另一边长。若要求得荷载最大值 p_0 边角点 2 下某深度处 σ_z，可由表 3-6 查出附加应力分布系数 α_{t2}，并由式（3-23）计算 σ_z，即

$$\sigma_z = \alpha_{t2}p_0 = (\alpha_c - \alpha_{t1})p_0 \tag{3-23}$$

也可通过矩形均布荷载和三角形荷载零值边角点下的附加应力计算公式叠加而得。

表 3-6　　　　矩形面积三角形分布荷载角点下的竖向附加应力系数 α_{t1} 和 α_{t2}

$m=l/b$ $n=z/b$	0.2		0.4		0.6		0.8		1.0	
	1	2	1	2	1	2	1	2	1	2
0.0	0.000 0	0.250 0	0.000 0	0.250 0	0.000 0	0.250 0	0.000 0	0.250 0	0.000 0	0.250 0
0.2	0.022 3	0.182 1	0.028 0	0.211 5	0.029 6	0.216 5	0.030 1	0.217 8	0.030 4	0.218 2
0.4	0.026 9	0.109 4	0.042 0	0.160 4	0.048 7	0.178 1	0.051 7	0.184 4	0.053 1	0.187 0
0.6	0.025 9	0.070 0	0.044 8	0.116 5	0.056 0	0.140 5	0.062 1	0.152 0	0.065 4	0.157 5
0.8	0.023 2	0.048 0	0.042 1	0.085 3	0.055 3	0.109 3	0.063 7	0.123 2	0.068 8	0.131 1
1.0	0.020 1	0.034 6	0.037 5	0.063 8	0.050 8	0.085 2	0.060 2	0.099 6	0.066 6	0.108 6
1.2	0.017 1	0.026 0	0.032 4	0.049 1	0.045 0	0.067 3	0.054 6	0.080 7	0.061 5	0.090 1
1.4	0.014 5	0.020 2	0.027 8	0.038 6	0.039 2	0.054 0	0.048 3	0.066 1	0.055 4	0.075 1
1.6	0.012 3	0.016 0	0.023 8	0.031 0	0.033 9	0.044 0	0.042 4	0.054 7	0.049 2	0.062 8
1.8	0.010 5	0.013 0	0.020 4	0.025 4	0.029 4	0.036 3	0.037 1	0.045 7	0.043 5	0.054 3
2.0	0.009 0	0.010 8	0.017 6	0.021 1	0.025 5	0.030 4	0.032 4	0.038 7	0.038 4	0.045 6
2.5	0.006 3	0.007 2	0.012 5	0.014 0	0.018 3	0.020 5	0.023 6	0.026 5	0.028 4	0.031 8
3.0	0.004 6	0.005 1	0.009 2	0.010 0	0.013 5	0.014 8	0.017 6	0.019 2	0.021 4	0.023 3
5.0	0.001 8	0.001 9	0.003 8	0.003 8	0.005 4	0.005 6	0.007 1	0.007 4	0.008 8	0.009 1
7.0	0.000 9	0.001 0	0.001 9	0.001 9	0.002 8	0.002 9	0.003 8	0.003 8	0.004 7	0.004 7
10.0	0.000 5	0.000 4	0.000 9	0.001 0	0.001 4	0.001 4	0.001 9	0.001 9	0.002 3	0.002 4

$m=l/b$ $n=z/b$	1.2		1.4		1.6		1.8		2.0	
	1	2	1	2	1	2	1	2	1	2
0.0	0.000 0	0.250 0	0.000 0	0.250 0	0.000 0	0.250 0	0.000 0	0.250 0	0.000 0	0.250 0
0.2	0.030 5	0.218 4	0.030 5	0.218 5	0.030 6	0.218 5	0.030 6	0.218 5	0.030 6	0.218 5
0.4	0.053 9	0.188 1	0.054 3	0.188 6	0.054 5	0.188 9	0.054 6	0.189 1	0.054 7	0.189 2
0.6	0.067 3	0.160 2	0.068 4	0.161 1	0.069 0	0.162 5	0.069 4	0.163 0	0.069 6	0.163 3
0.8	0.072 0	0.135 5	0.073 9	0.138 1	0.075 1	0.139 6	0.075 9	0.140 5	0.076 4	0.141 2
1.0	0.070 8	0.114 3	0.073 5	0.117 6	0.075 3	0.120 2	0.076 6	0.121 5	0.077 4	0.122 5
1.2	0.066 4	0.096 2	0.069 8	0.100 7	0.072 1	0.103 7	0.073 8	0.105 5	0.074 9	0.106 9
1.4	0.060 6	0.081 7	0.064 4	0.086 4	0.067 2	0.089 7	0.069 2	0.092 1	0.070 7	0.093 7
1.6	0.054 5	0.069 6	0.058 6	0.074 3	0.061 6	0.078 0	0.063 9	0.080 6	0.065 6	0.082 6
1.8	0.048 7	0.059 6	0.052 8	0.064 4	0.056 0	0.068 1	0.058 5	0.070 9	0.060 4	0.073 0
2.0	0.043 4	0.051 3	0.047 4	0.056 0	0.050 7	0.059 6	0.053 3	0.062 5	0.053 3	0.064 9
2.5	0.032 6	0.036 5	0.036 2	0.040 5	0.039 3	0.044 0	0.041 9	0.046 9	0.044 0	0.049 1
3.0	0.024 9	0.027 0	0.028 0	0.030 3	0.030 7	0.033 3	0.033 1	0.035 9	0.035 2	0.038 0
5.0	0.010 4	0.010 8	0.012 0	0.012 3	0.013 5	0.013 9	0.014 8	0.015 4	0.016 1	0.016 7
7.0	0.005 6	0.005 6	0.006 4	0.006 6	0.007 3	0.007 4	0.008 1	0.008 3	0.008 9	0.009 1
10.0	0.002 8	0.002 8	0.003 3	0.003 2	0.003 7	0.003 7	0.004 1	0.004 2	0.004 6	0.004 6

$m = l/b$	3.0		4.0		6.0		8.0		10.0	
$n = z/b$	1	2	1	2	1	2	1	2	1	2
0.0	0.000 0	0.250 0	0.000 0	0.250 0	0.000 0	0.250 0	0.000 0	0.250 0	0.000 0	0.250 0
0.2	0.030 6	0.218 6	0.030 6	0.218 6	0.030 6	0.218 6	0.030 6	0.018 6	0.030 6	0.218 6
0.4	0.054 8	0.189 4	0.054 9	0.189 4	0.054 9	0.189 4	0.054 9	0.189 4	0.054 9	0.189 4
0.6	0.070 1	0.163 8	0.070 2	0.163 9	0.070 2	0.164 0	0.070 2	0.164 0	0.070 2	0.164 0
0.8	0.077 3	0.142 3	0.077 6	0.142 4	0.077 6	0.142 6	0.077 6	0.142 6	0.077 6	0.142 6
1.0	0.079 0	0.124 4	0.079 4	0.124 8	0.079 5	0.125 0	0.079 6	0.125 0	0.079 6	0.125 0
1.2	0.077 4	0.109 6	0.077 9	0.110 3	0.078 2	0.110 5	0.078 3	0.110 5	0.078 3	0.110 5
1.4	0.073 9	0.097 3	0.074 8	0.098 2	0.075 2	0.098 6	0.075 2	0.098 7	0.075 3	0.098 7
1.6	0.069 7	0.087 0	0.070 8	0.088 2	0.071 4	0.088 7	0.071 5	0.088 8	0.071 5	0.088 9
1.8	0.065 2	0.078 2	0.066 6	0.079 7	0.067 3	0.080 5	0.067 5	0.080 6	0.067 5	0.080 8
2.0	0.060 7	0.070 7	0.062 4	0.072 6	0.063 4	0.073 4	0.063 6	0.073 6	0.063 6	0.073 8
2.5	0.050 4	0.055 9	0.052 9	0.058 5	0.054 3	0.060 1	0.054 7	0.060 4	0.054 8	0.060 5
3.0	0.041 9	0.045 1	0.044 9	0.048 2	0.046 9	0.050 4	0.047 4	0.050 9	0.047 6	0.051 1
5.0	0.021 4	0.022 1	0.024 8	0.025 6	0.028 3	0.029 0	0.029 6	0.030 3	0.030 1	0.030 9
7.0	0.012 4	0.012 6	0.015 2	0.015 4	0.018 6	0.019 0	0.020 4	0.020 7	0.021 2	0.021 6
10.0	0.006 6	0.006 6	0.008 4	0.008 3	0.011 1	0.011 1	0.012 8	0.013 0	0.013 9	0.014 1

当然，在实际工程中可能要计算矩形面积作用有梯形荷载或三角形荷载下地基中任意点（非角点）的附加应力，这时可利用均布荷载和三角形荷载下的角点公式［即式（3-21）～式（3-23）］以及叠加原理求解。

例 3-5　已知相邻两矩形面积 A 和 B，其上作用荷载如图 3-24（a）所示。若考虑相邻矩形面积 B 上荷载的影响，求出矩形面积 A 上边缘中点 O 下深度 $z=2\mathrm{m}$ 处的竖向附加应力 σ_z。

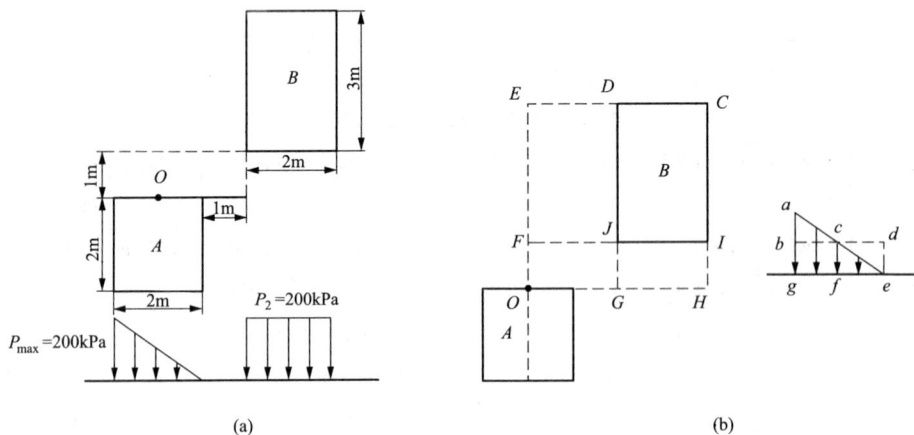

图 3-24　例 3-5 图

解　（1）首先计算矩形面积 A 竖直三角形荷载在 O 点下深度为 2m 处产生的竖向附加应力 σ_z。

由于 O 点是 A 上边缘中点，从 O 点做中线把 A 分为相等的两个小矩形，并将 O 点看成矩形面积上两个三角形荷载 abc 和 cef（荷载最大值为 $p_0 = p_{max}/2 = 100\text{kPa}$）及均布荷载 $bcgf$（荷载为 $p_0 = p_{max}/2 = 100\text{kPa}$）的公共角点，通过叠加原理求解。

其中，O 点是三角形荷载 abc 为零值边的角点，$l/b = 2/1 = 2$，$z/b = 2/1 = 2$，查表 3-6 得附加应力系数 $\alpha_{t1} = 0.0553$；O 点又是三角形荷载 cef 为最大值边的角点，$l/b = 2/1 = 2$，$z/b = 2/1 = 2$，查表 3-6 得 $\alpha_{t2} = 0.0649$；同时 O 点也是均布荷载 $bcgf$ 的角点，$l/b = 2/1 = 2$，$z/b = 2/1 = 2$，查表 3-5 得 $\alpha_c = 0.1202$。那么矩形面积 A 竖直三角形荷载在 O 点下深度 2m 处引起的附加应力为

$$\sigma_{z1} = (\alpha_{t1} + \alpha_{t2} + \alpha_c)p_0 = (0.0553 + 0.0649 + 0.1202) \times 100 = 24(\text{kPa})$$

当然，也可将三角形荷载等价为均布荷载 $bdeg$，再求得 O 点下附加应力，这时 $\alpha_c = 0.1202$，$p_0 = 100\text{kPa}$，$\sigma_{z1} = 2\sigma_c p_0 = 24\text{kPa}$。

（2）计算邻近矩形面积 B 上均布荷载在 O 点引起的附加应力。计算点 O 在荷载面角点外侧，把荷载面看成由 Ⅰ（$OHCE$）面积中扣除 Ⅱ（$OGDE$）和 Ⅲ（$OHIF$）以后再加上 Ⅳ（$OGJF$）而成的，查表 3-5 得 $\alpha_{cⅠ} = 0.2315$，$\alpha_{cⅡ} = 0.1999$，$\alpha_{cⅢ} = 0.1350$，$\alpha_{cⅣ} = 0.1202$，则矩形面积 B 上均布荷载在 O 点引起的附加应力为

$$\sigma_{z2} = (\alpha_{cⅠ} - \alpha_{cⅡ} - \alpha_{cⅢ} + \alpha_{cⅣ})p_2 = (0.2315 - 0.1999 - 0.1350 + 0.1202) \times 200$$
$$= 3.4(\text{kPa})$$

O 点下深度 $z = 2\text{m}$ 处的竖向附加应力 σ_z 为

$$\sigma_z = \sigma_{z1} + \sigma_{z2} = 24 + 3.4 = 27.4(\text{kPa})$$

三、圆形面积竖直均布荷载作用时中心点下的附加应力计算

如图 3-25 所示，假设圆形面积的半径为 r_0，作用于地基表面上的竖直均布荷载为 p_0，求解中心点下深度 z 处 M 点的竖向附加应力。将圆形面积的中心点作为坐标原点 O，并在荷载面上任选微元面积 $dA = rd\theta dr$，用集中荷载 $P = p_0 dA = p_0 rd\theta dr$ 代替微元面积上的分布荷载，P 作用点与 M 点的距离 $R = \sqrt{r^2 + z^2}$，结合式（3-14c）并积分，得到整个圆形面积上均布荷载在 M 点引起的竖向附加应力 σ_z 为

$$\sigma_z = \int_0^{2\pi} \int_0^{r_0} \frac{3p_0 z^3}{2\pi} \frac{rd\theta dr}{(r^2 + z^2)^{5/2}}$$
$$= \left\{ 1 - \frac{1}{\left[1 + \frac{1}{(z/r_0)^2} \right]^{3/2}} \right\} p_0 = \alpha_r p_0 \qquad (3\text{-}24)$$

$$\alpha_r = f\frac{z}{r_0}$$

式中　α_r——圆形面积上均布荷载作用时，圆心点下的竖向应力分布系数，可由表 3-7 查得。

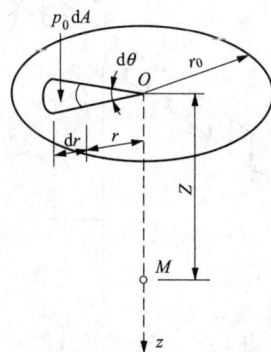

图 3-25　圆形面积均布荷载
中心点下的附加应力

表 3-7 圆形面积均布荷载中心点下的附加应力系数 α_r

z/r_0	α_r	z/r_0	α_r	z/r_0	α_r	z/r_0	α_r	z/r_0	α_r	z/r_0	α_r
0.0	1.000	0.8	0.756	1.6	0.390	2.4	0.213	3.2	0.130	4.0	0.087
0.1	0.999	0.9	0.701	1.7	0.360	2.5	0.200	3.3	0.124	4.2	0.079
0.2	0.992	1.0	0.647	1.8	0.332	2.6	0.187	3.4	0.117	4.4	0.073
0.3	0.976	1.1	0.595	1.9	0.307	2.7	0.175	3.5	0.111	4.6	0.067
0.4	0.949	1.2	0.547	2.0	0.285	2.8	0.165	3.6	0.106	4.8	0.062
0.5	0.911	1.3	0.502	2.1	0.264	2.9	0.155	3.7	0.101	5.0	0.057
0.6	0.864	1.4	0.461	2.2	0.245	3.0	0.146	3.8	0.096	6.0	0.040
0.7	0.811	1.5	0.424	2.3	0.229	3.1	0.138	3.9	0.091	10.0	0.015

四、条形面积上不同分布荷载作用下的附加应力计算

条形荷载是指承载面上长宽比 $l/b=\infty$，且荷载沿长度 l 方向不变。很显然，在条形荷载作用下，地基内附加应力仅为坐标 $(x，z)$ 的函数，而与坐标 y 无关。这种问题，在工程上称为平面应变问题。例如，墙基础、道路路堤或坝基等建（构）筑物地基中的附加应力计算，均属于平面应变问题。

1. 竖直线荷载

在地表面一条无限长直线上作用有竖直均布线荷载 $\bar{p}$(kN/m)，求解该地基中任意点 M 处的附加应力。

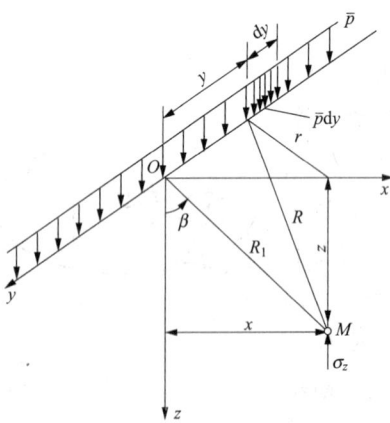

如图 3-26 所示，设一竖直线荷载 $\bar{p}$ 作用于 y 轴上，可用集中荷载 $P=\bar{p}\mathrm{d}y$ 代替沿 y 轴某微段 $\mathrm{d}y$ 上的均布荷载，从而可利用式（3-14c）求集中荷载 P 在 M 点的附加应力微量 $\mathrm{d}\sigma_z$。

过 M 点构造与 y 轴垂直的 xOz 坐标系，OM 与 z 轴夹角为 β，$OM=R_1=\sqrt{x^2+z^2}$，则 $\sin\beta=x/R_1$ 及 $\cos\beta=z/R_1$。于是，运用积分法可求得均布线荷载作用下地基中任意点 M 的附加应力 σ_z 的极坐标表达式

$$\sigma_z=\int_{-\infty}^{+\infty}\mathrm{d}\sigma_z=\int_{-\infty}^{+\infty}\frac{3z^3\bar{p}\mathrm{d}y}{2\pi R^5}=\frac{2\bar{p}z^3}{\pi R_1^4}=\frac{2\bar{p}}{\pi z}\cos^4\beta$$

图 3-26　竖直线荷载作用下的附加应力

$$\tag{3-25}$$

同理可得

$$\sigma_x=\frac{2\bar{p}x^2z}{\pi R_1^4}=\frac{2\bar{p}}{\pi z}\cos^2\beta\sin^2\beta \tag{3-26}$$

$$\tau_{xz}=\tau_{zx}=\frac{2\bar{p}xz^2}{\pi R_1^4}=\frac{2\bar{p}}{\pi z}\cos^3\beta\sin\beta \tag{3-27}$$

由于均布线荷载沿 y 轴均匀分布而且无限延伸，因此，与 y 轴垂直的任何平面上的应力状态都相同，属于平面应变问题，那么

$$\tau_{xy}=\tau_{yx}=\tau_{yz}=\tau_{zy}=0 \tag{3-28}$$

$$\sigma_y = v(\sigma_x + \sigma_z) \tag{3-29}$$

虽然在实际上完全的线荷载是不存在的，但可以把它看作条形面积的宽度 b 趋于零时的情况。要求条形面积上不同分布荷载下的附加应力时，可以采用线荷载公式通过积分推导得出。

2. 条形面积竖直均布荷载

如图 3-27 所示，条形面积上作用竖直均布荷载 p_0，沿 x 轴即宽度 b 上取微分段 $\mathrm{d}x$，由于 y 轴方向无限延伸，则 $\mathrm{d}x$ 上的条形荷载可以用线荷载 $\bar{p}$ 代替，设 OM 与 z 轴的夹角为 β，则

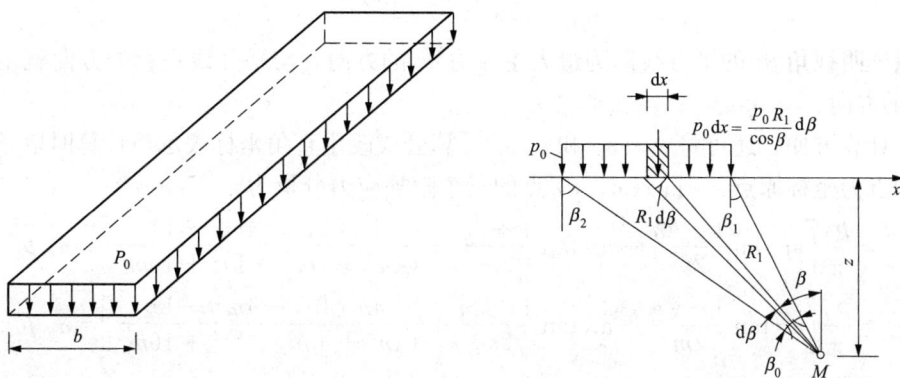

图 3-27　条形面积竖直均布荷载作用下地基中任意点的应力

$$\bar{p} = p_0 \mathrm{d}x = \frac{p_0 R_1}{\cos\beta}\mathrm{d}\beta = \frac{p_0 z}{\cos^2\beta}\mathrm{d}\beta \tag{3-30}$$

将式（3-30）代入式（3-25），得到微分段 $\mathrm{d}x$ 上的条形荷载在 M 点引起的附加应力 $\mathrm{d}\sigma_z$ 为

$$\mathrm{d}\sigma_z = \frac{2\bar{p}}{\pi z}\cos^4\beta = \frac{2\dfrac{p_0 R_1}{\cos\beta}\mathrm{d}\beta}{\pi z}\cos^4\beta = \frac{2p_0}{\pi}\cos^2\beta\mathrm{d}\beta \tag{3-31}$$

将式（3-31）在（β_1, β_2）范围内积分，即可求得条形均布荷载作用下地基中任意点 M 处附加应力的极坐标表达式为

$$\sigma_z = \int_{\beta_1}^{\beta_2}\mathrm{d}\sigma_z = \int_{\beta_1}^{\beta_2}\frac{2p_0}{\pi}\cos^2\beta\mathrm{d}\beta$$

$$= \frac{p_0}{\pi}\big[\sin\beta_2\cos\beta_2 - \sin\beta_1\cos\beta_1 + (\beta_2 - \beta_1)\big] \tag{3-32}$$

同理得

$$\sigma_x = \frac{p_0}{\pi}\big[-\sin(\beta_2 - \beta_1)\cos(\beta_2 + \beta_1) + (\beta_2 - \beta_1)\big] \tag{3-33}$$

$$\tau_{xz} = \tau_{zx} = \frac{p_0}{\pi}\big[\sin^2\beta_2 - \sin^2\beta_1\big] \tag{3-34}$$

上述各式中，当 M 点位于荷载分布宽度 b 的两端点竖直线之间时，β_1 取负值。

将式（3-32）～式（3-34）代入式（3-35）中，即可求得 M 点的最大主应力 σ_1 和最小

主应力 σ_3

$$\left.\begin{array}{l}\sigma_1\\\sigma_3\end{array}\right\}=\frac{\sigma_z+\sigma_x}{2}\pm\sqrt{\left(\frac{\sigma_z-\sigma_x}{2}\right)^2+\tau_{xz}^2} \qquad(3\text{-}35)$$

$$\left.\begin{array}{l}\sigma_1\\\sigma_3\end{array}\right\}=\frac{p_0}{\pi}\left[(\beta_2-\beta_1)\pm\sin(\beta_2-\beta_1)\right] \qquad(3\text{-}35a)$$

将 β_0 作为 M 点与条形荷载两端连线的夹角（见图 3-27），称为视角，有 $\beta_0=\beta_2-\beta_1$，于是式（3-35a）变为

$$\left.\begin{array}{l}\sigma_1\\\sigma_3\end{array}\right\}=\frac{p_0}{\pi}(\beta_0\pm\sin\beta_0) \qquad(3\text{-}36)$$

可以证明视角 β_0 的平分线即为最大主应力 σ_1 的方向，与平分线垂直的方向就是最小主应力 σ_3 的方向。

为了计算方便，还可将 σ_z、σ_x 和 τ_{xz} 的计算公式改用直角坐标表示，计算时取条形荷载宽度的中点为坐标原点，则 $M(x,z)$ 点的三个附加应力分量为

$$\sigma_z=\frac{p_0}{\pi}\left[\arctan\frac{1-2n}{2m}+\arctan\frac{1+2n}{2m}-\frac{4m(4n^2-4m^2-1)}{(4n^2+4m^2-1)^2+16m^2}\right]=\alpha_{sz}p_0 \quad(3\text{-}37)$$

$$\sigma_x=\frac{p_0}{\pi}\left[\arctan\frac{1-2n}{2m}+\arctan\frac{1+2n}{2m}+\frac{4m(4n^2-4m^2-1)}{(4n^2+4m^2-1)^2+16m^2}\right]=\alpha_{sx}p_0 \quad(3\text{-}38)$$

$$\tau_{xz}=\tau_{zx}=\frac{p_0}{\pi}\frac{32m^2n}{(4n^2+4m^2-1)^2+16m^2}=\alpha_{sxz}p_0 \quad(3\text{-}39)$$

式中　　　　n——计算点距离荷载分布图形中轴线的距离 x 与荷载宽度 b 的比值，即 $n=x/b$；

　　　　　　m——计算点的深度 z 与荷载宽度 b 的比值，即 $m=z/b$；

α_{sz}、α_{sx}、α_{sxz}——条形面积竖直均布荷载下的竖向附加应力分布系数、水平向应力分布系数和剪应力分布系数，其值可按 m、n 查表 3-8 得。

表 3-8　　　　　　　　　　　　　条形面积均布荷载下的附加应力系数

z/b	x/b								
	0.00			0.25			0.50		
	α_{sz}	α_{sx}	α_{sxz}	α_{sz}	α_{sx}	α_{sxz}	α_{sz}	α_{sx}	α_{sxz}
0.00	1.000	1.000	0	1.000	1.000	0	0.500	0.500	0.320
0.25	0.959	0.450	0	0.902	0.393	0.127	0.497	0.347	0.300
0.50	0.818	0.182	0	0.735	0.186	0.157	0.480	0.225	0.255
0.75	0.668	0.081	0	0.607	0.098	0.127	0.448	0.142	0.204
1.00	0.550	0.041	0	0.510	0.055	0.096	0.409	0.091	0.159
1.25	0.462	0.023	0	0.436	0.033	0.072	0.370	0.060	0.124
1.50	0.396	0.014	0	0.379	0.021	0.055	0.334	0.040	0.098
1.75	0.345	0.009	0	0.334	0.014	0.043	0.302	0.028	0.078
2.00	0.306	0.006	0	0.298	0.010	0.034	0.275	0.020	0.064
3.00	0.208	0.002	0	0.206	0.003	0.017	0.198	0.007	0.032
4.00	0.158	0.001	0	0.156	0.001	0.010	0.153	0.003	0.019
5.00	0.126	0.000	0	0.126	0.001	0.006	0.124	0.002	0.012
6.00	0.106	0.000	0	0.105	0.000	0.004	0.104	0.001	0.009

续表

z/b	x/b								
	1.00			1.50			2.00		
	α_{sz}	α_{sx}	α_{sxz}	α_{sz}	α_{sx}	α_{sxz}	α_{sz}	α_{sx}	α_{sxz}
0.00	0	0	0	0	0	0	0	0	0
0.25	0.019	0.171	0.055	0.003	0.074	0.014	0.001	0.041	0.005
0.50	0.084	0.211	0.127	0.017	0.122	0.045	0.005	0.074	0.020
0.75	0.146	0.185	0.157	0.042	0.139	0.075	0.015	0.095	0.037
1.00	0.185	0.146	0.157	0.071	0.134	0.095	0.029	0.103	0.054
1.25	0.205	0.111	0.144	0.095	0.120	0.105	0.044	0.103	0.067
1.50	0.211	0.084	0.127	0.114	0.102	0.106	0.059	0.097	0.075
1.75	0.210	0.064	0.111	0.127	0.085	0.102	0.072	0.088	0.079
2.00	0.205	0.049	0.096	0.134	0.071	0.095	0.083	0.078	0.079
3.00	0.171	0.019	0.055	0.136	0.033	0.066	0.103	0.044	0.067
4.00	0.140	0.009	0.034	0.122	0.017	0.045	0.102	0.025	0.050
5.00	0.117	0.005	0.023	0.107	0.010	0.032	0.095	0.015	0.037
6.00	0.100	0.003	0.017	0.094	0.006	0.023	0.086	0.010	0.028

条形均布荷载下地基应力分布规律如图 3-28 所示。

可见，条形均布荷载与集中荷载作用下竖向附加应力分布形式基本保持一致。

另外，不论矩形还是条形荷载作用下的附加力分布特征，都可以用应力等值线进行描述。将地基剖面划分为许多方形网格，使网格节点的坐标为荷载半宽即 $0.5b$ 的整数倍，通过查相应表格获得各个节点处附加应力 σ_z、σ_x 和 τ_{xz}，再用插入法将附加应力相同的点连成等值线。绘出条形面积均布荷载下地基中的 σ_z、σ_x 和 τ_{xz} 的等值线图，以及矩形面积均布荷载下 σ_z 的等值线图（见图 3-29）。

由图 3-29（a）、（b）可知，条形荷载下的附加应力 σ_z，其影响深度比矩形荷载大得多，矩形荷载中心点下 $\sigma_z = 0.1p_0$ 的深度约在 $z = 2b$ 处，而条形荷载中心点下 $\sigma_z = 0.1p_0$ 的深度达到约 $z = 6b$ 处。

图 3-28 条形均布荷载下
地基中应力分布规律

由图 3-29 可知，σ_x 影响范围较浅，因此基础下地基土的侧向变形主要发生在浅层；而 τ_{xz} 的最大值位于荷载边缘下，所以在基础边缘下的土容易产生剪切破坏而出现塑性区。

3. 条形面积三角形分布荷载

如图 3-30 所示，当条形荷载沿作用面积宽度方向呈三角形分布，并且沿长度方向不变时，可按条形均布荷载的推导方法，解得地基中任意点 $M(x,z)$ 的附加应力，其公式为

$$\sigma_z = \frac{p_0}{\pi}\left[n\left(\arctan\frac{n}{m} - \arctan\frac{n-1}{m}\right) - \frac{m(n-1)}{(n-1)^2 + m^2}\right] = \alpha_s p_0 \qquad (3-40)$$

式中 m——计算点的深度 z 与荷载宽度 b 的比值，$m = z/b$；

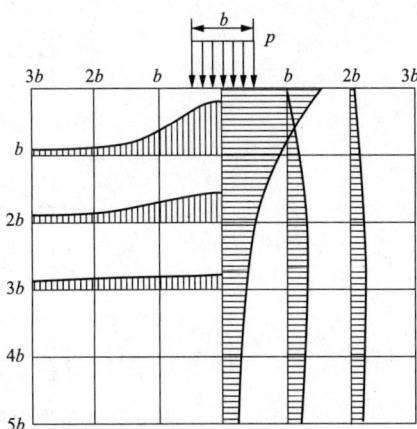

n——由计算点到荷载强度为零点的水平距离 x 与荷载宽度 b 的比值，$n = x/b$；

α_s——条形面积三角形分布荷载下的附加应力系数，查表 3-9。

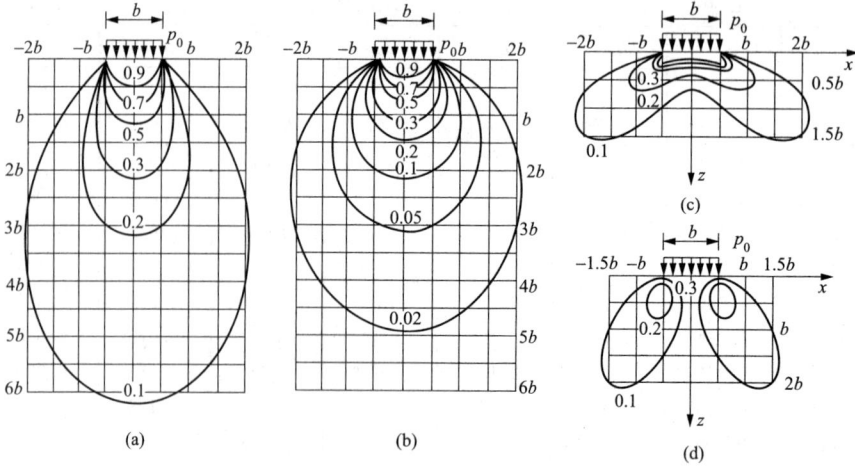

图 3-29　地基附加应力等值线

(a) σ_z 等值线（条形均布荷载）；(b) σ_z 等值线（矩形荷载）；

(c) σ_x 等值线（条形均布荷载）；(d) τ_{xz} 等值线（条形均布荷载）

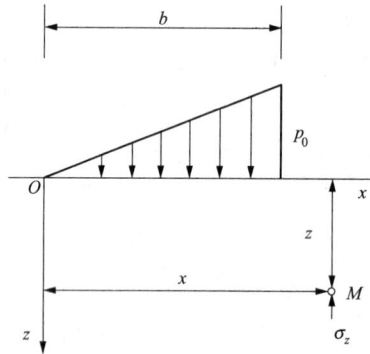

图 3-30　条形面积三角形分布荷载下的附加应力计算

表 3-9　　　　　　　　　　　　条形面积三角形分布荷载附加应力系数 α_s

z/b	x/b						
	-1.00	-0.50	0.00	0.50	1.00	1.50	2.00
0.00	0.000	0.000	0.000	0.500	0.500	0.000	0.000
0.25	0.000	0.001	0.075	0.480	0.424	0.015	0.003
0.50	0.003	0.023	0.127	0.410	0.353	0.056	0.017
0.75	0.016	0.042	0.153	0.335	0.293	0.108	0.024
1.00	0.025	0.061	0.159	0.275	0.241	0.129	0.045
1.50	0.048	0.096	0.145	0.200	0.185	0.124	0.062
2.00	0.061	0.092	0.127	0.155	0.153	0.108	0.069
3.00	0.064	0.080	0.096	0.104	0.104	0.090	0.071
4.00	0.060	0.067	0.075	0.085	0.075	0.073	0.060
5.00	0.052	0.057	0.059	0.063	0.065	0.061	0.051

五、非均质和各向异性地基中的附加应力

上述地基附加应力的计算方法，都将地基土视为均质、各向同性的线弹性体，但实际并非如此，如地基中土的变形模量常随深度增大，有的地基具有较明显的薄交互层状构造，而有的则是由不同压缩性土层组成的成层地基等。

因此，理论计算得出的附加应力与实际土中附加应力相比存在一定的误差。根据大量试验研究及实测结果分析，当土质较均匀，土粒较细，且压力不是很大时，用上述方法计算出的竖向附加应力与实测值相比，误差不是很大，但若不满足这些条件将会有较大误差。下面简要讨论实际土体的非均质和各向异性对土中附加应力分布的影响。

1. 成层地基（非均质地基）

天然土层的分布往往是很不均匀的，如在软土区常可遇到硬黏土或密实砂土覆盖在软土层上；或在山区中可见到厚度不大的可压缩性土层覆盖于刚性基岩上。这些情况下，地基中的应力分布与连续均质土体会有所不同。这种成层地基主要分为两种情况：

（1）刚性基岩上覆盖着不厚的可压缩性土层。在这种情况下，上部荷载作用时将发生应力集中的现象，如图 3-31（a）所示，即在上层土中荷载中轴线附近的附加应力 σ_z 将比均质地基时增大，越远离中线，应力差越小，到一定距离时，应力则小于均质地基时的应力。应力集中的程度主要与荷载宽度 b 和岩层的埋藏深度有关，岩层埋藏越浅，荷载宽度越大，则应力集中程度越高；反之，则越小。

（2）硬土层覆盖于软土层上。这种上层坚硬、下层软弱的成层地基，在硬土层下面的荷载中轴线附近，将会出现附加应力减小的应力扩散现象，如图 3-31（b）所示。由于应力分布比较均匀，相应的地基沉降也较为均匀。实际工程中，在进行道路路面设计时，经常用一层比较坚硬的路面来降低地基中的应力集中，防止路面因不均匀变形而破坏。

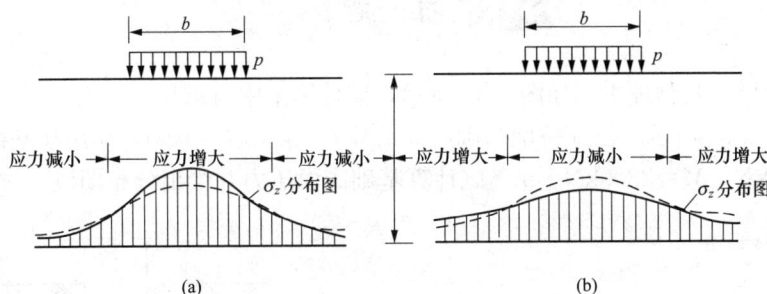

图 3-31　非均质和各向异性地基对附加应力的影响
（图中虚线表示均质地基中水平面上的附加应力分布）
（a）应力集中；（b）应力扩散

2. 变形模量随深度增大的地基（非均质地基）

地基土的另一种非均质性表现为土的变形模量 E 常随地基深度逐渐增大。这种现象在砂土中尤其显著，它是由土体在沉积过程中的条件决定的。与均质地基相比，沿荷载中心线下，其附加应力 σ_z 将发生应力集中现象。对于一个集中荷载 P 作用下地基的附加应力，可采用费洛列希（O. K. Frohlich）半经验公式计算，即

$$\sigma_z = \frac{\mu P}{2\pi R^2} \cos^\mu \theta \tag{3-41}$$

式中　μ——大于 3 的应力集中系数，当 $\mu=3$ 时，式（3-41）与式（3-14c）一致，即布辛内斯克解答，砂土变形模量随深度变化较为显著，一般取 $\mu=6$，介于黏土和砂土之间的土取 $\mu=3\sim6$。

3. 薄交互层地基（各向异性地基）

由于土层在生成过程中，各个时期沉积物成分上的变化，土层会出现水平薄交互层现象，这种层理构造对很多土来说都很明显，往往导致土层沿竖直方向和水平方向的变形模量不同，即出现各向异性，从而使得其附加应力分布与均质各向同性地基也有区别。

研究表明，天然沉积形成的水平薄交互层地基，其水平方向上的变形模量 E_x 通常大于竖直方向上的变形模量 E_z，与均质各向同性地基相比，在沿荷载中心线下地基的附加应力 σ_z 分布常出现应力扩散现象。

思 考 题

3-1　什么是土中应力？它有哪些分类和用途？

3-2　成层土的自重应力沿深度有何变化？

3-3　基础底面压力分布的影响因素有哪些？柔性基础与刚性基础的基础底面压力分布有何区别？

3-4　如何计算基础底面压力和基础底面附加压力？两者有何不同？

3-5　附加应力在地基中的传播规律如何？目前附加应力计算的依据是什么？附加应力计算有哪些假设条件？与工程实际是否存在差别？

习 题

3-1　某土层及其物理指标如图 3-32 所示，试计算土中自重应力。

3-2　如图 3-33 所示，已知桥墩基础底面尺寸 $b=4\text{m}$，$l=10\text{m}$，作用在基础底面中心的荷载 $P=4000\text{kN}$，$M=2800\text{kN·m}$，试计算基础底面压力并绘出分布图。

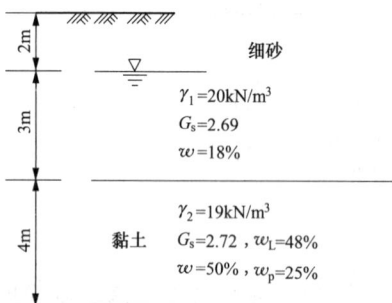

图 3-32　习题 3-1 图　　　　　　　　　　　　　图 3-33　习题 3-2 图

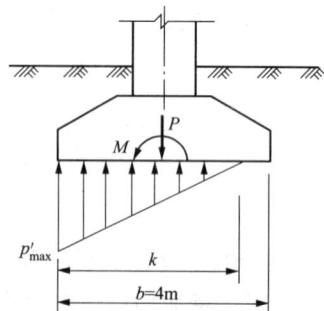

3-3　一矩形基础，宽度为 3m，长度为 4m，在长边方向作用一偏心荷载 $F+G=1200\text{kN}$。偏心距为多少时，基础底面不会出现拉应力？试问当 $p_{min}=0$ 时，基础底面最大压力为多少？

3-4　某构筑物基础如图 3-34 所示，在设计地面标高处作用有偏心荷载 680kN，偏心距为 1.31m，基础埋深为 2m，底面尺寸为 4m×2m。试求基础底面平均压力 p 和边缘最大压力 p_{max}，并绘出沿偏心方向的基础底面压力分布图。

3-5　如图 3-35 所示矩形面积（$ABCD$）上作用均布荷载 $p=100$kPa，试用角点法计算 G 点下深度 6m 处 M 点的竖向应力 σ_z 值。

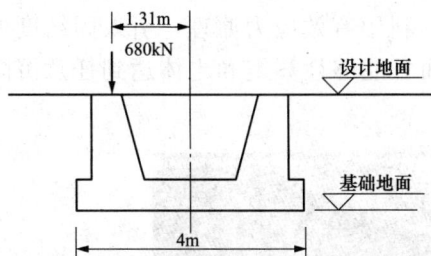

图 3-34　习题 3-4 图

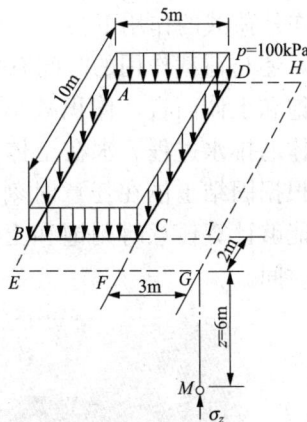

图 3-35　习题 3-5 图

3-6　如图 3-36 所示条形分布荷载 $P=150$kPa，试计算 G 点下 3m 处的竖向附加应力值。

3-7　计算如图 3-37 所示桥墩中心线下地基的自重应力及附加应力。已知作用在基础中心的荷载：$P=2520$kN，长边弯矩 $M=2800$kN·m。地基土的物理及力学性质见表 3-10。

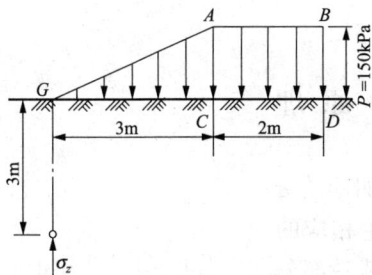

图 3-36　习题 3-6 图

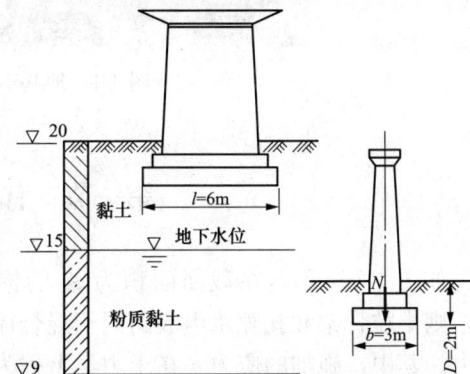

图 3-37　习题 3-7 图

表 3-10　　　　　　　　　　　　　　地基土的物理及力学性质

土层名称	层底标高（m）	土层厚（m）	土层容重 γ（kN/m³）	含水率 w（%）	土粒相对密度 G_s	孔隙比 e	液限（%）	塑限（%）	塑性指数	液性指数
黏土	15	5	20	22	2.74	1.640	45	23	22	0.94
粉质黏土	9	6	18	38	2.72	1.045	38	22	16	0.99

第四章 土的压缩性与地基沉降计算

　　土体在外荷载的作用下会发生压缩变形，其变形特性不仅与土本身的性质、外荷载的大小有关，还与荷载作用的时间有关，见图 4-1。土体的压缩变形本质是土粒间孔隙的减小，对于饱和土体而言，体积减小量就等于土体中排除的水量，因此土体的压缩过程就是饱和土体的排水过程。水在土体中的单向消散规律可以用太沙基的一维渗透固结理论来描述，根据固结土体在任意时刻孔压变化情况，利用有效应力原理，引入固结度的概念，不仅能够计算任意时刻饱和土体的沉降量，而且能够计算饱和土体达到任意沉降量所需要的时间。

图 4-1　地基不均匀沉降（墨西哥城）

第一节　有效应力原理

　　如图 4-2 所示，在截面面积为 A 的饱和土上施加应力 σ 时，则土粒骨架和孔隙水组成的两相混合体系分别产生相应的应力。其中，施加的应力 σ 在土力学上称为总应力，其一部分是由土粒骨架来承担的，称为有效应力 σ'；另一部分则是由孔隙内的水承受，称为孔隙水压力 u_w。考虑 a-a 截面上的土体平衡条件，则有

$$\sigma A = \sigma_s A_s + u_w A_w = \sigma_s A_s + u_w (A - A_s) \qquad (4\text{-}1)$$

式中　　A_s——土粒间接触面积之和；

　　　　A_w——水接触面积。

　　将（4-1）式写成

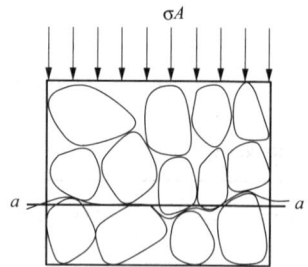

图 4-2　有效应力

$$\sigma = \frac{\sigma_s A_s}{A} + u_w \left(1 - \frac{A_s}{A}\right) \tag{4-2}$$

由于土粒间接触面积 A_s 很小，因此式（4-2）中 $1 - \frac{A_s}{A} \approx 1$，而 $\frac{\sigma_s A_s}{A}$ 实际上是土粒间的接触应力在截面面积上的平均应力，通常用 σ' 表示。由于 σ_s 很大，故不能略去此项。令 $u = u_w$，则变为

$$\sigma = \sigma' + u \tag{4-3}$$

这里的孔隙水压力是由荷载作用产生的超过静水压力的部分，所以也称为超静水压力。总应力 σ 减去孔隙水压力 u 得到的有效应力 σ'，直接作用于土粒骨架上，是在土粒之间传递的应力。式（4-3）所表达的概念称为有效应力原理，首先是由太沙基提出来的。影响土的变形和强度的是有效应力 σ'，而不是总应力 σ。这是因为，水压力是向各个方向都相等的压力，在水压力作用下，也许土粒本身会产生一点压缩，但不会使土粒骨架产生变形。直接测定有效应力是困难的，常常从总应力 σ 中减去孔隙水压力 u 得到有效应力 σ'，即

$$\sigma' = \sigma - u \tag{4-4}$$

式（4-4）称为饱和土的有效应力原理。

一、静水条件下有效应力和孔隙水压力的计算

静水条件下，不同计算点之间的水头差均为零，因此不同计算点处的有效应力就是该点上覆土体自重减去相应水头压力。

例 4-1 计算图 4-3 所示的 a、b 两点的总应力 σ、孔隙水压力 u 及有效应力 σ'。

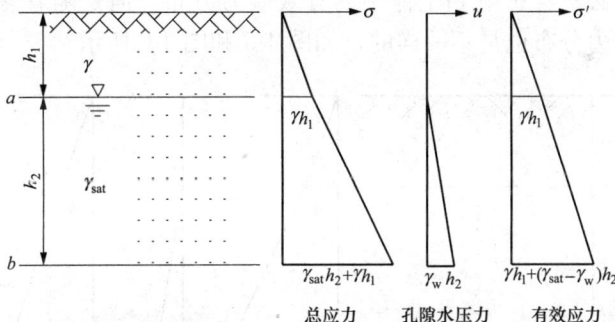

图 4-3 静水条件下的土体中总应力、孔隙水压力及有效应力分布图

解 a 点：$\sigma = \gamma h_1$，$u = \gamma_w \times 0 = 0$，$\sigma' = \sigma - u = \gamma h_1$

b 点：$\sigma = \gamma h_1 + \gamma_{sat} h_2$，$u = \gamma_w h_2$，$\sigma' = \sigma - u = \gamma h_1 + (\gamma_{sat} - \gamma_w) h_2$

a、b 两点之间的应力为线性变化，其应力分布如图 4-3 所示。

二、毛细水上升时有效应力和孔隙水压力的计算

对于地下水而言，由于毛细现象的存在，必然导致地下水面以上一定高度范围内的土体实际上处于饱和状态，在该饱和带内由于表面张力的作用，使得土体的孔隙水压力表现为吸力，因此饱和带内土体的有效应力反而会增大。

例 4-2 如图 4-4 所示，地下水位距地表的距离为 $h_1 + h_c$，饱和带高度（最大毛细上升高度）为 h_c，计算 a、b、c 点的总应力 σ、孔隙水压力 u 及有效应力 σ'。

解 a 点：由于该点位于最大毛细上升高度处，其上部土体不受地下水的影响，下部土

粒则受到表面张力的反作用力的吸引，因此表现为孔隙水压力为负值（吸力作用），所以有

$$\sigma=\gamma h_1 , u_{a\pm}=\gamma_w\times 0=0 , u_{a\top}=\gamma_w\times(-h_c)=-\gamma_w h_c , \sigma'_{a\pm}=\sigma-u_{a\top}=\gamma h_1$$

$$\sigma'_{a\top}=\sigma-u_{a\top}=\gamma h_1-(-\gamma_w h_c)=\gamma h_1+\gamma_w h_c$$

b 点：$\sigma=\gamma h_1+\gamma_{sat}h_c , u=\gamma_w\times[-(h_c-h_c)]=0 , \sigma'=\sigma-u=\gamma h_1+\gamma_{sat}h_c$

c 点：$\sigma=\gamma h_1+\gamma_{sat}(h_c+h_2) , u=\gamma_w h_2 , \sigma'=\sigma-u=\gamma h_1+(\gamma_{sat}-\gamma_w)h_2+\gamma_{sat}h_c$

a、b 点之间和 b、c 点之间的应力均为线性变化应力分布如图 4-4 所示。

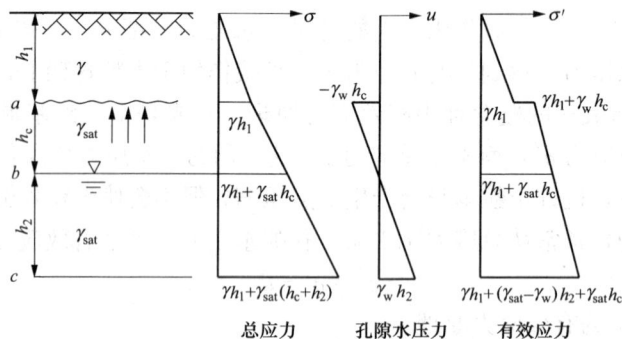

图 4-4　毛细水上升时土体中总应力、孔隙水压力及有效应力分布图

三、稳定渗流条件下有效应力和孔隙水压力的计算

水在土体中的流动，将会给阻碍其流动的土粒施加一个拖拽力（即渗透压力），由于这种动水压力的存在，必然会影响到土体中的有效应力分布。但是随着渗透力作用方向的不同，土体中的有效应力分布也是不一样的，如图 4-5 和图 4-6 所示。

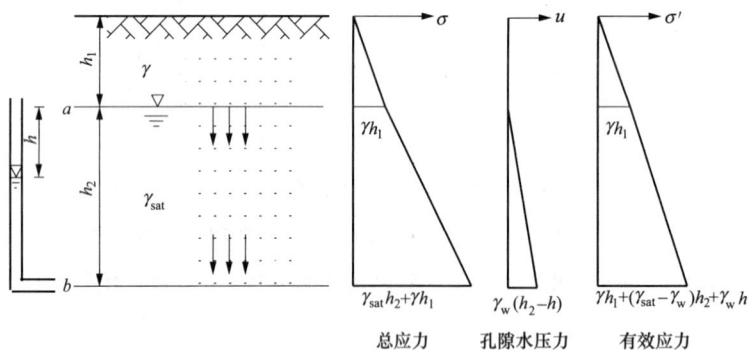

图 4-5　土体中水自上而下流动时总应力、孔隙水压力及有效应力分布图

如图 4-5 所示，a 点的水头高度大于 b 点，因此地下水由 a 点向 b 点流动，土体中 a、b 点的总应力 σ、孔隙水压力 u 及有效应力 σ' 计算如下：

a 点：$\sigma=\gamma h_1 , u=\gamma_w\times 0=0 , \sigma'=\sigma-u=\gamma h_1$

b 点：$\sigma=\gamma h_1+\gamma_{sat}h_2 , u=\gamma_w(h_2-h) , \sigma'=\sigma-u=\gamma h_1+(\gamma_{sat}-\gamma_w)h_2+\gamma_w h$

a、b 两点之间的应力为线性变化，其应力分布如图 4-5 所示。

如图 4-6 所示，a 点的水头高度小于 b 点，因此地下水由 b 点向 a 点流动，土体中 a、b 点的总应力 σ、孔隙水压力 u 及有效应力 σ' 计算如下：

a 点：$\sigma = \gamma h_1$，$u = \gamma_w \times 0 = 0$，$\sigma' = \sigma - u = \gamma h_1$

b 点：$\sigma = \gamma h_1 + \gamma_{sat} h_2$，$u = \gamma_w (h_2 + h)$，$\sigma' = \sigma - u = \gamma h_1 + (\gamma_{sat} - \gamma_w) h_2 - \gamma_w h$

a、b 两点之间的应力为线性变化，其应力分布如图 4-6 所示。

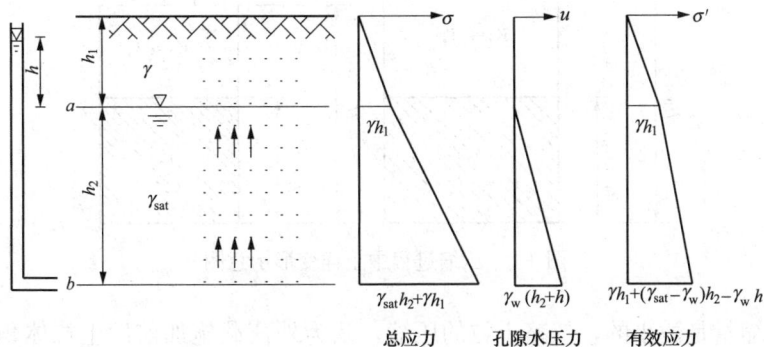

图 4-6　土体中水自下而上流动时总应力、孔隙水压力及有效应力分布图

第二节　土 的 压 缩 性

土在压力作用下体积减小的特性称为土的压缩性。土的压缩性通常由三部分组成：①固体土粒被压缩；②土中水及封闭气体被压缩；③水和气体从孔隙中被挤出。固体颗粒和水的压缩量是微不足道的，在一般压力作用下，固体颗粒和水的压缩量与土的总压缩量之比完全忽略不计。所以土的压缩量可看作是土中水和气体从孔隙中被挤出，与此同时，土粒相应发生移动，重新排列，靠拢挤密，从而土孔隙体积减小。

一、压缩试验

土力学中利用压缩试验来研究土的压缩特性。该试验是在压缩仪（或固结仪）中完成的，如图 4-7 所示。试验时，先用金属环刀取土，然后将土样连同环刀一起放在钢护环顶部，小心地将土样推入护环内，上下各盖一块透水石，以便土样受压后能够自由排水，透水石上面再施加垂直荷载。由于土样侧向受到钢护环的约束，在压缩过程中只能发生竖向变形，不可能发生侧向变形，所以这种方法也称为侧限压缩试验。试验时，垂直荷载 p_i 分级施加。在每级荷载作用下使土样变形稳定，用百分表测出土样稳定后的变形量 s_i，即可按式（4-5）计算出各级荷载下的孔隙比 e_i。

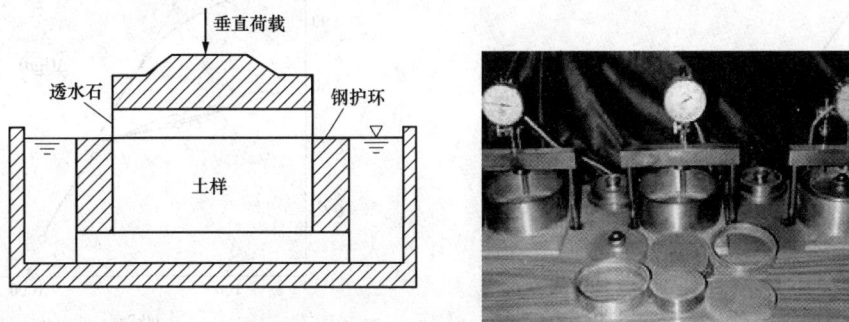

图 4-7　压缩仪原理图及实物照片

如图 4-8 所示，设土样的初始高度为 H_0，受压后的高度为 H，s 为外荷载 p 作用下土样压缩至稳定的变形量，则 $H = H_0 - s$。

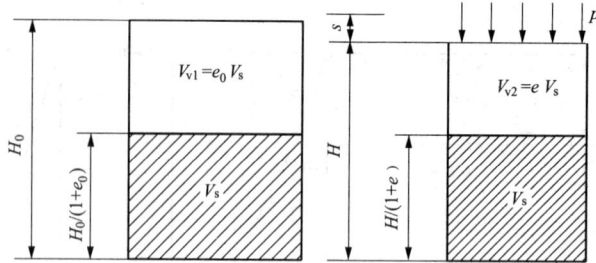

图 4-8　压缩过程中土样变形示意图

土粒的压缩量是微小的，忽略土粒的压缩，认为外荷载施加前后土粒体积 V_s 不变，则土样孔隙体积在压缩前为 $e_0 V_s$，在压缩稳定后为 $e V_s$。

设土样横截面面积为 A，在压缩前后不变，则压缩前土样体积为

$$AH_0 = V_{v1} + V_s = e_0 V_s + V_s = V_s(1 + e_0)$$

压缩后土样体积为

$$AH = V_{v2} + V_s = e V_s + V_s = V_s(1 + e)$$

以上两式相比，又因为 $H = H_0 - s$，得出

$$\frac{H_0}{1+e_0} = \frac{H}{1+e} = \frac{H_0 - s}{1+e} \tag{4-5}$$

或

$$e = e_0 - \frac{s}{H_0}(1 + e_0) \tag{4-6}$$

式（4-5）与式（4-6）中 e_0 为土的初始孔隙比。只要测定了土样在各级荷载 p_i 作用下的稳定变形量 s_i 后，就可按式（4-6）算出孔隙比 e_i。然后以横坐标表示荷载 p，纵坐标表示孔隙比 e，将相应的点（e_i，p_i）连成一平滑曲线，称为压缩曲线。

压缩曲线可按两种方式绘制，一种是普通坐标绘制的 e-p 曲线（见图 4-9），在常规试验中，一般按 $p = 50$、100、200、300、400kPa 五级加载；另一种绘制方法是将横坐标 p 取成对数，即采用半对数直角坐标绘制的 e-$\lg p$ 曲线（见图 4-10），试验时以较小的荷载开始，

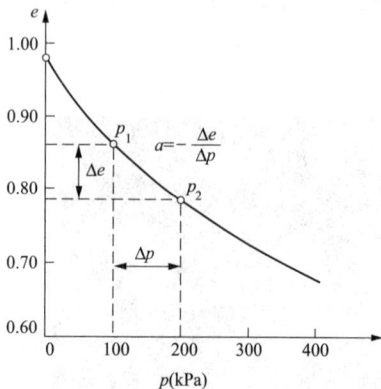

图 4-9　e-p 曲线确定压缩系数 a

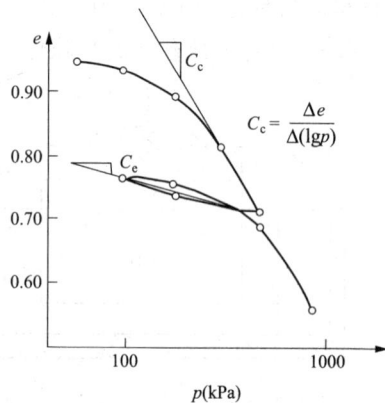

图 4-10　e-$\lg p$ 曲线中求 C_c

采取小增量多级加载，并加大到较大的荷载（如 1000kPa）为止。

二、压缩性指标

1. 压缩系数

$e-p$ 曲线初始较陡，土的压缩量较大，而后曲线逐渐平缓，土的压缩量也随之减小，这是因为随着孔隙比的减小，土的密实度增加一定程度后，土粒移动越来越趋于困难，压缩量也就减小。不同的土类，压缩曲线的形态有别，密实砂土的 $e-p$ 曲线比较平缓，而软黏土的 $e-p$ 曲线较陡，因而土的压缩性越高。所以，曲线上任一点的切线斜率 a 就表示了相应荷载 p 作用下的压缩性

$$a=-\frac{\mathrm{d}e}{\mathrm{d}p}\approx-\frac{\Delta e}{\Delta p} \tag{4-7}$$

式中 "—"表示随着荷载 p 的增加，e 逐渐减少。如图 4-9 所示，设荷载由 p_1 增至 p_2，相应的孔隙比由 e_1 减小到 e_2，则与荷载增量 $\Delta p=p_2-p_1$ 对应的孔隙比变化为 $\Delta e=e_2-e_1$，则土的压缩系数为

$$a=-\frac{\Delta e}{\Delta p}=\frac{e_1-e_2}{p_2-p_1} \tag{4-8}$$

压缩系数是评价地基土压缩性高低的重要指标之一。由图 4-9 可知，它不是一个常量，与所取的起始荷载 p_1 有关，也与荷载变化量 $\Delta p=p_2-p_1$ 有关。为了统一标准，在工程实践中，通常采用荷载由 $p_1=100\mathrm{kPa}$（0.1MPa）增加到 $p_2=200\mathrm{kPa}$（0.2MPa）时所求得的压缩系数 a_{1-2} 来评价土的压缩性的高低，当：$a_{1-2}<0.1\mathrm{MPa}^{-1}$ 时，为低压缩性土；$0.1\mathrm{MPa}^{-1}\leqslant a_{1-2}<0.5\mathrm{MPa}^{-1}$ 时，为中压缩性土；$a_{1-2}\geqslant 0.5\mathrm{MPa}^{-1}$ 时，为高压缩性土。

2. 压缩指数

如果采用 $e-\lg p$ 曲线，它的后段（后）接近直线，见图 4-10，则其斜率 C_c 为

$$C_\mathrm{c}=\frac{e_1-e_2}{\lg p_2-\lg p_1}=\frac{e_1-e_2}{\lg\left(\frac{p_2}{p_1}\right)} \tag{4-9}$$

与压缩系数 a 一样，压缩指数 C_c 也能用来确定土的压缩性大小。C_c 值越大，土的压缩性越高。一般认为 $C_\mathrm{c}<0.2$ 时，为低压缩性土；$C_\mathrm{c}=0.2\sim0.4$ 时，属中压缩性土；$C_\mathrm{c}>0.4$ 时，属高压缩性土。国内外广泛采用 $e-\lg p$ 曲线来研究应力历史对土的压缩性的影响。

3. 压缩模量

土体在完全侧限条件下，竖向附加应力 σ_z 与相应的应变增量 ε_z 之比，称为压缩模量，用符号 E_s 表示。参照图 4-8，则有

$$E_\mathrm{s}=\frac{\sigma_z}{\varepsilon_z}=\frac{\Delta p}{s/H_0} \tag{4-10}$$

$$\frac{s}{H_0}=\frac{H_0-H}{H_0}=\frac{V_0-V}{V_0}=\frac{e_0-e}{1+e_0}=\frac{\Delta e}{1+e_0} \tag{4-11}$$

由式（4-8）、式（4-10）和式（4-11），得到

$$E_\mathrm{s}=\frac{1+e_0}{a} \tag{4-12}$$

压缩模量 E_s 是土的压缩性指标的又一种表述，其单位为 kPa 或 MPa。由式（4-12）可知，压缩模量 E_s 与压缩系数成反比，E_s 越大，a 就越小，土的压缩性越低；反之，则土的压

缩性越高。一般认为，$E_s < 4\text{MPa}$ 时，为高压缩性土；$E_s > 15\text{MPa}$ 时，为低压缩性土；$E_s = 4 \sim 15\text{MPa}$ 时，属中压缩性土。

例 4-3 已知原状土样高 $h = 2\text{cm}$，截面面积 $A = 30\text{cm}^2$，重度 $\gamma = 19.1\text{kN/m}^3$，土粒相对密度 $G_s = 2.72$，含水量 $w = 25\%$，进行压缩试验，试验结果见表 4-1，并求土的压缩系数 α_{1-2} 值。

表 4-1 压缩试验结果

荷载 p（kPa）	0	50	100	200	400
稳定时压缩量 Δh（mm）	0	0.480	0.808	1.232	1.735

解 试样的初始孔隙比为

$$e_0 = \frac{\gamma_w G_s (1+w)}{\gamma} - 1 = \frac{10 \times 2.72 \times (1+0.25)}{19.1} - 1 = 0.78$$

当荷载 $p = 50\text{kPa}$ 时，孔隙比为

$$e_1 = e_0 - \frac{\Delta h_1}{H_0}(1+e_0) = 0.78 - \frac{0.48}{20} \times (1+0.78) = 0.737$$

当荷载 $p = 100\text{kPa}$ 时，孔隙比为

$$e_2 = e_1 - \frac{\Delta h_1}{H_0}(1+e_1) = 0.737 - \frac{0.808 - 0.480}{20 - 0.480} \times (1+0.737) = 0.708$$

同理，可得 $p = 200\text{kPa}$ 时，$e_3 = 0.670$。

根据 e_2、e_3 可得

$$a_{1-2} = \frac{e_2 - e_3}{200 - 100} = \frac{0.708 - 0.670}{100} = 0.38(\text{MPa}^{-1})$$

第三节　地基最终沉降量计算

地基最终沉降量是指地基土层在荷载作用下，达到压缩稳定时地基表面的沉降量。一般地基土在自重作用下已达到压缩稳定，产生地基沉降的外因是建筑物荷载在地基中产生的附加应力；内因是土为散体材料，在附加压力的作用下，土层发生压缩变形，引起地基沉降。

计算地基沉降量的目的是确定建筑物的最大沉降量、沉降差和倾斜程度，判断其是否超出容许的范围，为建筑物设计时采用相应的措施提供依据，保证建筑物的安全。

本节介绍分层总和法和《建筑地基基础设计规范》（GB 50007—2011）推荐的方法。

一、分层总和法

分层总和法假定地基土为直线变形体，在外荷载作用下的变形只发生在有效厚度的范围内（即压缩层），将压缩层厚度内的地基土分层，分别求出各分层的应力，然后用土的应力-应变关系式求出各分层的变形量，再总和起来作为地基的最终沉降量。

1. 分层总和法假设

（1）地基土为均质、各向同性的半无限体，因此可以利用弹性理论计算地基土中的附加应力。

（2）地基沉降量计算是按照基础中心点下土柱所受到的附加应力进行计算的。计算结果

对于中心受压基础偏于保守，对于偏心受压基础而言，计算结果反映了基础的平均沉降量。

（3）地基土层变形时，只发生竖直压缩而不发生侧向变形，因此计算地基沉降量时，可以采用侧限压缩条件下的压缩性指标。

2. 计算原理

如图 4-11 所示，若在基础中心线处的地基中取截面面积为 A 的小土柱，土样上作用有自重应力和附加应力。

假定第 i 层土样在荷载 p_{1i}（相当于自重应力）作用下，压缩稳定后的孔隙比为 e_{1i}，土柱高度为 h_i；当荷载增大至 p_{2i}（相当于自重应力和附加应力之和）时，压缩稳定后的孔隙比为 e_{2i}。根据受附加应力前后土粒体积不变和土样横截面面积不变，求得

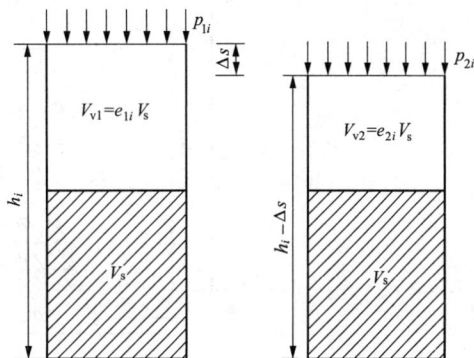

图 4-11 土体侧限压缩示意图

$$\frac{h_i}{1+e_{1i}}=\frac{h_i-\Delta s}{1+e_{2i}}$$

该土柱的压缩变形量 Δs_i 为

$$\Delta s_i=\frac{e_{1i}-e_{2i}}{1+e_{1i}}h_i \tag{4-13}$$

求得各土层的变形后，叠加可得到地基最终沉降量 s 为

$$s=\sum_{i=1}^{n}\Delta s_i=\sum_{i=1}^{n}\frac{e_{1i}-e_{2i}}{1+e_{1i}}h_i \tag{4-14}$$

又因为 $\dfrac{e_{1i}-e_{2i}}{1+e_{1i}}=\dfrac{a_i(p_{2i}-p_{1i})}{1+e_{1i}}=\dfrac{\overline{\sigma}_{zi}}{E_{si}}$

所以

$$s=\sum_{i=1}^{n}\frac{e_{1i}-e_{2i}}{1+e_{1i}}h_i=\sum_{i=1}^{n}\frac{\overline{\sigma}_{zi}}{E_{si}}h_i \tag{4-15}$$

3. 计算步骤

（1）分层。将基础底面以下土分为若干薄层，分层原则：①厚度 $h_i \leqslant 0.4b$（b 为基础宽度）；②天然土层面及地下水位都应作为薄层的分界面。

（2）计算基础底面中心点下各分层面上土的自重应力 σ_{czi} 与附加应力 σ_{zi}，并绘制自重应力和附加应力分布曲线（见图 4-12）。

（3）确定地基沉降计算深度 z_n。按 $\sigma_{zn}/\sigma_{czn} \leqslant 0.2$（对软土 $\leqslant 0.1$）确定。

（4）计算各分层土的平均自重应力 $\overline{\sigma}_{czi}=(\sigma_{czi-1}+\sigma_{czi})/2$ 和平均附加应力 $\overline{\sigma}_{zi}=(\sigma_{zi-1}+\sigma_{zi})/2$。

（5）令 $p_{1i}=\overline{\sigma}_{czi}$、$p_{2i}=\overline{\sigma}_{czi}+\overline{\sigma}_{zi}$，从该土层的压缩曲线中由 p_{1i} 及 p_{2i} 查出相应的 e_{1i} 和 e_{2i}。

（6）按式（4-13）计算每一分层土的变形量 Δs_i。

（7）按式（4-14）计算地基深度范围内的总变形量即为地基的沉降量。

例 4-4 某正方形柱基础底面边长为 $B=3m$，基础埋深 $D=1m$。上部结构传至基础顶

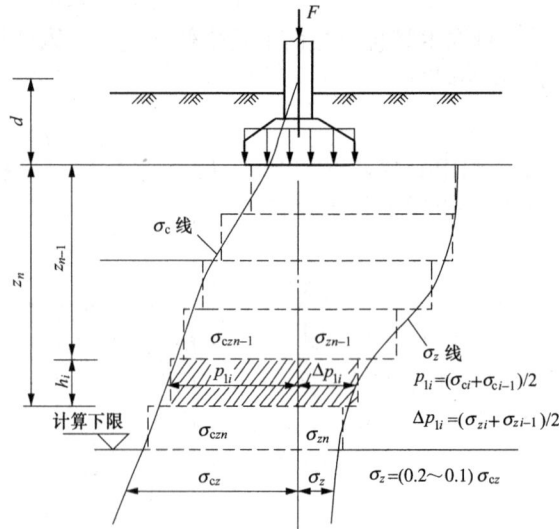

图 4-12 自重应力和附加应力分布

面的荷载为 $P = 1500kN$。地基为粉土，地下水位埋深 1.0m。土的天然重度 $\gamma = 16.2kN/m^3$，饱和重度 $\gamma_{sat} = 17.5kN/m^3$，土的天然孔隙比为 0.96。试计算柱基中点的沉降量，见图 4-13。

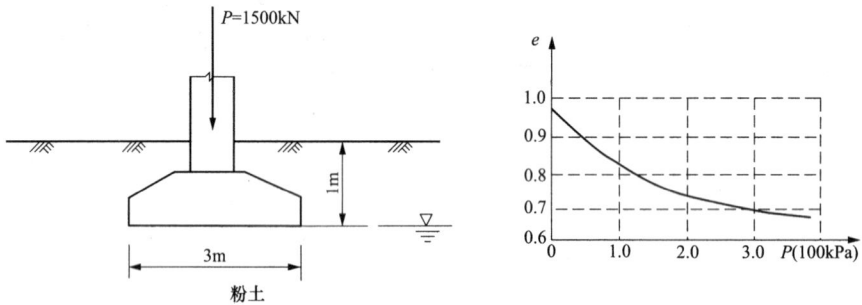

图 4-13 例 4-4 计算简图

解 （1）地基分层。每层厚度为 $h_i \leqslant 0.4b = 0.4 \times 3 = 1.2m$，按 1m 进行划分。

（2）地基竖向自重应力 σ_{czi} 的计算。利用公式 $\sigma_{cz} = \sum\limits_{i=1}^{n} \gamma_i h_i$，则 0 点（基础底面处）

$$\sigma_{cz0} = 16.2 \times 1 = 16.2(kPa)$$

（3）地基竖向附加应力 σ_z 的计算。基础底面平均压力

$$p = (F + G)/A = 1680/9 = 186.67(kPa)$$

基础底面附加压力

$$p_0 = p - \sigma_c = 186.67 - 16.2 = 170.47(kPa)$$

按第三章所述，根据 l/b 和 z/b 查表 3-5 求取 α_c 值，矩形面积利用角点法将其分成四块来计算。计算边长 $l = b = 1.5$，则 $l/b = 1$；附加应力 $\sigma_{zi} = 4\alpha_i p_0$。

（4）地基分层自重应力和附加应力平均值计算。第 1 分层的平均附加应力为

$$\bar{\sigma}_{z1} = (\sigma_{z0} + \sigma_{z1})/2 = (170.47 + 144.56)/2 = 157.52 (\text{kPa})$$

（5）地基受压层深度 z_n。当深度 $z=8\text{m}$ 时，$\sigma_z=11.93\text{kPa}$，$\sigma_{cz}=72.45\text{kPa}$，$\sigma_z/\sigma_{cz}=0.17<0.2$，故受压层深度 $z_n=8\text{m}$。计算结果见表 4-2 和图 4-14。

表 4-2　　　　　　　　　　　分层总和法计算地基最终沉降量

分层点编号	深度 z (m)	分层厚度 h_i (m)	自重应力 σ_{czi} (kPa)	深宽比 z/b	应力系数 α_i	附加应力 σ_{zi} (kPa)	平均自重应力 $\bar{\sigma}_{czi}$ (kPa)	平均附加压力 $\bar{\sigma}_{zi}$ (kPa)	$\bar{\sigma}_{zi}+\bar{\sigma}_{czi}$ (kPa)	孔隙比 e_{1i}	孔隙比 e_{2i}	分层沉降量 (cm)
0	0		16.2	0	1.000	170.47						
1	1	1	23.7	0.67	0.212	144.56	19.95	157.515	177.465	0.945	0.783	8.33
2	2	1	31.2	1.33	0.141	96.145	27.45	120.35	147.8	0.938	0.801	7.07
3	3	1	38.7	2.00	0.084	57.277	34.95	76.711	111.61	0.931	0.833	5.08
4	4	1	46.2	2.67	0.053	36.14	42.45	46.709	89.16	0.921	0.865	2.92
5	5	1	53.7	3.33	0.038	25.91	49.95	31.025	80.98	0.915	0.873	2.19
6	6	1	61.2	4.00	0.027	18.41	57.45	22.16	79.61	0.907	0.878	1.52
7	7	1	68.7	4.67	0.020	13.63	64.95	32.04	96.99	0.896	0.859	1.95
8	8	1	76.2	5.33	0.015	10.23	72.45	11.93	84.38	0.887	0.871	0.848

（6）地基各分层沉降量的计算。从对应土层的压缩曲线上查出相应于某一分层 i 的平均自重应力（$\bar{\sigma}_{czi}=p_{1i}$）及平均附加应力与平均自重应力之和（$\bar{\sigma}_{czi}+\bar{\sigma}_{zi}=p_{2i}$）的孔隙比 e_{1i} 和 e_{2i}，代入式（4-7）计算该分层 i 的变形量 Δs_i

$$\Delta s_i = \frac{e_{1i}-e_{2i}}{1+e_{1i}}h_i$$

例如，第 3 分层（$i=3$），$h_3=100\text{cm}$，$\bar{\sigma}_{cz3}=34.95\text{kPa}$，从压缩曲线上查得 $e_{13}=0.931$；

$\bar{\sigma}_{cz3}+\bar{\sigma}_{z3}=111.61\text{kPa}$，从压缩曲线上查得 $e_{23}=0.833$，则

$$\Delta s_3 = \frac{0.931-0.833}{1+0.931} \times 100 = 5.08(\text{cm})$$

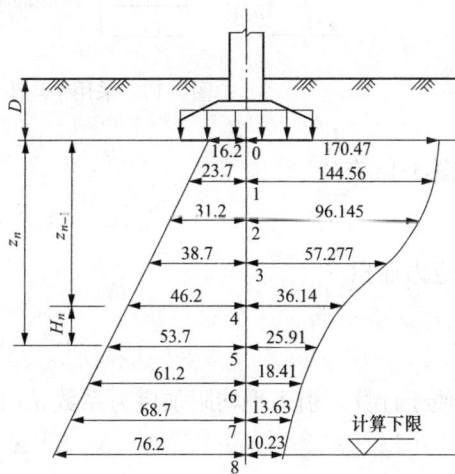

图 4-14　应力分布曲线图

（7）计算基础中点总沉降量 s。将压缩层各分层土的变形量 Δs_i 加和，得到基础的总沉降量 s，即

$$s = \sum_{i=1}^{n} \Delta s_i$$

该例，以 $z_n=8\text{m}$ 考虑，共有分层数 $n=8$，所以由分层总和法计算地基最终沉降量为

$$s = \sum_{i=1}^{n} \Delta s_i = 8.33+7.07+5.08+2.92+2.19+1.52+1.95+0.848 = 29.9(\text{cm})$$

二、《建筑地基基础设计规范》（GB 50007—2011）推荐的方法

《建筑地基基础设计规范》（GB 50007—2011）提出的沉降计算方法，是一种简化了的

分层总和法，其引入了平均附加应力系数的概念，并在总结大量实践经验的前提下，重新规定了地基沉降计算深度的标准及沉降计算经验系数。

1. 计算原理

设地基土层匀质、压缩模量 E_s 不随深度变化，有

$$s' = \sum_{i=1}^{n} \frac{\overline{\sigma}_{zi}}{E_{si}} h_i$$

其中 $\overline{\sigma}_{zi} h_i$ 代表第 i 层土附加应力曲线所包围的面积（图 4-15 所示阴影部分），用符号 A_{3456} 表示。

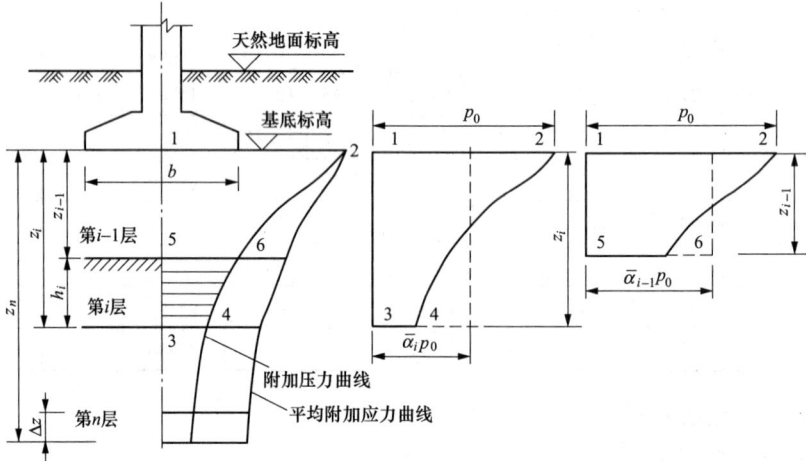

图 4-15　采用平均附加应力系数计算地基沉降示意图

由图 4-15 有

$$A_{3456} = A_{1234} - A_{1256}$$

而应力面积

$$A = \int_0^z \sigma_z \mathrm{d}z = p_0 \int_0^z \alpha \mathrm{d}z$$

为便于计算，引入平均附加应力系数 $\overline{\alpha}$（见图 4-15）

$$A_{1234} = \overline{\alpha}_i p_0 z_i$$

即

$$\overline{\alpha}_i = \frac{A_{1234}}{p_0 z_i}$$

$$A_{1256} = \overline{\alpha}_{i-1} p_0 z_{i-1}$$

即

$$\overline{\alpha}_{i-1} = \frac{A_{1256}}{p_0 z_{i-1}}$$

$$s' = \sum_{i=1}^{n} \frac{A_{1234} - A_{1256}}{E_{si}} = \sum_{i=1}^{n} \frac{p_0}{E_{si}} (\overline{\alpha}_i z_i - \overline{\alpha}_{i-1} z_{i-1}) \tag{4-16}$$

$$\overline{\alpha} = \frac{A}{p_0 z} = \frac{1}{z} \int_0^z \alpha \mathrm{d}z$$

式中 $p_0 z_i \bar{\alpha}_i$ ——深度 z 范围内竖向附加应力面积 A 的等代值；

  $\bar{\alpha}$ ——深度 z 范围内平均附加应力系数。

2. 沉降计算经验系数和沉降计算

由于推导 s' 时做了近似假定，而且对某些复杂因素也难以综合反映，因此将其计算结果与大量沉降观测资料结果比较发现：低压缩性地基土，计算值偏大；反之，高压缩性土，计算值偏小。因此，应引入经验系数 ψ_s，对式（4-16）进行修正，即

$$s = \psi_s s' = \psi_s \sum_{i=1}^{n} \frac{p_0}{E_{si}} (\bar{\alpha}_i z_i - \bar{\alpha}_{i-1} z_{i-1}) \tag{4-17}$$

式中 s ——地基最终沉降量，mm；

  ψ_s ——沉降计算经验系数，根据地区沉降观测资料及经验确定，也可按表 4-3 取用；

  n ——地基沉降计算深度范围内所划分的土层数；

  p_0 ——对应于荷载标准值时的基础底面处的附加压力，kPa；

  E_{si} ——基础底面下第 i 层土的压缩模量，按实际应力范围取值，MPa。

z_i、z_{i-1} ——基础底面至第 i 层和第 $i-1$ 层土底面的距离，m；

$\bar{\alpha}_i$、$\bar{\alpha}_{i-1}$ ——基础底面至第 i 层、第 $i-1$ 层土底面范围内的平均附加应力系数，对于均布矩形荷载作用下，通过基础中心点竖线上的平均附加应力系数 $\bar{\alpha}$，可以直接查表 4-4 得到。

表 4-3 沉降计算经验系数 ψ_s

地基附加应力	压 缩 模 量				
	2.5	4.0	7.0	15.0	20.0
$p_0 \geqslant f_k$	1.4	1.3	1.0	0.4	0.2
$p_0 \leqslant 0.75 f_k$	1.1	1.0	0.7	0.4	0.2

注 f_k 为地基承载力标准值；$\bar{E}_s$ 为沉降计算深度范围内压缩模量的当量值，按下式计算

$$\bar{E}_s = \frac{\sum A_i}{\sum \dfrac{A_i}{E_{si}}}$$

$$A_i = p_0(z_i \bar{\alpha}_i - z_{i-1} \bar{\alpha}_{i-1})$$

表 4-4 均布矩形荷载作用下，通过基础中心点竖线上的平均附加应力系数 $\bar{\alpha}$

z/b	l/b												
	1.0	1.2	1.4	1.6	1.8	2.0	2.4	2.8	3.2	3.6	4.0	5.0	>10（条形）
0.0	1.000	1.000	1.000	1.000	1.000	1.000	1.000	1.000	1.000	1.000	1.000	1.000	1.000
0.1	0.997	0.998	0.998	0.998	0.998	0.998	0.998	0.998	0.998	0.998	0.998	0.998	0.998
0.2	0.987	0.990	0.991	0.992	0.992	0.992	0.993	0.993	0.993	0.993	0.993	0.993	0.993
0.3	0.967	0.973	0.976	0.978	0.979	0.979	0.980	0.981	0.981	0.981	0.981	0.981	0.982
0.4	0.936	0.947	0.953	0.956	0.958	0.965	0.961	0.962	0.962	0.963	0.963	0.963	0.963
0.5	0.900	0.915	0.924	0.929	0.933	0.935	0.937	0.939	0.939	0.940	0.940	0.940	0.940
0.6	0.858	0.878	0.890	0.898	0.903	0.906	0.910	0.912	0.913	0.914	0.914	0.915	0.915
0.7	0.816	0.840	0.855	0.865	0.871	0.876	0.881	0.884	0.885	0.886	0.887	0.887	0.888

z/b	l/b												
	1.0	1.2	1.4	1.6	1.8	2.0	2.4	2.8	3.2	3.6	4.0	5.0	>10（条形）
0.8	0.775	0.801	0.819	0.831	0.839	0.844	0.851	0.855	0.857	0.858	0.859	0.860	0.860
0.9	0.735	0.764	0.784	0.797	0.806	0.813	0.821	0.826	0.829	0.830	0.831	0.832	0.833
1.0	0.698	0.723	0.749	0.764	0.775	0.783	0.792	0.798	0.801	0.803	0.804	0.806	0.807
1.1	0.663	0.694	0.717	0.733	0.744	0.753	0.764	0.771	0.775	0.777	0.779	0.780	0.782
1.2	0.631	0.663	0.686	0.703	0.715	0.725	0.737	0.744	0.749	0.752	0.754	0.756	0.758
1.3	0.601	0.633	0.657	0.674	0.688	0.698	0.711	0.719	0.725	0.728	0.730	0.733	0.735
1.4	0.573	0.605	0.629	0.648	0.661	0.672	0.687	0.696	0.701	0.705	0.708	0.711	0.714
1.5	0.548	0.580	0.604	0.622	0.637	0.643	0.664	0.676	0.679	0.683	0.686	0.690	0.693
1.6	0.524	0.556	0.580	0.599	0.613	0.625	0.641	0.651	0.658	0.663	0.666	0.670	0.675
1.7	0.502	0.533	0.558	0.577	0.591	0.603	0.620	0.631	0.638	0.643	0.646	0.651	0.656
1.8	0.482	0.513	0.537	0.556	0.571	0.583	0.600	0.611	0.619	0.624	0.629	0.633	0.638
1.9	0.463	0.493	0.517	0.536	0.551	0.563	0.581	0.593	0.601	0.606	0.610	0.616	0.622
2.0	0.446	0.475	0.499	0.518	0.533	0.545	0.563	0.575	0.584	0.590	0.594	0.600	0.606
2.1	0.429	0.459	0.482	0.500	0.515	0.528	0.546	0.559	0.567	0.574	0.578	0.585	0.591
2.2	0.414	0.443	0.466	0.484	0.499	0.511	0.530	0.543	0.552	0.558	0.563	0.570	0.577
2.3	0.400	0.428	0.451	0.469	0.484	0.496	0.515	0.528	0.537	0.544	0.548	0.556	0.564
2.4	0.387	0.414	0.436	0.454	0.469	0.481	0.500	0.513	0.523	0.530	0.535	0.543	0.551
2.5	0.374	0.401	0.423	0.441	0.455	0.468	0.486	0.500	0.509	0.516	0.522	0.530	0.539
2.6	0.362	0.389	0.410	0.428	0.442	0.455	0.473	0.487	0.496	0.504	0.509	0.518	0.528
2.7	0.351	0.377	0.398	0.416	0.430	0.442	0.461	0.474	0.484	0.492	0.497	0.506	0.517
2.8	0.341	0.366	0.387	0.404	0.418	0.430	0.449	0.463	0.472	0.480	0.486	0.495	0.506
2.9	0.331	0.356	0.377	0.393	0.407	0.419	0.438	0.451	0.461	0.469	0.475	0.485	0.496
3.0	0.322	0.346	0.366	0.383	0.397	0.409	0.427	0.441	0.451	0.459	0.465	0.474	0.487
3.1	0.313	0.337	0.357	0.373	0.387	0.398	0.417	0.430	0.440	0.448	0.454	0.464	0.477
3.2	0.305	0.328	0.348	0.364	0.377	0.389	0.407	0.420	0.431	0.439	0.445	0.455	0.468
3.3	0.297	0.320	0.339	0.355	0.368	0.379	0.397	0.410	0.421	0.429	0.436	0.446	0.460
3.4	0.289	0.312	0.331	0.346	0.359	0.371	0.388	0.402	0.412	0.420	0.427	0.437	0.452
3.5	0.282	0.304	0.323	0.338	0.351	0.362	0.380	0.393	0.403	0.412	0.418	0.429	0.444
3.6	0.276	0.297	0.315	0.330	0.343	0.354	0.372	0.385	0.395	0.403	0.410	0.421	0.436
3.7	0.269	0.290	0.308	0.323	0.335	0.346	0.364	0.377	0.387	0.395	0.402	0.413	0.429
3.8	0.263	0.284	0.301	0.316	0.328	0.339	0.356	0.369	0.379	0.388	0.394	0.405	0.422
3.9	0.257	0.277	0.294	0.309	0.321	0.332	0.349	0.362	0.372	0.380	0.387	0.398	0.415
4.0	0.251	0.271	0.288	0.302	0.314	0.325	0.342	0.355	0.365	0.373	0.379	0.391	0.408
4.1	0.246	0.265	0.282	0.296	0.308	0.318	0.335	0.348	0.358	0.366	0.372	0.384	0.402

z/b	l/b												
	1.0	1.2	1.4	1.6	1.8	2.0	2.4	2.8	3.2	3.6	4.0	5.0	>10（条形）
4.2	0.241	0.260	0.276	0.290	0.302	0.312	0.328	0.341	0.352	0.359	0.366	0.377	0.396
4.3	0.236	0.255	0.270	0.284	0.296	0.306	0.322	0.335	0.345	0.363	0.359	0.371	0.390
4.4	0.231	0.250	0.265	0.278	0.290	0.300	0.316	0.329	0.339	0.347	0.353	0.365	0.384
4.5	0.226	0.245	0.260	0.273	0.285	0.294	0.310	0.323	0.333	0.341	0.347	0.359	0.378
4.6	0.222	0.240	0.255	0.268	0.279	0.289	0.305	0.317	0.327	0.335	0.341	0.353	0.373
4.7	0.218	0.235	0.250	0.263	0.274	0.284	0.299	0.312	0.321	0.329	0.336	0.347	0.367
4.8	0.214	0.231	0.245	0.258	0.269	0.279	0.294	0.306	0.316	0.324	0.330	0.342	0.362
4.9	0.210	0.227	0.241	0.253	0.265	0.274	0.289	0.301	0.311	0.319	0.325	0.337	0.357
5.0	0.206	0.223	0.237	0.249	0.260	0.269	0.284	0.296	0.306	0.313	0.320	0.332	0.352

3. 地基沉降计算深度 z_n

地基沉降计算深度 z_n 可通过试算确定，即要求满足

$$\Delta s'_n \leqslant 0.025 \sum_{i=1}^{n} \Delta s'_i \tag{4-18}$$

式中　$\Delta s'_i$——在计算深度 z_n 范围内，第 i 层土的计算沉降值，mm。

$\Delta s'_n$——在计算深度 z_n 处向上取厚度为 Δz，土层的计算沉降值，mm，Δz 按表 4-5 确定，也可按 $\Delta z = 0.3(1 + 1nb)$ 计算。

按式（4-18）计算确定的 z_n 下仍有软弱土层时，在相同压力条件下，变形会增大，故尚应继续往下计算，直至软弱土层中所取规定厚度 Δz 的计算沉降量满足式（4-18）为止。

表 4-5　　　　　计算厚度 Δz 表

基础底面宽度	≤2	2<b≤4	4<b≤8	8<b≤15	15<b≤30	>30
Δz（m）	0.3	0.6	0.8	1.0	1.2	1.5

当无相邻荷载影响，基础宽度在 $1 \sim 50\text{m}$ 范围内，基础中点的地基沉降计算深度 z_n 也可按下式计算

$$z_n = b(2.5 - 0.4\ln b) \tag{4-19}$$

式中　b——基础宽度，m。

此外，当沉降计算深度范围内存在基岩时，z_n 可取至基岩表面为止。

例 4-5　有一柱基础，其底面面积为 $2\text{m} \times 3\text{m}$，埋深为 1.5m，上部荷载和基础重共计 $P = 1080\text{kN}$，地质剖面图和土的性质见图 4-16；试用《建筑地基基础设计规范》（GB 50007—2011）推荐的方法计算基础的最终沉降量。

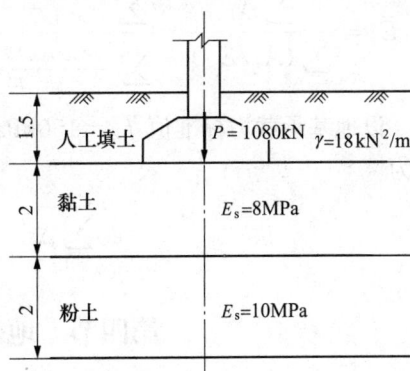

图 4-16　例 4-5 计算示意图

解　（1）求基础底面压力

$$p = P/A = 1080/(2 \times 3) = 180 (\text{kPa})$$

（2）确定柱基础地基受压层计算深度 z_n

$$z_n = b(2.5 - 0.4 \ln b)$$
$$= 2(2.5 - 0.4 \ln 2) = 4.446 (\text{m})$$

（3）基础底面附加压力

$$p_0 = p - \sigma_c = 180 - 18 \times 1.5 = 153 (\text{kPa})$$

（4）沉降量计算。基础中心点线处地基沉降量计算公式为 $\Delta s_i = \sum_{i=1}^{n} \dfrac{p_0}{E_{si}}(\bar{\alpha}_i z_i - \bar{\alpha}_{i-1} z_{i-1})$，计算结果见表 4-6。

由于所需计算的为基础中点下的地基沉降量，因此查表 4-6 时要应用"角点法"，即将基础分为 4 块相同的小面积，按 $\dfrac{l/2}{b/2} = l/b$、$\dfrac{z}{b/2}$ 查，查得的平均附加应力系数应乘以 4（或直接查表 4-4 所示的基础中心点下的平均竖向附加应力系数 $\bar{\alpha}$）。

表 4-6　　　　　　　　　　　　　　　　　沉降量计算结果表

$z_i(m)$	z_i/b ($b = 2.0/2$)	$\bar{\alpha}_i$	$z_i\bar{\alpha}_i$ mm	$z_i\bar{\alpha}_i - z_{i-1}\bar{\alpha}_{i-1}$ mm	E_s MPa	Δs_i	$\sum \Delta s_i$
0	0	1	0	0	0	0	0
	2	$4 \times 0.189\,4$ $= 0.757\,6$	1.515	1.515	8	28.97	28.97
4	4	$4 \times 0.127\,1$ $= 0.508\,4$	2.034	0.519	10	7.94	36.91
4.5	4.5	$4 \times 0.116\,9$ $= 0.467\,6$	2.104\,2	0.070\,2	15	0.716	37.63

（5）确定沉降计算经验系数 ψ_s。4.5m 深度以内地基压缩模量的当量值为

$$\bar{E}_s = \frac{\sum A_i}{\sum (A_i/E_{si})} = \frac{\sum (z_i\bar{\alpha}_i - z_{i-1}\bar{\alpha}_{i-1})}{\sum \dfrac{(z_i\bar{\alpha}_i - z_{i-1}\bar{\alpha}_{i-1})}{E_{si}}} = \frac{1.515 + 0.519 + 0.070\,2}{\dfrac{1.515}{8} + \dfrac{0.519}{10} + \dfrac{0.070\,2}{15}} = 8.55 (\text{MPa})$$

设地基承载力标准值 $f_k = 150 \text{kPa}$，查表 4-3，内插得 $\psi_s = 0.88$，故该基础的最终沉降量为

$$s = \psi_s \sum_{i=1}^{n} \Delta s_i = 0.88 \times 37.626 = 33.11 (\text{mm})$$

第四节　地基沉降计算的 e-$\lg p$ 曲线法

一、天然土层的应力历史

应力历史是指土在形成的地质年代中经受应力变化的情况。对于大多数天然土层，在漫长的地质年代中，经过各种地质作用，由于上覆土层的厚度不断变化，从而导致作用在其下

伏土层上的自重应力也会出现变动，把土层在历史上曾经受到的最大有效应力称为前期固结应力，以 p_c 表示；把前期固结应力与现有土层自重应力 p_0 之比定义为超固结比，以 OCR 表示，即 $OCR = \dfrac{p_c}{p_0}$，根据 OCR 值的大小，把天然土层分为正常固结土、超固结土和欠固结土三种固结状态，如图 4-17 所示。

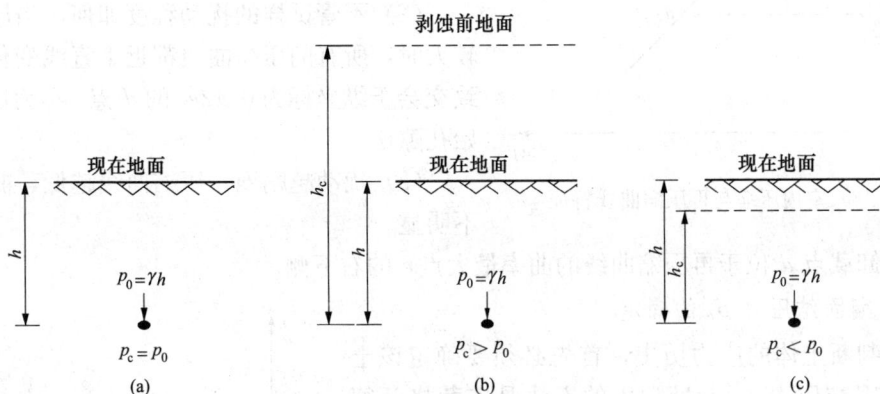

图 4-17　三种不同应力历史的土层

(a) 正常固结土；(b) 超固结土；(c) 欠固结土

1. 正常固结土

正常固结土是指土层在前期固结压力作用下固结稳定后，其上覆土层厚度没有大的变化，也没有受到过其他荷载的继续作用的情况，即土层在历史上曾经遭受的最大有效固结压力就是当前土层承受的自重应力 p_0。所以有 $p_c = p_0 = \gamma h$，OCR=1。

2. 超固结土

超固结土是指天然土层在历史上受到过的前期固结压力 p_c 大于目前的上覆土层自重应力 p_0，即 $p_c > p_0 = \gamma h$，所以 OCR>1。导致这种变化的原因，可能是土层在自重应力作用下压缩固结稳定后，由于区域地表遭受剥蚀地质作用将上覆的部分土层剥蚀掉，或者是其他地质作用导致下伏土层所承受的压缩荷载减小（如冰川融化等因素）所引起的。

3. 欠固结土

欠固结土是指新近沉积的土层，由于沉积后经历时间不久，其自身在自重应力作用下尚未固结压缩稳定，将来固结完成后地面将沉降到图 4-17 (c) 中虚线所示的位置。因此该土层内部任意深度处的土体所承受的前期固结应力 $p_c = \gamma h_c$ 小于其上覆土体自重应力 $p_0 = \gamma h$，则有 OCR<1。

二、现场压缩曲线的推求

由于土层所经受的应力历史不同，则在相同荷载作用下，其压缩沉降特征也不一样。由于现场取样对土层应力状态的扰动，常规室内压缩试验不可能获得现场未扰动土的压缩特征（由于取样过程中的应力释放作用，室内压缩曲线实际上是一条再压缩曲线），因此为了能正确反映应力历史对土层压缩特性的影响，必须要根据室内试样的常规压缩曲线特征来近似推求现场压缩曲线。

1. 室内压缩曲线的特征

根据试样在室内压缩、回弹和再压缩试验的结果，将其绘制在半对数坐标中，得到如图

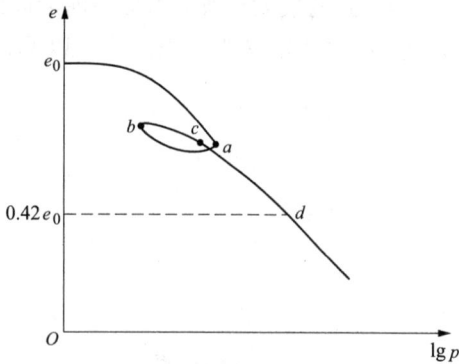

图 4-18　室内压缩与再压缩曲线特征

4-18 所示的 e-$\lg p$ 曲线，该试验曲线具有下列特征：

（1）室内压缩曲线开始时较平缓，随着压力的增大，则明显地向应力轴弯曲，继而近乎直线向下延伸。

（2）不管试样的扰动程度如何，当压缩应力较大时，所有的压缩曲线都近乎直线变化，且大致交会于纵坐标为 $0.42e_0$ 的 d 点，e_0 为试样的初始孔隙比。

（3）扰动越剧烈，压缩曲线越低，曲率也越不明显。

（4）卸载点 a 位于再压缩曲线的曲率最大点 c 的右下侧。

2. 前期固结压力 p_c 的确定

为了判断土体的应力历史，首先必须要确定该土体的前期固结压力 p_c，最常用的方法是卡萨格兰德（Casagrande）根据试样室内压缩曲线特征建议的经验作图法，步骤如下：

（1）在 e-$\lg p$ 坐标上绘出试样的室内压缩曲线，如图 4-19 所示。

（2）在 e-$\lg p$ 曲线上找出曲率最大的 A 点，过 A 点作水平线 $\overline{A1}$、切线 $\overline{A2}$ 及 $\angle 1A2$ 的角平分线 $\overline{A3}$。

（3）将 e-$\lg p$ 曲线位于纵坐标为 $0.42e_0$ 点下部的直线段向上延伸交 $\overline{A3}$ 线于 B 点，则 B 点的横坐标即为所求土样的前期固结压力 p_c。

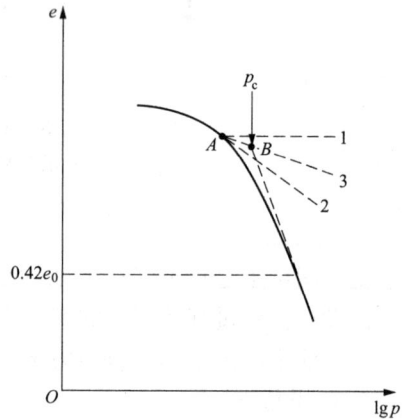

图 4-19　前期固结压力确定示意图

值得注意的是，采用这种方法确定前期固结压力时，仅适用于 e-$\lg p$ 曲线的曲率变化明显的土层，对于扰动严重的土层，由于曲线的曲率不甚明显，不太适用该方法确定前期固结压力 p_c。另外，p_c 值的精度取决于曲率最大的 A 点的正确选择，而曲线曲率随着纵坐标选用比例的变化而改变，再加上人为的目测也难以准确确定 A 点的位置，这些因素导致作图法所得到的 p_c 值不一定可靠。因此要可靠地确定 p_c 值，还需要结合土层形成的历史资料，加以综合分析。

3. 现场压缩曲线的推求

由作图法得到土层前期固结压力 p_c 后，将其与试样现有的自重应力 $p_0 = \gamma h$ 比较，以判断试样是正常固结土、超固结土，还是欠固结土。然后根据室内压缩曲线的特征推求现场压缩曲线。

（1）正常固结土及欠固结土现场压缩曲线的推求。由于欠固结土实质上属于正常固结土类，因此它的现场压缩曲线的推求方法与正常固结土完全一样。

对于正常固结土，一般假定取样过程中试样的体积不发生变化，则根据土样的基本物理指标，由公式 $e_0 = \dfrac{G_s \rho_w}{\rho_d} - 1$ 计算出试样的初始孔隙比 e_0，然后在 e-$\lg p$ 坐标上，由 e_0 点做

lg$p$ 轴的水平线与平行于 e 轴的 p_c 线相交于点 C_1，此点即为正常固结土现场压缩曲线的起点，再从纵坐标为 $0.42e_0$ 处作一水平线交室内压缩曲线与 C 点，连接 C_1C 点即得到所要求的正常固结土现场压缩曲线，如图 4-20 所示。

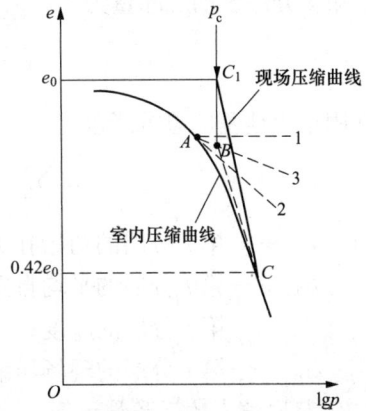

图 4-20　正常固结土现场压缩曲线推求

（2）超固结土现场压缩曲线的推求。由于超固结土在经历前期固结压力 p_c 降低至 p_0 的过程中，曾在原位发生过卸载回弹，因此超固结土在受到由外荷载引起的附加应力作用时，首先沿着现场再压缩曲线发生压缩，只有当附加应力超过前期最大固结压力后，才会沿着现场压缩曲线压缩。为了获得超固结土的现场压缩曲线，必须要在试样室内压缩过程中随时绘制 e-lg$p$ 曲线，当室内压缩曲线出现急剧转折之后，立即逐级卸载至 p_0，待试样回弹变形稳定后，再分级加载，按如下步骤推求现场压缩曲线：

1）从 lg$p$ 轴上，分别做平行于 e 轴的 p_0 和 p_c 位置线。

2）从 e 轴上 $0.42e_0$ 处，作一条平行于 lg$p$ 轴的水平线，交室内压缩曲线于 C 点。

3）从 e 轴上 e_0 处，作一条平行于 lg$p$ 轴的水平线，交 p_0 位置线于 D 点。

4）假设现场再压缩曲线与室内回弹、再压缩曲线构成的回滞环的割线 $\overline{mn}$ 平行，则过 D 点做 $\overline{mn}$ 平行线交 p_c 位置线于 C_1 点。连接 DC_1 点，$\overline{DC_1}$ 线即为现场再压缩曲线。

5）连接 C_1C 点，$\overline{C_1C}$ 线就是所要求的超固结土现场压缩曲线，如图 4-21 所示。

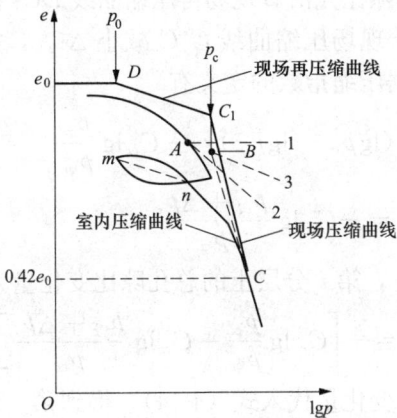

图 4-21　超固结土现场压缩曲线推求

三、考虑应力历史的地基沉降计算

考虑应力历史影响的地基土沉降量的计算原理与前述的分层总和法是一样的，地基土每一分层压缩量的计算仍然采用 $\Delta s_i = \dfrac{e_{1i} - e_{2i}}{1+e_{1i}}h_i = \dfrac{\Delta e_i}{1+e_{1i}}h_i$，所不同的是：孔隙比 e_i 应由现场压缩曲线来获得，初始孔隙比应为 e_0，压缩指数也应该由现场压缩曲线求得。

1. 正常固结土的沉降量计算

假定第 i 分层土的现场压缩曲线如图 4-22 所示，则第 i 分层土在附加应力 Δp_i 的作用下，固结完成时的孔隙比改变量 Δe_i 按下式计算

$$\Delta e_i = -C_{ci}\lg\left(\frac{p_{0i}+\Delta p_i}{p_{0i}}\right)$$

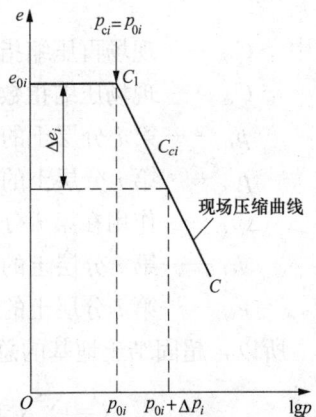

图 4-22　正常固结土沉降计算

第 i 分层土的压缩量为

$$s_i = \frac{h_i}{1+e_{0i}} C_{ci} \lg\left(\frac{p_{0i}+\Delta p_i}{p_{0i}}\right) \tag{4-20}$$

正常固结土地基的总沉降量为

$$s = \sum_{i=1}^{n} s_i = \sum_{i=1}^{n} \frac{h_i}{1+e_{0i}} C_{ci} \lg\left(\frac{p_{0i}+\Delta p_i}{p_{0i}}\right) \tag{4-21}$$

式中　　e_{0i}——第 i 分层的初始孔隙比；

p_{0i}——第 i 分层的平均自重应力；

h_i——第 i 分层的厚度；

C_{ci}——第 i 分层的现场压缩指数。

　　2. 超固结土的沉降量计算

　　对于超固结土地基的沉降量计算，则根据荷载大小区分为两种情况：第一种情况是 $p_0 + \Delta p > p_c$；第二种情况是 $p_0 + \Delta p < p_c$。

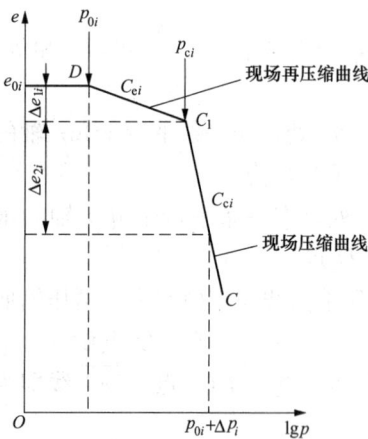

图 4-23　第一种情况超固结土沉降计算

　　第一种情况（ $p_0 + \Delta p > p_c$ ）下，第 i 分层土在 Δp_i 的作用下，孔隙比先沿着现场再压缩曲线 DC_1 减小 Δe_{1i}，然后沿着现场压缩曲线 C_1C 减小 Δe_{2i}，如图 4-23 所示。根据压缩指数的定义有

$$\Delta e_{1i} = -C_{ei}(\lg p_{ci} - \lg p_{0i}) = -C_{ei} \lg\frac{p_{ci}}{p_{0i}}$$

$$\Delta e_{2i} = -C_{ci} \lg\frac{p_{0i}+\Delta p_i}{p_{ci}}$$

　　在 Δp_i 作用下，第 i 分层土的总孔隙比变化量为

$$\Delta e_i = \Delta e_{1i} + \Delta e_{2i} = -\left[C_{ei} \lg\frac{p_{ci}}{p_{0i}} + C_{ci} \lg\frac{p_{0i}+\Delta p_i}{p_{ci}}\right]$$

　　将上述孔隙比变化量代入式（4-14），得到第 i 分层土的压缩量为

$$s_i = \frac{h_i}{1+e_{0i}}\left[C_{ei} \lg\frac{p_{ci}}{p_{0i}} + C_{ci} \lg\frac{p_{0i}+\Delta p_i}{p_{ci}}\right]$$

式中　　C_{ei}——现场再压缩指数；

C_{ci}——现场压缩指数；

p_{ci}——第 i 分层土的前期固结压力；

p_{0i}——第 i 分层土的自重应力；

Δp_i——作用在第 i 分层土上的平均附加应力；

h_i——第 i 分层土的厚度；

e_{0i}——第 i 分层土的初始孔隙比。

　　所以，超固结土地基的总沉降量为

$$s = \sum_{i=1}^{n} s_i = \sum_{i=1}^{n} \frac{h_i}{1+e_{0i}}\left[C_{ei} \lg\frac{p_{ci}}{p_{0i}} + C_{ci} \lg\frac{p_{0i}+\Delta p_i}{p_{ci}}\right] \tag{4-22}$$

　　第二种情况（ $p_0 + \Delta p < p_c$ ）下，第 i 分层土在 Δp_i 的作用下，孔隙比只沿着现场再

压缩曲线 DC_1 减小 Δe_i ，如图 4-24 所示，则有

$$\Delta e_i = -C_{ei} \lg \frac{p_{0i} + \Delta p_i}{p_{0i}}$$

第 i 分层土的压缩量为

$$s_i = \frac{h_i}{1+e_{0i}} \left(C_{ei} \lg \frac{p_{0i}+\Delta p_i}{p_{0i}} \right)$$

基础底部超固结土的总沉降量为

$$s = \sum_{i=1}^n s_i = \sum_{i=1}^n \frac{h_i}{1+e_{0i}} \left(C_{ei} \lg \frac{p_{0i}+\Delta p_i}{p_{0i}} \right)$$

$$(4-23)$$

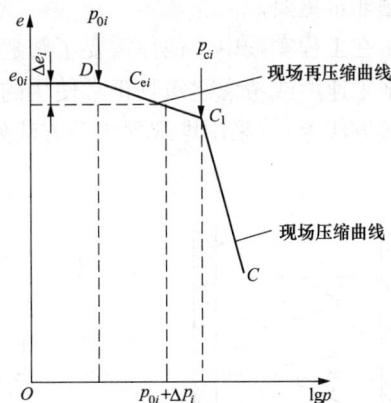

图 4-24　第二种情况超固结土沉降计算

需要说明的是：如果超固结土层的沉降计算分层中既有第一种情况（ $p_0+\Delta p > p_c$ ），又有第二种情况（ $p_0+\Delta p < p_c$ ），其地基沉降量应该分别按照式（4-22）和式（4-23）计算，最后将两部分沉降量叠加即可。

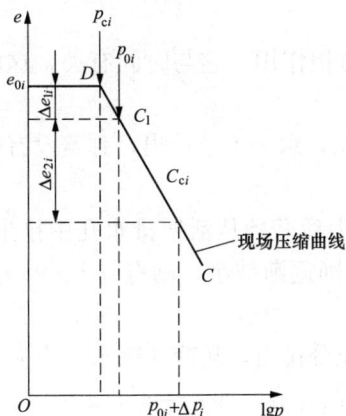

图 4-25　欠固结土沉降计算

3. 欠固结土的沉降计算

对于欠固结土，有 $p_c < p_0$ ，因此土层在自重应力作用下还没有完全达到固结稳定。在这样的土层上施加附加应力 Δp ，地基土的压缩沉降量必为土层在自重应力作用下的继续固结沉降量和附加应力所引起的沉降量之和。

图 4-25 所示的第 i 分层土的总孔隙比变化量 Δe_i 为

$$\Delta e_i = \Delta e_{1i} + \Delta e_{2i} = -C_{ci} \lg \frac{p_{0i}+\Delta p_i}{p_{ci}}$$

式中　Δe_{1i} ——第 i 分层土在自重应力作用下的继续固结所引起的孔隙比变化量；

　　　Δe_{2i} ——第 i 分层土上附加应力 Δp_i 所引起的孔隙比变化量；

　　　C_{ci} ——第 i 分层土的现场压缩指数。

因此，第 i 分层土的压缩量为

$$s_i = \frac{h_i}{1+e_{0i}} \left(C_{ci} \lg \frac{p_{0i}+\Delta p_i}{p_{ci}} \right)$$

欠固结土地基的总沉降量为

$$s = \sum_{i=1}^n s_i = \sum_{i=1}^n \frac{h_i}{1+e_{0i}} \left(C_{ci} \lg \frac{p_{0i}+\Delta p_i}{p_{ci}} \right)$$

$$(4-24)$$

第五节　饱和土的单向固结理论

饱和土的压缩需要一定时间才能完成，压缩变形快慢与土的渗透性有关。在荷载作用下，透水性大的饱和无黏性土，其压缩过程短，建筑物施工完毕时，可认为其压缩变形已基本完成；而透水性小的饱和无黏性土，其压缩过程所需时间长，甚至几十年压缩变形才稳定。土体在外力作用下，压缩随时间增长的过程称为固结，对于饱和黏性土来说，土的固结

问题非常重要。

在工程实践中，往往需要了解建筑物在施工期间或以后某一时间的基础沉降量，以便控制施工速度或考虑建筑物正常使用的安全措施（如考虑建筑物各有关部分之间的预留净空或连接方法等）。采用堆载预压等方法处理地基时，也需要考虑地基变形与时间的关系。

一、饱和土的渗透固结

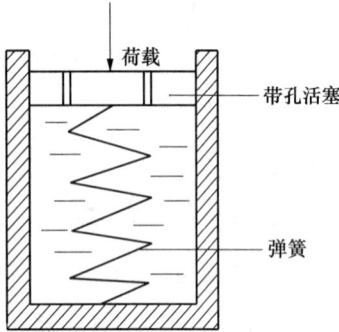

图 4-26 饱和土的渗透固结模型

饱和土在压力作用下，孔隙水将随时间的迁延而逐渐被排出，同时孔隙体积也随之缩小，这一过程称为饱和土的渗透固结，可借助图 4-26 所示的弹簧-活塞模型来说明。在一个盛满水的圆筒中，装一个带有弹簧的活塞，弹簧表示土粒骨架，容器内的水表示土中的自由水，带孔的活塞则表征土的透水性。由于模型中只有固、液两相介质，则对于作用在活塞上的附加应力 σ_z，只能由水与弹簧来共同承担。设弹簧承担的压力为有效应力 σ'，圆筒中水所承担的应力为孔隙水压力 u，根据有效应力原理有

$$\sigma_z = \sigma' + u$$

其物理意义是土的孔隙水压力 u 与有效应力 σ' 对外力 σ_z 的分担作用，它与时间有关，这就是有效应力原理。

（1）当 $t=0$ 时，即活塞顶面骤然受到压力 σ_z 作用的瞬间，水来不及排出，弹簧没有变形和受力，附加应力 σ_z 全部由水来承担，即 $u=\sigma_z$，$\sigma'=0$。

（2）当 $t>0$ 时，随着荷载作用时间的迁延，水受到压力后开始从活塞排水孔中排出，活塞下降，弹簧开始承受压力 σ'，并逐渐增长；而相应的 u 则逐渐减小，则有 $u+\sigma'=\sigma_z$，且 $u<\sigma_z$，$\sigma'>0$。

（3）当 $t \to \infty$ 时（代表"最终"时间），水从排水孔中充分排出，超静孔隙水应力完全消散，活塞最终下降到 σ_z 全部由弹簧承担，饱和土的渗透固结完成，即 $\sigma_z=\sigma'$，$u=0$。

可见，饱和土的渗透固结也就是孔隙水压力逐渐消散和有效应力相应增长的过程。

二、太沙基一维固结理论

为了求得饱和土层在渗透固结过程中某一时间的变形，通常采用太沙基提出的一维固结理论进行计算。

设厚度为 H 的饱和土层（见图 4-27），顶面是透水层和不可压缩层，假设该饱和土层在自重应力作用下的固结已完成，现在顶面受到一次骤然施加的无限均布荷载 p 作用。由于土层厚度远小于荷载面宽度，故土层中附加应力图形将近似地取作矩形分布，即附加应力不随深度而变化。但是孔隙水压力 u（另一方面也是有效应力 σ'）却是深度 z 和时间 t 的函数，即 σ' 和 u 分别写为 $\sigma'_{z,t}$ 和 $u_{z,t}$。

为了求解在附加应力作用下地基中孔隙水压力问题，一维固结理论有一些基本假定：①土体是饱和、各向同性、均质的；②土的压缩完全是由于孔隙体积的减小所致，土粒和水都是不可压缩的；③土的压缩和水的排出只在竖直方向发生；④土中孔隙水的排出服从达西定律，因此土的固结快慢取决于其渗透速度；⑤在土体固结过程中，将土渗透系数 k 及压缩系数 a 视为常数；⑥地面上作用的连续均布的荷载是一次瞬时施加的。

为了找出图 4-27 所示均质、各向同性的饱和土层在固结过程中孔隙水压力 u 的变化规

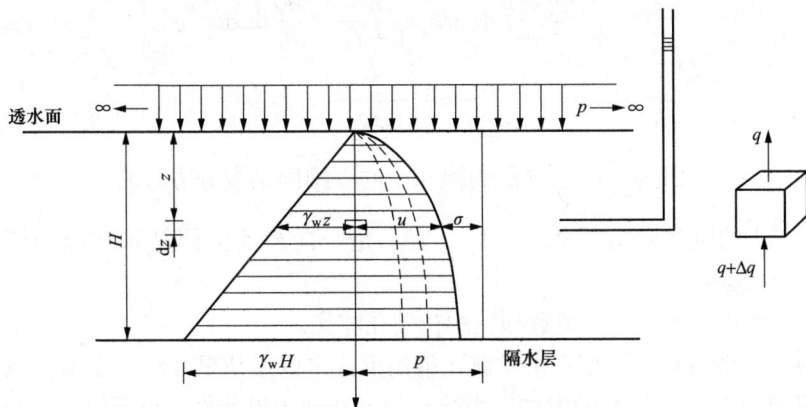

图 4-27　饱和土层的固结过程

律，现从该饱和土层顶面下深度 z 处取厚度为 $\mathrm{d}z$、面积为 1×1 的微单元体进行研究。

（1）单元体的渗流条件。由于渗流自下而上进行，设在外荷载施加后某时刻 t 流入单元体的水量为 $\left(q+\dfrac{\partial q}{\partial z}\mathrm{d}z\right)$，流出单元体的水量为 q，所以在 $\mathrm{d}t$ 时间内，流经该单元体的水量变化为

$$\left(q+\frac{\partial q}{\partial z}\mathrm{d}z\right)\mathrm{d}t-q\mathrm{d}t=\frac{\partial q}{\partial z}\mathrm{d}z\mathrm{d}t \tag{4-25}$$

根据达西定律，可得单元体过水面积 $A=1\times1$ 的流量 q 为

$$q=vA=ki=k\frac{\partial h}{\partial z}=\frac{k}{\gamma_{\mathrm{w}}}\times\frac{\partial u}{\partial z}$$

代入式（4-25）得

$$\frac{\partial q}{\partial z}\mathrm{d}z\mathrm{d}t=\frac{k}{\gamma_{\mathrm{w}}}\times\frac{\partial^{2}u}{\partial z^{2}}\mathrm{d}z\mathrm{d}t \tag{4-26}$$

（2）单元体的变形条件。在 $\mathrm{d}t$ 时间内，单元体孔隙体积 V_{v} 随时间的变化率（减小）为

$$\frac{\partial V_{\mathrm{v}}}{\partial t}\mathrm{d}t=\frac{\partial}{\partial t}\left(\frac{e}{1+e_{0}}\right)\mathrm{d}z\mathrm{d}t=\frac{1}{1+e_{0}}\times\frac{\partial e}{\partial t}\mathrm{d}z\mathrm{d}t \tag{4-27}$$

考虑微单元体土粒体积 $\dfrac{1}{1+e_{0}}\times1\times1\times\mathrm{d}z$ 为不变的常数，而

$$\mathrm{d}e=-a\mathrm{d}p=-a\mathrm{d}\sigma'\ \text{或}\ \frac{\partial e}{\partial t}=-a\frac{\partial(p_{0}-u)}{\partial t}=a\frac{\partial u}{\partial t} \tag{4-28}$$

其中"$-$"表示压力增加时，孔隙比减少。

再根据有效应力原理及总应力 $\sigma_{z}=p_{0}$ 是常量的条件，将式（4-28）代入式（4-27），则有

$$\frac{\partial V_{\mathrm{v}}}{\partial t}\mathrm{d}t=\frac{a}{1+e_{0}}\times\frac{\partial u}{\partial t}\times\mathrm{d}z\mathrm{d}t \tag{4-29}$$

（3）单元体的渗流连续条件。根据连续条件，在 $\mathrm{d}t$ 时间内，该单元体内排出的水量（水量的变化）应等于单元体孔隙的压缩量（孔隙的变化率），即

$$\frac{\partial q}{\partial z}\mathrm{d}z\mathrm{d}t=\frac{\partial V_{\mathrm{v}}}{\partial t}\mathrm{d}t$$

$$\frac{k}{\gamma_{\mathrm{w}}} \times \frac{\partial^2 u}{\partial z^2} \mathrm{d}z\,\mathrm{d}t = \frac{a}{1+e_0} \times \frac{\partial u}{\partial t} \mathrm{d}z\,\mathrm{d}t$$

令

$$C_{\mathrm{v}} = \frac{k(1+e_0)}{a\gamma_{\mathrm{w}}} \tag{4-30}$$

得

$$C_{\mathrm{v}} \frac{\partial^2 u}{\partial z^2} = \frac{\partial u}{\partial t} \text{（即为饱和土的一维固结微分方程）} \tag{4-31}$$

式中　C_{v}——土的竖向固结系数（下标 v 表示是竖向渗流的固结），由室内固结（压缩）试验确定；

k、a、e_0——渗透系数、压缩系数和土的初始孔隙比。

式（4-31）一般可用分离变量法求解，解的形式可以用傅里叶级数表示。现根据图 4-27 所示的初始条件（开始固结时的附加应力分布情况）和边界条件（可压缩土层顶、底面的排水条件）有：

当 $t=0$ 和 $0 \leqslant z \leqslant H$ 时，$u = \sigma_z = p$；

$0 < t < \infty$ 和 $z=0$ 时，$u=0$；

$0 < t < \infty$ 和 $z=H$ 时，$\dfrac{\partial u}{\partial t}=0$；

$t=\infty$ 和 $0 \leqslant z \leqslant H$ 时，$u=0$。

根据以上的初始条件和边界条件，采用分离变量法可求得式（4-31）的特解为

$$u_{z,t} = \frac{4}{\pi} p \sum_{m=1}^{\infty} \frac{1}{m} \sin \frac{m\pi z}{2H} \exp\left(-\frac{m^2 \pi^2}{4} T_{\mathrm{v}}\right) \tag{4-32}$$

$$T_{\mathrm{v}} = \frac{C_{\mathrm{v}} t}{H^2}$$

式中　m——正奇整数（1，3，5…）；

T_{v}——竖向固结时间因数；

t——时间；

H——压缩土层最远的排水距离，当土层为单面排水时，H 取土层厚度，双面排水时，水由土层中心分别向上下两方向排出，此时 H 应取土层厚度的一半。

三、单向固结理论的工程应用

理论上可以根据固结时超静水压力 u 的解析式（4-32）求出任意时刻 t 的孔隙水压力 u 及相应的有效应力 σ' 的大小和分布，再利用压缩量基本计算公式，即可求出固结沉降量随时间的变化规律，但是这种求解方法在实际应用时，非常不方便。为了解决这个问题，下面将引入并应用固结度的概念。

固结度 U 是指在某一固结应力作用下，经过时间 t 后，土体发生固结或孔隙水压力消散的程度，即

$$U = \frac{s_t}{s} = \frac{\sigma_z - u}{\sigma_z} = 1 - \frac{u}{\sigma_z} = 1 - \frac{u}{u_0}$$

式中　u_0——初始孔隙水应力，数值上等于该点的固结应力，即 $u_0 = \sigma_z$；

u——t 时刻孔隙水应力。

某一点的固结度对于解决工程实际问题来说并不重要，因此引入平均固结度 U_z 的概念。平均固结度数值上等于土体在时间 t 内的固结沉降量 s_t 与最终沉降量 s 的比值。对于图 4-26

所示的单向固结情况而言，土层的平均固结度 U_z 为

$$U_z = 1 - \frac{\int_0^H u\,\mathrm{d}z}{\int_0^H u_0\,\mathrm{d}z} = 1 - \frac{\int_0^H u\,\mathrm{d}z}{pH} \qquad (4\text{-}33)$$

将式（4-32）代入式（4-33），积分后得到土层的平均固结度为

$$U_z = 1 - \frac{8}{\pi^2}\sum_{m=1}^{\infty}\frac{1}{m^2}\mathrm{e}^{-\frac{(m\pi)^2}{4}T_v} \qquad (4\text{-}34)$$

式（4-34）括号内的级数收敛很快，当 $U_z > 30\%$ 时可近似地取其中第一项如下

$$U_z = 1 - \frac{8}{\pi^2}\mathrm{e}^{-\frac{\pi^2}{4}T_v} \qquad (4\text{-}35)$$

式（4-35）表明，土层的平均固结度是时间因数 T_v 的单值函数，它与土层承受的固结应力大小无关，但是与土层中固结应力的分布有关。

为了便于实际应用，将式（4-34）按照土层中固结应力的分布和排水条件，绘制成如图 4-28 所示的 U_z 与 T_v 的关系曲线簇。其中

$$\alpha = \frac{\sigma_z'}{\sigma_z''} \qquad (4\text{-}36)$$

式中　σ_z'——透水面的固结应力；

　　　σ_z''——不透水面的固结应力。

上述单向固结理论的计算都是指单面排水情况。如果土层上下两面均可排水，则不论土中固结应力如何分布，土层的平均固结度均按固结应力为均匀分布情况进行计算，即双面排水时取 $\alpha = 1$，但是计算时间因数 T_v 时，排水距离 H 应取土层厚度的一半。

表 4-7　　　　　　　　　不同 α、U_z 时的时间因数 $T_v = C_v t / H^2$ 值

$\alpha = \sigma_z'/\sigma_z''$	固结度 U_z					
	0	0.2	0.4	0.6	0.8	0.9
0	0	1.101	0.217	0.384	0.665	0.946
0.4	0	0.056	0.164	0.330	0.600	0.900
0.8	0	0.036	0.134	0.290	0.570	0.886
1.0	0	0.031	0.126	0.286	0.565	0.848
2.0	0	0.019 1	0.095 1	0.240	0.520	0.810

利用图 4-28 或表 4-7，可以解决下列两类工程问题：

（1）已知土层的最终沉降量 s，计算经历时间 t 后，土层的沉降量 s_t。解决这类问题，首先根据土层的物理指标 k、a、e_0、H 和给定的固结时间 t，计算出土层平均固结系数 C_v 和时间因数 T_v，然后根据固结应力分布形式，利用式（4-36）计算出 α 后，由图 4-28 中的对应曲线查出相应的固结度 U_z，最后按照式（4-37）求出 t 时刻的土层沉降量 s_t，即

$$s_t = U_z s \qquad (4\text{-}37)$$

（2）已知土层的最终沉降量 s，计算土层达到某一沉降量 s_t 时所需要的时间 t。对于这类问题的解决，首先要按照式（4-37），求出土层的平均固结度 $U_z = \dfrac{s_t}{s}$，再根据固结应力分

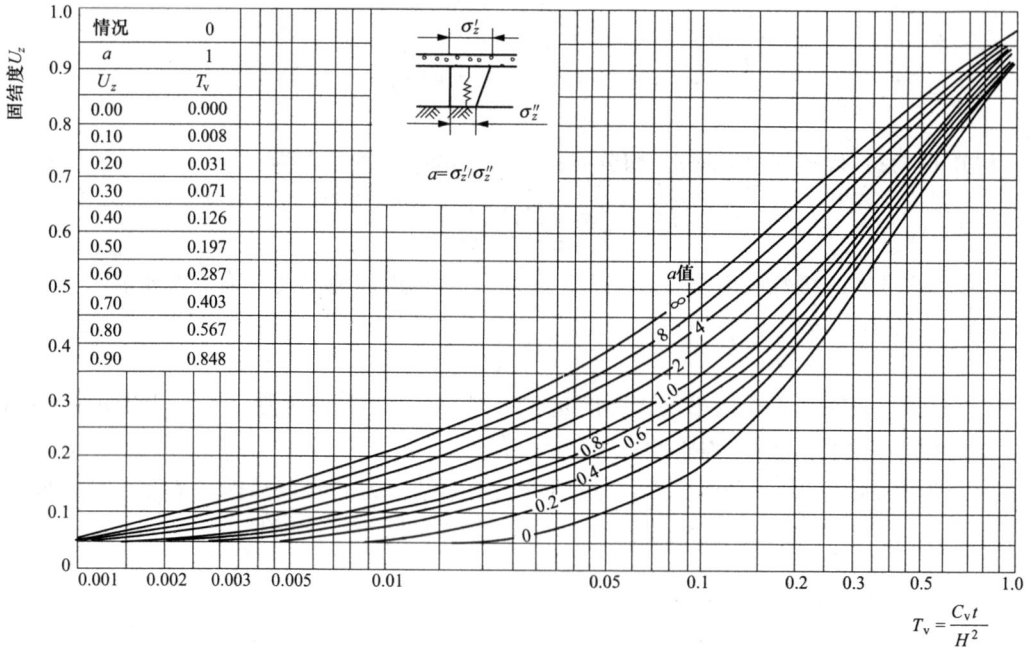

图 4-28　U_z 与 T_v 的关系曲线簇

布形式，利用式（4-36）计算出 α ，再由图 4-28 中的对应曲线查出相应的时间因数 T_v ，最后按照式（4-38）求出所需要的时间 t ，即

$$t = \frac{H^2}{C_v} T_v \tag{4-38}$$

例 4-6　某饱和黏土层厚度 $H = 10\text{m}$ ，压缩模量 $E_s = 3\text{MPa}$ ，渗透系数 $k = 10^{-6}\text{cm/s}$ ，地表作用大面积均布荷载 $p = 100\text{kPa}$ ，荷载瞬时施加，问加载 1 年后地基固结沉降多大？若土层厚度、压缩模量和渗透系数均增大 1 倍，问与原来相比，该地基固结沉降量有何变化？

解　（1）最终沉降量为

$$s = \frac{\sigma_s}{E_s} H = \frac{p}{E_s} H = \frac{0.1}{3} \times 1000 = 33.33(\text{cm})$$

$$k = 10^{-6}\text{cm/s} = 0.315\,36\text{m/ 年}$$

$$C_v = \frac{kE_s}{\gamma_w} = \frac{0.315\,36 \times 3 \times 10^3}{10} = 94.608(\text{m}^2/\text{ 年})$$

$$T_v = \frac{C_v t}{H^2} = \frac{94.608 \times 1}{10^2} = 0.946\,08$$

又由 $U_z = 1 - \dfrac{8}{\pi^2} e^{-\frac{\pi^2}{4} T_v}$ 得

$$U_z = 1 - \frac{8}{\pi^2} e^{-\frac{\pi^2}{4} \times 0.946\,08} = 92.15\%$$

1 年以后的沉降量为

$$s_t = U_z s = 0.921\,5 \times 33.33 = 30.71(\text{cm})$$

(2) 因为 $T_v = \dfrac{C_v t}{H^2} = \dfrac{kE_s t}{\gamma_w H^2} = \dfrac{4kE_s t}{4\gamma_w H^2}$ 结果不变，所以固结沉降量不变。

例 4-7 在不透水、不可压缩土层上，填 5m 厚的饱和软黏土，已知软黏土重度 $\gamma = 18\text{kN/m}^3$，压缩模量 $E_s = 1500\text{kPa}$，固结系数 $C_v = 19.1\text{m}^2/$年，试求：(1) 软黏土在自重下固结，当固结度达到 $U_z = 0.6$ 时，产生的沉降量是多少？(2) 当软黏土固结度 $U_z = 0.6$ 时，在其上填筑路堤，路堤引起的附加应力 $\sigma = 120\text{kPa}$，为矩形分布，如图 4-29 所示，则路堤填筑后 0.74 年，软黏土又增加了多少沉降量？（计算中假定路堤土是透水的，路堤填筑时间很快，不考虑施工期间固结影响）

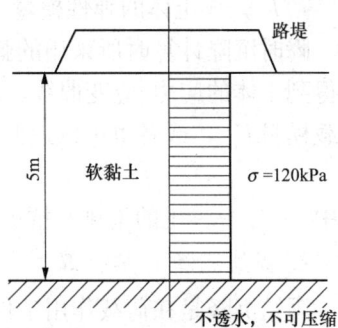

图 4-29 例 4-7 图

解 (1) 软黏土的最终沉降量为

$$s_\infty = \frac{\sigma_{cz}}{E_s} h = \frac{\gamma h^2}{2E_s} = \frac{18 \times 5^2}{2 \times 1500} = 15 \text{(cm)}$$

则固结度达 0.6 时的沉降量为

$$s = U_z s_\infty = 0.6 \times 15 = 9 \text{ (cm)}$$

(2) 软黏土顶部压力为 120kPa。底部压力为 $120 + \gamma h' = 120 + 18 \times (5 - 0.09) = 208.38$ (kPa)，故固结压力为梯形分布，$\alpha = 120/208.38 = 0.5759$。因为

$$T_v = \frac{C_v t}{H^2} = \frac{19.1 \times 0.74}{(5 - 0.09)^2} = 0.586\ 3$$

根据 α、T_v，查得 $U_z = 0.8$，故

$$s = s_\infty U_z = \frac{0.5(120 + 208.38)}{E_s} h U_z = \frac{0.5(120 + 208.38)}{1500} \times (5 - 0.09) \times 0.8$$
$$= 42.99 \text{(cm)}$$

第六节　地基沉降组成及计算

在荷载作用下，黏性土地基的总沉降由瞬时沉降 s_d、固结沉降 s_c 和次固结沉降 s_s 三个部分组成，即总沉降量 s 是由三部分组成

$$s = s_d + s_c + s_s \tag{4-39}$$

1. 瞬时沉降 s_d 的计算

瞬时沉降 s_d 是指加载瞬间，土中孔隙水来不及排出，土体体积尚未发生变化，仅发生剪切变形时的地基沉降。大比例的模型试验和现场实测都表明：饱和或接近饱和的黏性土在适当的应力增量作用下，土层的瞬时沉降可以近似地利用下面的弹性力学公式计算，即

$$s_d = \omega (1 - \mu^2) \frac{pb}{E} \tag{4-40}$$

式中　ω——沉降影响系数，由基础的刚度、底面形状及计算点位置决定；

b ——矩形荷载的宽度或圆形荷载的直径;

μ ——土体泊松比,由于发生瞬时沉降时没有体积变化 ,所以 $\mu = 0.5$;

E ——土体的弹性模量。

瞬时沉降计算时所采用的弹性模量的确定,可以利用常规三轴压缩试验或单轴压缩试验所得到土体的应力-应变曲线,由该曲线确定初始切线模量 E_i 或相当于现场荷载条件下的再加载模量 E_r ,或者也可以近似采用下式估算土体的弹性模量 E ,即

$$E = (500 \sim 1000)C_u \tag{4-41}$$

式中 C_u ——土的不排水抗剪强度。

2. 固结沉降 s_c 的计算

固结沉降是在荷载作用条件下,随着土中孔隙水分的逐渐挤出,孔隙体积相应减少而产生的土体压缩沉降。最终沉降量通常采用分层总和法或《建筑地基基础设计规范》(GB 50007—2011) 推荐的方法计算。而任意时刻 t 的地基沉降量 s_t 则按下式计算

$$s_t = s_d + s_{ct} = s_d + U_z s_c \tag{4-42}$$

式中 s_{ct} ——t 时刻的固结沉降量。

3. 次固结沉降 s_s 的计算

次固结沉降是指土体中有效应力基本不变后,地基的沉降随时间而缓慢增长的现象。次固结沉降的本质是土粒骨架的蠕变现象(在恒定荷载作用下变形持续增加的现象)。

室内试验和现场量测的结果表明,在主固结完成之后发生的次固结的大小与时间关系在对数坐标上近似于一条直线,如图 4-30 所示,由次固结所引起的孔隙比变化可以近似表示为

$$\Delta e = C_a \lg \frac{t}{t_1} \tag{4-43}$$

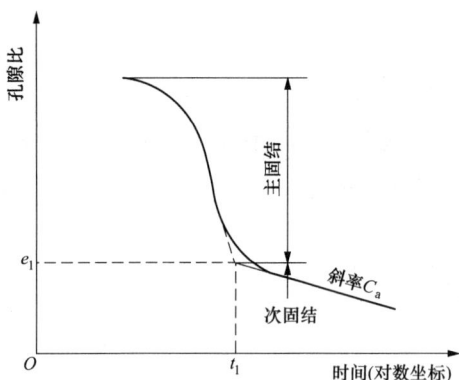

图 4-30 次固结沉降计算时的孔隙
比与时间关系曲线

式中 C_a ——半对数坐标系中直线的斜率,称为次压缩系数,由试验确定;

t ——所求次固结沉降的时间,$t > t_1$;

t_1 ——相当于主固结度为 100% 的时间,根据次固结曲线外推而得。

地基的次固结沉降量计算公式如下

$$s_s = \sum \frac{h_i}{1 + e_{0i}} C_{ai} \lg \frac{t}{t_1} \tag{4-44}$$

根据大量的室内试验和现场量测结果,C_a 可以近似计算如下

$$C_a = 0.018w \tag{4-45}$$

式中 w ——土的天然含水量。

上述考虑不同变形阶段的地基沉降计算方法,对黏性土地基是合适的,而对于砂性土地基,由于其透水性好,固结完成快,瞬时沉降与固结沉降之间已经无法分开来,所以不适合运用此方法进行计算。

思 考 题

4-1　土的变形特性是否能满足弹性力学的主要假定？用弹性力学公式计算土体应力的前提是什么？

4-2　试述压缩系数、压缩指数、压缩模量和固结系数的定义、用途及其确定方法。

4-3　压缩模量与变形模量之间有何区别？它们与弹性模量关系如何？

4-4　分层总和法有哪些重要的前提？与实际情况有哪些不同？计算建筑物最终沉降量的分层总和法与《建筑地基基础设计规范》（GB 50007—2011）推荐方法有什么不同？

4-5　分析地下水位的变化对建筑物沉降的影响？

4-6　太沙基的单向渗透固结理论的基本假设有哪些？固结微分方程式及其初始条件和边界条件是什么？

4-7　简述有效应力原理的基本概念，在地基最终沉降量计算中，土中附加应力是指有效应力还是总应力？

4-8　正常固结土、超固结土及欠固结土的含义是什么？土的应力历史是如何影响土的压缩性的？

4-9　先期固结压力代表什么意义？如何用它来判别土的固结情况？

4-10　饱和土的一维固结过程中，土的有效应力和孔隙水压力是如何变化的？固结度有时用 $U_z = \sigma'_z / \sigma_z$ 表示，而有时则用 $U_z = s_t / s_\infty$ 表示，这两种表示方法有些什么差别？

4-11　土的最终沉降量由哪几部分组成？它们的变形特征是什么？每一部分对结构物有何影响？

4-12　大的建筑物常有主楼和群楼，主楼往往比较高大，从沉降角度考虑，应先施工哪一部分比较合理，为什么？

习 题

4-1　某钻孔土样的压缩记录见表 4-8，试绘制压缩曲线和计算各土层的 a_{1-2} 及相应的 E_s，并评定各土层的压缩性。

表 4-8　　　　　　　　　　　　　　　　　　土样的压缩试验记录

压力（kPa）		0	50	100	200	300	400
孔隙比	1 号土样	0.882	0.864	0.852	0.837	0.824	0.819
	2 号土样	1.182	1.015	0.895	0.805	0.750	0.710

4-2　某饱和黏土试样在室内进行压缩试验时，测得试验数据如下：试样原始高度为 20mm，环刀截面面积为 $30cm^2$，土样与环刀总重力为 1.756N，环刀重 0.586N。当荷载由 $p_1 = 100kPa$ 增加到 $p_2 = 200kPa$ 时，在 24h 内，试样高度由 19.13mm 减少至 18.76mm，试验结束后烘干土样，得干土重为 0.91N。

（1）计算与 p_1、p_2 相对应的孔隙比 e_1、e_2；

（2）求 a_{1-2} 及相应的 E_s。

4-3 某黏土原状试样的压缩试验结果见表 4-9。

表 4-9 试验记录

应力（kPa）	0	17.28	34.60	86.60	173.2	346.4	693.8	1385.8
孔隙比	1.06	1.029	1.024	1.007	0.989	0.953	0.913	0.835
应力（kPa）	2771.2	5542.4	11 084.8	2771.2	6928.0	1732	34.6	
孔隙比	0.725	0.617	0.501	0.538	0.577	0.624	0.665	

（1）试确定前期固结压力 p_c；

（2）试求压缩指数 C_c；

（3）已知土层自重应力为 293kPa，试判断该土层的固结状态。（参考答案：超固结状态）

4-4 某厂房为框架结构，柱基础底面为正方形，边长 $l=b=4.0$m，基础埋置深度 $d=1.0$m。上部结构传至基础顶面荷载 $F=1440$kN。地基为粉质黏土，土的天然重度 $\gamma=16.0$kN/m³，土的天然孔隙比 $e=0.97$。地下水位埋深 3.4m，地下水位以下土的饱和重度 $\gamma_{sat}=17.8$kN/m³，土的压缩系数：地下水位以上为 $a_1=0.3$MPa⁻¹，地下水位以下为 $a_2=0.25$MPa⁻¹。计算柱基中心的沉降量。

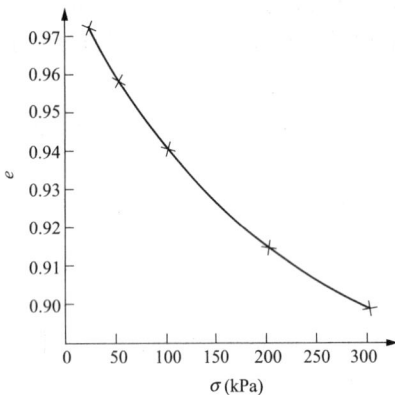

图 4-31 习题 4-5 图

4-5 某厂房为框架结构，柱基础底面为正方形独立基础，基础底面尺寸 $l=b=4.0$m，基础埋置深度 $d=1.0$m。上部结构传至基础顶面荷载 $F=1440$kN。地基为粉质黏土，土的天然重度 $\gamma=16.0$kN/m³，地下水位埋深 3.4m，地下水位以下土的饱和重度 $\gamma_{sat}=17.8$kN/m³，土的压缩试验结果 $e-\sigma$ 曲线，如图 4-31 所示。分别采用分层总和法和《建筑地基基础设计规范》（GB 50007—2011）推荐的方法计算柱基中点的沉降量（已知 $f_k=94$kPa）。

4-6 某超固结土层厚 2.0m，前期固结压力 $p_c=300$kPa，现存自重应力 $p_0=100$kPa，建筑物对该土层引起的平均附加应力为 400kPa，已知土层的压缩指数 $C_c=0.4$，再压缩指数 $C_e=0.1$，初始孔隙比 $e_0=0.81$，试求该土层的最终沉降量。

4-7 厚度 $H=10$m 的黏土层，上覆透水层，下伏不透水层，其压缩应力如图 4-32 所示。已知黏土层的初始孔隙比 $e_1=0.8$，压缩系数 $a=0.000\ 25$kPa⁻¹，渗透系数 $k=0.02$m/年。试求：

（1）加载一年后的沉降量 s_t？

（2）地基固结度达 $U_z=0.75$ 时所需要的时间 t。

（3）若将此黏土层下部改为透水层，则 $U_z=0.75$ 时所需的时间 t。

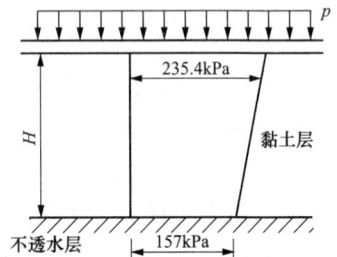

图 4-32 习题 4-7 图

4-8　某黏土层厚度为 8m，土层上下层面均为砂层，已知黏土层孔隙比 $e_0 = 0.8$，压缩系数 $a = 0.25 \text{MPa}^{-1}$，渗透系数 $k = 6.3 \times 10^{-8} \text{cm/s}$，地表瞬时施加无穷均布荷载 $p = 180 \text{kPa}$。试求：

（1）加载半年后地基的沉降量；

（2）该黏土层达到 50% 固结度所需要的时间。

第五章　土的抗剪强度及其参数确定

土的抗剪强度是指土体抵抗剪切破坏的极限能力，数值上等于土体发生剪切破坏时的切向应力。土的抗剪强度是土的重要力学性质指标之一。与土的抗剪强度有关的土工结构设计和施工问题主要有三大类：第一类是土作为建筑物和构筑物地基的承载力问题；第二类是土坡自身的稳定性问题；第三类是挡土结构上的土压力问题。

当土体受到外力后，其内部必然要产生附加应力，其中就包括切向应力。当切向应力达到一定程度后，土体就会产生剪切破坏。土体的破坏，其本质是剪切破坏，其破坏面（滑动面）显然属于剪切破坏面。

土体的强度与土体本身的基本性质（即土的类型及组成、粒径级配、矿物成分、含水状态、土粒结构、土体构造等）有关，还与土的形成环境、应力历史及试验方法等有关。因此，应该深入现场，较全面地了解和掌握土的特性，才能真正掌握其力学性质。

第一节　莫尔-库仑强度理论

一、库仑抗剪强度公式

土体发生剪切破坏时，沿土体内部某个弱面产生滑动，作用在该滑动面上的切应力就等于土的抗剪强度。1773 年，法国学者库仑（C. A. Coulomb）首先根据砂土直剪试验结果［见图 5-1（a）］，将砂土的抗剪强度表达为滑动面上法向应力的正比例函数，即

$$\tau_f = \sigma \tan\varphi \tag{5-1}$$

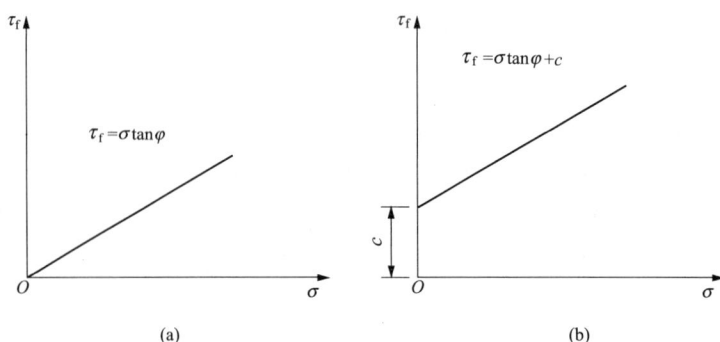

图 5-1　土的抗剪强度与外荷载的关系

（a）砂土抗剪强度曲线；（b）黏土抗剪强度曲线

式中　　τ_f——砂土的抗剪强度，kPa；

σ——剪切面上的法向应力，kPa；

φ——砂土的内摩擦角，（°）。

后来库仑又根据黏土的试验结果［见图 5-1（b）］，提出更为普遍的土体抗剪强度表达

形式

$$\tau_f = \sigma \tan\varphi + c \tag{5-2}$$

式中　c——黏土的黏聚力，kPa。

库仑定律表明：土的抗剪强度与法向应力之间呈直线关系。式（5-1）和式（5-2）中土的抗剪强度采用法向应力为总应力 σ 表示，称为用总应力表示的抗剪强度表达式。根据有效应力原理，土体总应力 σ 等于有效应力 σ' 和孔隙水压力 u 之和，即

$$\sigma = \sigma' + u \tag{5-3}$$

通过简单推导可以得到用有效应力表示土的抗剪强度的一般表达式

$$\tau'_f = \sigma' \tan\varphi' + c' \tag{5-4}$$

式中　τ'_f——有效应力表示的土的抗剪强度，kPa；

　　　φ'——有效内摩擦角，（°）；

　　　c'——有效黏聚力，kPa。

库仑试验表明：密实、颗粒大、尖棱、粗糙、级配好的土体的内摩擦角越大，土的抗剪切强度就越大。c 为土粒之间的黏聚力；在 τ-σ 曲线上，c（c'）为 τ 轴上的截距，φ（φ'）为其直线的倾角。

试验研究表明，土的抗剪强度取决于土粒间的有效应力，然而，总应力在应用上比较方便，许多土工问题的分析方法都还建立在总应力概念的基础上，故在工程上仍沿用至今。

二、莫尔-库仑强度公式

1910 年，莫尔提出材料的破坏是剪切破坏，当土体内任一平面上的剪应力等于材料的抗剪强度时，该点就发生破坏。莫尔同时提出，在破坏面上的剪应力，也即抗剪强度 τ_f 是该面上法向应力的函数，即

$$\tau_f = f(\sigma) \tag{5-5}$$

式（5-5）所定义的曲线（见图 5-2）称为莫尔强度包线，莫尔强度包线是反映土的抗剪强度性质与土中极限应力状态的关系曲线。理论分析和试验都证明，土的莫尔强度包线通常可以近似地用直线代替，如图 5-2 中的虚线所示，该直线方程就是库仑强度公式的表达式。由库仑公式表示莫尔包线的强度理论，称为莫尔-库仑强度理论。

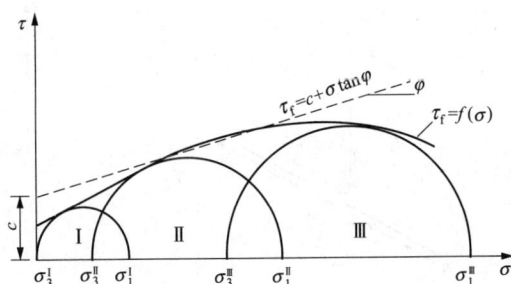

图 5-2　莫尔-库仑强度包络线

根据莫尔-库仑强度理论，当土体中任一点受到应力的作用，逐渐达到极限平衡状态，并且其莫尔应力圆与莫尔强度包线相切时，土体就沿一定的剪切面（如图 5-3 中单元体斜面 mn）发生剪切破坏，这一与莫尔强度包线相切的莫尔应力圆为土体剪切破坏时的应力极限平衡状态。反过来说，欲使土体某一点沿某一定的剪面产生剪切破坏，必须要求该点的应力达到极限平衡状态，且在剪切面上的应力点与莫尔强度包线相切，这一要求的应力条件为土体破坏的极限应力平衡条件。这就是判断土体是否出现剪切破坏的准则，称为莫尔破坏准则。当土体中应力状态达到极限平衡状态时，土体就产生破坏；反之，土体就不会出现剪切破坏。

第二节 土的极限平衡条件

土的强度破坏通常是指剪切应力大于土体抗剪强度时的状态，当土体中剪应力等于土的抗剪强度时的临界状态称为土处于极限平衡状态。土的极限平衡条件是指土体处于极限平衡状态时土中的应力状态和抗剪强度指标之间的关系式。

一、土体中一点的应力状态

在地基中任意取一平面 mn，平面上的总应力为 σ_0，根据材料力学力的合成与分解原理将总应力分解为平行于 mn 面的剪应力 τ 和垂直于 mn 面的法向应力 σ，如图 5-3 所示。

将作用在平面 mn 上的剪应力 τ 与土的抗剪强度 τ_f 进行比较来判断地基中土体是否发生剪切破坏：

(1) $\tau = \tau_f$ 时，该点土体处于极限平衡状态；

(2) $\tau < \tau_f$ 时，该点土体处于稳定状态；

(3) $\tau > \tau_f$ 时，该点土体发生剪切破坏。

在外荷载的作用下土体中的剪应力由小不断增大，并趋于临界状态。但发生破坏的面并不在最大剪应力平面上，为了弄清这一问题需要研究土的极限平衡条件。

二、土的极限平衡关系式

一般采用主应力（σ_1，σ_3）和土的抗剪强度指标（c，φ）来描述土体极限平衡条件，莫尔应力圆表示土中的应力状态，达到极限平衡状态时莫尔应力圆与抗剪强度线相切，首先以砂土为例推导土的极限平衡条件表达式，如图 5-4 所示

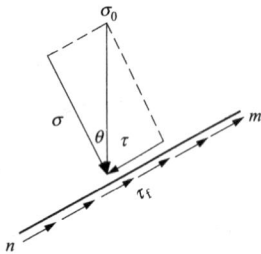

图 5-3 土体中一点的应力

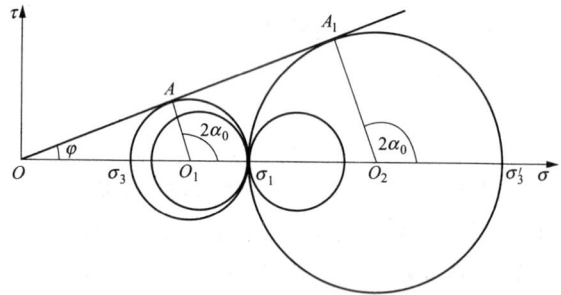

图 5-4 砂土的极限平衡状态

$$\sin\varphi = \frac{O_1 A}{OO_1} = \frac{\sigma_1 - \sigma_3}{\sigma_1 + \sigma_3} \tag{5-6}$$

等式右侧分子与分母同时除以最小主应力 σ_3 得到

$$\sin\varphi = \frac{\dfrac{\sigma_1}{\sigma_3} - 1}{\dfrac{\sigma_1}{\sigma_3} + 1} \tag{5-7}$$

移项并简化得到

$$\frac{\sigma_1}{\sigma_3} = \frac{1+\sin\varphi}{1-\sin\varphi} \tag{5-8}$$

利用三角函数的互换关系得到

$$\frac{\sigma_1}{\sigma_3} = \frac{\sin\frac{\pi}{2}+\sin\varphi}{\sin\frac{\pi}{2}-\sin\varphi} = \frac{\sin\left(\frac{\pi}{4}+\frac{\varphi}{2}\right)\cos\left(45°-\frac{\varphi}{2}\right)}{\cos\left(\frac{\pi}{4}+\frac{\varphi}{2}\right)\sin\left(45°-\frac{\varphi}{2}\right)} = \tan^2\left(\frac{\pi}{4}+\frac{\varphi}{2}\right) \tag{5-9}$$

因此，砂土极限平衡条件用最小主应力 σ_3 表示为

$$\sigma_1 = \sigma_3\,\tan^2\left(\frac{\pi}{4}+\frac{\varphi}{2}\right) \tag{5-10a}$$

也可以表达如下

$$\sigma_3 = \sigma_1\,\tan^2\left(\frac{\pi}{4}-\frac{\varphi}{2}\right) \tag{5-10b}$$

与砂土类似推导，可以获得黏土的极限平衡条件

$$\sigma_1 = \sigma_3\,\tan^2\left(\frac{\pi}{4}+\frac{\varphi}{2}\right) + 2c\tan\left(\frac{\pi}{4}+\frac{\varphi}{2}\right) \tag{5-11a}$$

$$\sigma_3 = \sigma_1\,\tan^2\left(\frac{\pi}{4}-\frac{\varphi}{2}\right) - 2c\tan\left(\frac{\pi}{4}-\frac{\varphi}{2}\right) \tag{5-11b}$$

此时，破坏面上的法向应力 σ 和剪应力 τ 为

$$\sigma = \frac{1}{2}(\sigma_1+\sigma_2) + \frac{1}{2}(\sigma_1-\sigma_2)\cos2\alpha_f \tag{5-12a}$$

$$\tau = \frac{1}{2}(\sigma_1-\sigma_3)\sin2\alpha_f \tag{5-12b}$$

式（5-12a）和式（5-12b）中，α_f 为土体发生剪切破坏时，破坏面与最大主应力面之间的夹角（称为破裂角），$\alpha_f = 45°+\frac{\varphi}{2}$；反之，破坏面与最小主应力面之间的夹角为 $45°-\frac{\varphi}{2}$。

而式（5-11a）和式（5-11b）表明，当黏聚力等于 0 时第二项为 0，即为砂土的极限平衡条件，土的极限平衡条件是反映土的强度重要公式，具有十分重要的工程实践意义，例如，在土压力计算中就直接应用到土的极限平衡条件。

第三节　土的抗剪强度指标及测定方法

土的抗剪强度指标包括内摩擦角和黏聚力（c，φ），可由室内试验和现场试验测定，测定土的抗剪强度常用的仪器有直剪仪、三轴压缩仪和十字板剪切仪等。根据各类基础工程的用途、土质等具体情况，选择相应的仪器和方法进行试验。下面主要介绍直剪试验和三轴压缩试验方法确定土的抗剪强度指标方法。

一、直剪试验

根据土体的排水条件，直剪试验可分为快剪试验、固结快剪试验和慢剪试验三种。直剪仪可分为应变控制式和应力控制式两种，前者是控制试样产生一定位移，如量力环中量表指针不再前进，表示试样已剪切破坏，测定其相应的水平剪切力；后者则是控制对试样分级施

加一定的水平剪应力，如相应的位移不断增加，认为试样已剪切破坏。目前，我国普遍采用的是应变控制式直剪仪。

（一）试验设备与方法

1. 试验设备

（1）应变控制式直剪仪。由剪切盒、垂直加压设备、剪切传动装置、测力计和位移量测系统等组成，如图 5-5 所示。

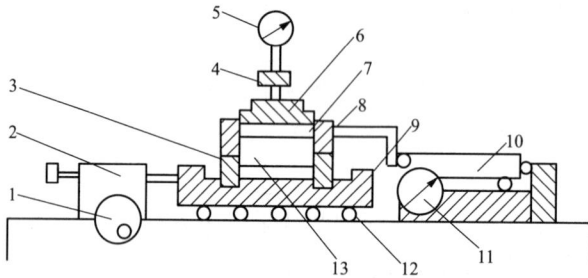

图 5-5 直剪仪示意图

1—传动机构；2—推动器；3—下盒；4—垂直加压框架；5—竖直位移计；6—传压板；
7—渗水板；8—上盒；9—水缸；10—测力计；11—水平位移计；12—滚珠；13—试样

（2）环刀：内径为 61.8mm，高度为 20mm。

（3）位移量测设备：量程为 10mm，分度值为 0.01mm 的百分表；或精度为全量程 2% 的传感器。

2. 直剪试验步骤

（1）制备好试样，每组不少于 4 个。

（2）对准剪切容器上下盒，插入固定销，在下盒内放透水板和滤纸，将带有试样的环刀刃口向上，对准剪切盒口，在试样上放滤纸和透水板，将试样小心地推入剪切盒内。

（3）移动传动装置：使上盒前端钢珠刚好与测力计接触，依次放上传压板、加压框架，安装竖直位移和水平位移量测装置，并调至零位或测记初读数。

（4）根据工程实际和土的软硬程度施加各级垂直压力，对松软试样垂直压力应分级施加，以防土样挤出。施加压力后，向盒内注水，当试样为非饱和试样时，应在传压板周围包以湿棉纱（慢剪试验及固结快剪试验适用该条）。

（5）施加垂直压力后，每 1h 测读垂直变形一次，直至试样固结变形稳定。变形稳定标准为每小时不大于 0.005mm（慢剪试验及固结快剪试验适用该条）。

（6）拔去固定销，根据不同试验方法，采用相应的剪切速度进行剪切，试样每产生剪切位移 0.2～0.4mm 记录测力计和位移读数，直至测力计读数出现峰值，应继续剪切至剪切位移为 4mm 时停机，记录下破坏值，当剪切过程中测力计读数无峰值时，应剪切至剪切位移为 6mm 时停机。

（7）当需要估算试样的剪切破坏时，可按下式计算

$$t_f = 50t_{50}$$

$$(5-13)$$

式中 t_f——达到破坏所经历的时间，min；

t_{50}——固结度达到 50% 所需要的时间，min。

（8）试验结束，吸取盒内积水，退去剪切力和垂直压力，移动加压框架，取出土样并测定试样的含水率。

（9）数据处理。

1）剪应力的计算

$$\tau = CR/A_0 \times 10 \tag{5-14}$$

式中　τ——试样的剪应力，kPa；

　　　C——测力计率定系数，N/0.01mm；

　　　A_0——试样初始断面面积，cm²。

2）以剪应力为纵坐标，剪切位移为横坐标，绘制剪应力与剪切位移关系曲线（见图5-6），取曲线上剪应力的峰值为抗剪强度，无峰值时，取剪切位移4mm所对应的剪应力为抗剪强度。

3）以抗剪强度为纵坐标，垂直压力为横坐标，绘制抗剪强度与垂直压力关系曲线（见图5-7），直线的倾角为摩擦角，直线在纵坐标上的截距为黏聚力。

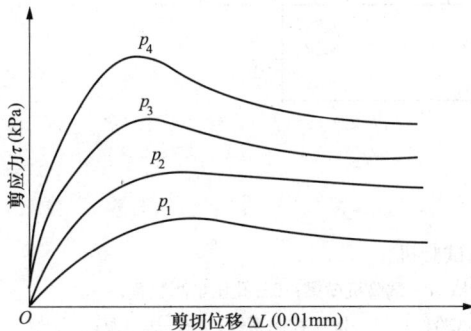

图 5-6　剪应力与位移的关系

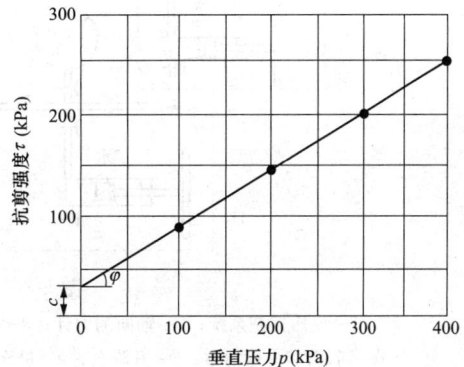

图 5-7　抗剪强度与垂直压力的关系

（二）直剪试验的优缺点

直剪试验具有构造简单，土样制备及试验操作方便等许多优点，因此仍为国内一般工程所广泛采用。但也存在不少缺点，主要有：

（1）剪切面上剪应力分布不均匀，土样剪切破坏时先从边缘开始，在边缘发生应力集中现象。

（2）剪切面限制在上下盒之间的水平面上，而不是沿土样最薄弱的面剪切破坏。

（3）在剪切过程中，土样剪切面逐渐缩小，而在计算抗剪强度时仍按土样的原截面面积计算，使计算结果偏小。

（4）试验时不能严格控制排水条件，不能量测孔隙水压力，在进行不排水剪切时，试样仍有可能排水，因此快剪试验和固结快剪试验仅适用于渗透系数小于 10^{-6} cm/s 的细粒土。

二、三轴压缩试验

相对于直剪试验存在诸多缺点，而三轴压缩试验测定土的抗剪强度是一种较为完善的方法。三轴压缩试验是目前测定土的抗剪强度指标较为可靠的试验方法，它能较为严格地控制试样的排水、测试剪切前后和剪切过程中土样的孔隙水压力。因此，对于一级建筑物和重大工程的科学研究必须采用三轴压缩试验方法确定土的抗剪强度指标。

1. 试验装置

应变控制式三轴压缩仪由压力室、轴向加载系统、周围压力加载系统、孔隙水压力加载系统、反压力系统和其他附属设备（包括切土器、切土盘、分样器、饱和器、击实器、承膜筒和对开圆模等），如图 5-8 所示。

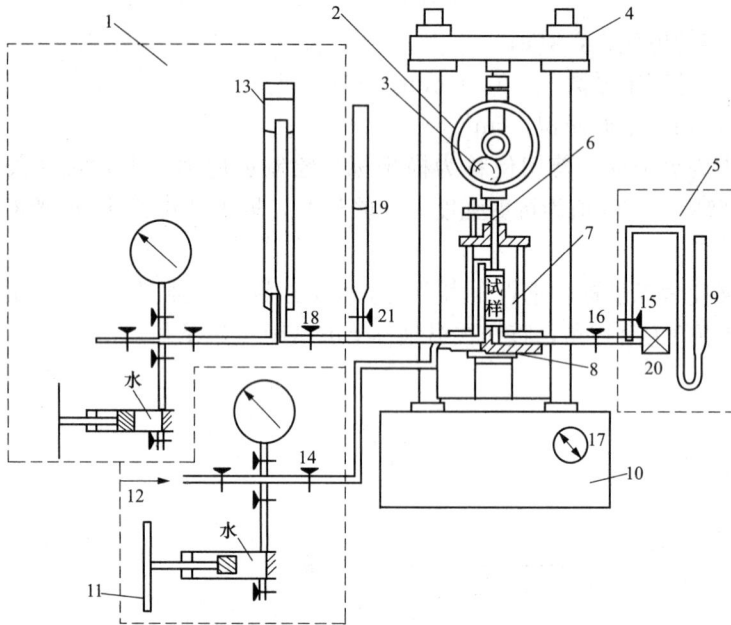

图 5-8 三轴压缩试验机

1—反压控制系统；2—轴向测力计；3—轴向位移计；4—试验机横梁；5—孔压量测装置；
6—活塞；7—压力室；8—升降台；9—量水管；10—试验机；11—围压控制系统；12—压力源；
13—体变管；14—周围压力阀；15—量管阀；16—孔隙水压力阀；17—手轮；
18—体变管阀；19—排水管；20—孔隙压力传感器；21—排水管阀

2. 常规试验方法的主要步骤

(1) 将土切成圆柱体套在橡胶膜内，放在密封的压力室内，使试样在各个方向上受到周围压力 σ_3，并使液压在整个试验过程中保持不变。

(2) 通过传力杆对试样施加竖向压力，这样竖向主应力大于水平主应力，当竖向主应力逐渐增大至试样破坏时，设此时最大、最小主应力分别为 $\sigma_1 = \sigma_3 + \Delta \sigma_1$、$\sigma_3$，然后以 $\sigma_1 - \sigma_3$ 为直径作极限应力圆。

(3) 用同一种土样的若干个试样（≥3 个）按照上述方法分别进行试验，每个试样施加不同的周围压力 σ_3，可分别得出剪切破坏时不同的 σ_1，将这些结果绘成一组极限应力圆。由于这些试样均剪切至破坏，根据莫尔-库仑强度理论，作一组极限应力圆的公共切线，为土的抗剪强度包线（通常近似为一条直线），获得土的抗剪强度指标 c、φ。

3. 试验方法

对应于直剪试验的快剪、固结快剪和慢剪试验，三轴压缩试验按剪切前受到围压 σ_3 的固结状态与剪切时的排水条件，可分为固结排水剪、不固结不排水剪和固结不排水剪三种试验方法。

（1）不固结不排水剪（UU）。又称快剪试验，在施加围压和增加轴压直至破坏过程中均不允许试样排水。通过不固结不排水剪试验可以获得总的抗剪强度参数 c、φ。它适用于土层厚度大、渗透系数较小、施工快速的工程，以及快速破坏的天然土坡稳定性的验算。

（2）固结排水剪（CD）。又称慢剪试验，先施加围压下排水固结，然而在允许试样充分排水的情况下增加轴压直至试样破坏。通过该试验方法可以测定有效抗剪强度参数 c_d、φ_d。其强度指标适用于土层厚度小、渗透系数大及施工速度慢的工程。

（3）固结不排水剪（CU），又称固结快剪试验，先施加围压下排水固结，然而在保持不排水的条件下增加轴压直至试样破坏。通过该试验方法可以测定总的抗剪强度参数 c_{cu}、φ_{cu} 和有效抗剪强度参数 c'、φ'。固结不排水剪可以模拟地基在自重或正常荷载下已达到充分固结，而后遇有施加突然荷载的情况。

4．试验过程

（1）不团结不排水剪试验过程。

1）试样制备。

a．数量。同一种土一组试验需要 3～4 个试样，分别在不同周围压力下进行试验。

b．尺寸。试样高度与直径比值一般取 2.0～2.5；试样中有裂隙、软弱面或构造面，直径宜采用 101mm。

c．形状。试样形状要求规整，圆柱体直径上下一致，两端平整并垂直于轴线。

原状土试样制备：先用分样器将圆筒形土样竖向分成 3 个扇形土样，再用切土盘将每个土样仔细切成标准圆柱形试样，取余土测定试样的含水量。

重塑土试样制备：预先测定土样的含水率和干密度，称取风干过筛的土样，平铺于搪瓷盘内，将计算所需加水量用小喷壶均匀喷洒于土样上，充分拌匀，装入容器盖紧，防止水分蒸发。

2）试样安装，应按下列步骤进行：

a．在压力室的底座上，依次放上不透水板、试样及不透水试样帽，将橡皮膜用承膜筒套在试样外，并用橡皮圈将橡皮膜两端与底座及试样帽分别扎紧。

b．将压力室罩顶部活塞提高，放下压力室罩，将活塞对准试样中心，并均匀地拧紧底座连接螺母。向压力室内注满纯水，待压力室顶部排气孔有水溢出时，拧紧排气孔，并将活塞对准测力计和试样顶部。

c．将测力计和变形指示计调至零位。

d．关排水阀，开周围压力阀，施加周围压力。

3）试样剪切，应按下列步骤进行：

a．剪切应变速率宜为 0.5%～1.0%/min。

b．启动电动机，开始剪切试样。试样每产生 0.3%～0.4% 的轴向应变（或 0.2mm 变形值），测记一次测力计读数和轴向变形值。当轴向应变大于 3% 时，试样每产生 0.7%～0.8% 的轴向应变（或 0.5mm 变形值），测记一次。

c．当测力计读数出现峰值时，剪切应继续进行到轴向应变为 15%～20%。

d．试验结束，关电动机，关周围压力阀，脱开离合器，将离合器调至粗位，转动粗调手轮，将压力室降下，打开排气孔，排除压力室内的水，拆卸压力室罩，拆除试样，描述试样破坏形状，称试样质量，并测定含水率。

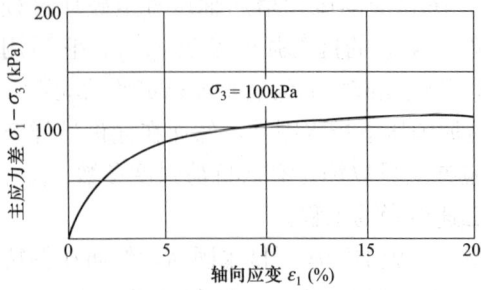

图 5-9　绘制主应力差与轴向应变关系曲线

4）结果描述。以主应力差为纵坐标，轴向应变为横坐标，绘制主应力差与轴向应变关系曲线（见图 5-9）。取曲线上主应力差的峰值作为破坏点，无峰值时，取 15% 轴向应变时的主应力差值作为破坏点。

以剪应力为纵坐标，法向应力为横坐标，在横坐标轴以破坏时的 $\dfrac{\sigma_{1f} + \sigma_{3f}}{2}$ 为圆心，以 $\dfrac{\sigma_{1f} - \sigma_{3f}}{2}$ 为半径，在 $\sigma\tau$ 应力平面上绘制莫尔圆，并绘制不同周围压力下莫尔圆的包线，求出不固结不排水剪强度参数（见图 5-10）。

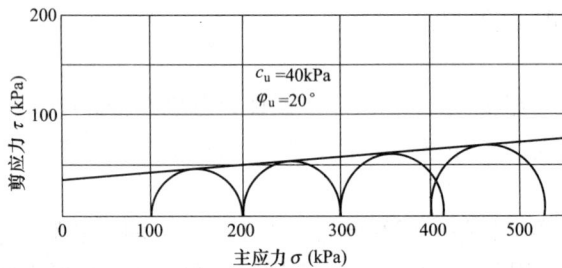

图 5-10　不固结不排水剪强度包络线

（2）固结不排水剪试验过程。

1）试样剪切，应按下列步骤进行：

a. 剪切应变速率：黏土宜为 0.05%～0.1%/min；粉土为 0.1%～0.5%/min。

b. 将测力计、轴向变形指示计及孔隙水压力读数均调整至零。

c. 启动电动机，开始剪切试样。

d. 试验结束，关电动机，关各阀门，脱开离合器，将离合器调至粗位，转动粗调手轮，将压力室降下，打开排气孔，排除压力室内的水，拆卸压力室罩，拆除试样，描述试样破坏形状，称试样质量，并测定试样含水率。

2）结果描述。由于在试验过程中，可以测定孔隙水压力的变化，因此结果表述可以采用总应力和有效应力两种方法，分别获得总应力强度和有效应力强度指标。

以剪应力为纵坐标，法向应力为横坐标，在横坐标轴以破坏时的 $\dfrac{\sigma'_{1f} + \sigma'_{3f}}{2}$ 为圆心，以 $\dfrac{\sigma'_{1f} - \sigma'_{3f}}{2}$ 为半径，在 $\sigma\tau$ 应力平面上绘制莫尔圆，并绘制不同周围压力下莫尔圆的包线，求出固结不排水剪强度参数（见图 5-11）。

（3）固结排水剪试验过程。由于在试验过程中排水，因此只能获得有效应力强度指标。

以剪应力为纵坐标，法向应力为横坐标，在横坐标轴以破坏时的 $\dfrac{\sigma_{1f} + \sigma_{3f}}{2}$ 为圆心，以 $\dfrac{\sigma_{1f} - \sigma_{3f}}{2}$ 为半径，在 $\sigma\tau$ 应力平面上绘制莫尔圆，并绘制不同周围压力下莫尔圆的包线，求

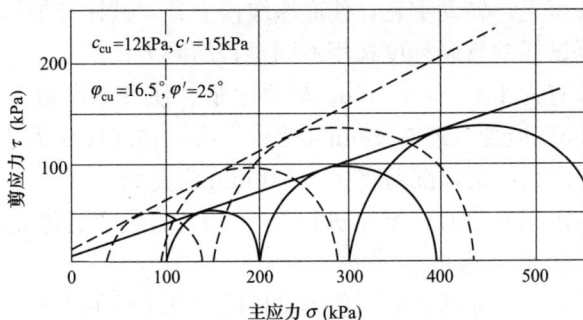

$c_{cu}=12kPa, c'=15kPa$

$\varphi_{cu}=16.5°, \varphi'=25°$

图 5-11 固结不排水剪强度包线

出固结排水剪强度参数（见图 5-12）。

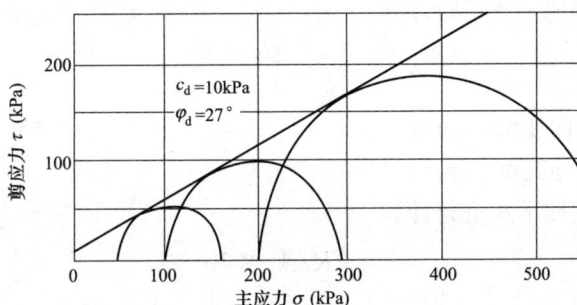

$c_d=10kPa$

$\varphi_d=27°$

图 5-12 固结排水剪强度包线

三、无侧限抗压强度试验

无侧限抗压强度试验与在三轴压缩仪中进行 $\sigma_3=0$ 的不排水试验一样，试验时将圆柱体形试样放在无侧限抗压试验仪中，在不加任何侧向压力的情况下施加垂直压力，直到使试样剪切破坏为止。该试验适用于饱和黏性土，试样直径宜为 35～50mm，高度与直径之比宜采用 2.0～2.5。

1. 试验设备

试验设备包括：应变控制无侧限压缩仪、轴向位移计和天平等设备。

（1）应变控制无侧限压缩仪。包括测力计、加压框架、升降设备，如图 5-13 所示。

（2）轴向位移计：量程为 10mm，分度值为 0.01mm 的百分表或准确度为全量程 0.2% 的位移传感器。

（3）天平：称量 500g，最小分度值为 0.1g。

2. 试验过程

（1）将试样两端抹一薄层凡士林，在气候干燥时，试样周围也需抹一薄层凡士林，防止水分蒸发。

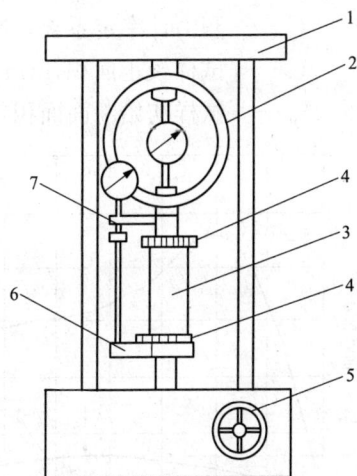

图 5-13 应变控制无侧限压缩仪

1—轴向加压框架；2—测力计；3—试样；
4—传压板；5—手轮；6—升降板；
7—轴向位移计

（2）将试样放在底座上，转动手轮，使底座缓慢上升，试样与加压板刚好接触，将测力计读数调整为零。根据试样的软硬程度选用不同量程的测力计。

（3）轴向应变速率宜为 1‰～3‰/min。转动手柄，使升降设备上升进行试验，轴向应变小于 3‰时，每隔 0.5‰应变（或 0.4mm）读数一次，轴向应变大于或等于 3‰时，每隔 1‰应变（或 0.8mm）读数一次，试验宜在 8～10min 内完成。

（4）当测力计读数出现峰值时，继续进行 3‰～5‰的应变后停止试验。当读数无峰值时，试验应进行到应变达 20‰为止。

（5）测定试样的灵敏度。立即将破坏后的试样除去凡士林的表面，立即加小许余土，包于塑料布内用手搓捻，破坏其结构，加工成重塑土样，使其含水量和密度与原来的土样相同。

3. 试验结果

（1）轴向应变，按照下式进行计算

$$\varepsilon_1 = \frac{\Delta h}{h_0} \qquad (5\text{-}15)$$

式中　Δh ——试样轴向变形，mm；

　　　h_0 ——试样初始高度，mm。

（2）轴向应力，按照下式进行计算

$$\sigma = CR/A_a \times 10 \qquad (5\text{-}16)$$

$$A_a = \frac{A_0}{1 - \varepsilon_1} \qquad (5\text{-}17)$$

式中　σ ——试样的轴向应力，kPa；

　　　C ——测力计率定系数，N/0.01mm；

　　　A_a ——试样校正面积，cm^2；

　　　A_0 ——试样初始断面面积，cm^2。

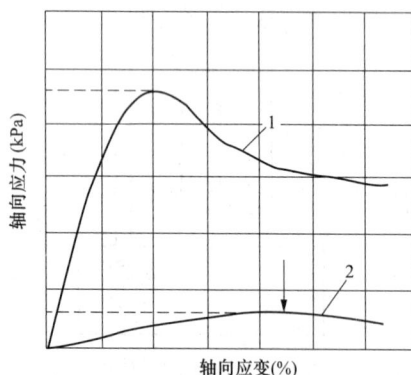

图 5-14　$\varepsilon_1\text{-}\sigma$ 曲线

1—原状土样；2—重塑土样

（3）轴向应力与轴向应变的关系曲线。以轴向应变为横坐标，轴向应力为纵坐标，按比例绘制 $\varepsilon_1\text{-}\sigma$ 曲线，如图 5-14 所示。选取曲线上的峰值点或稳定值作为无侧限抗压强度，如无明显峰值，取轴向应变等于 15‰对应的轴向应力作为无侧限抗压强度。

（4）土的黏聚力。饱和土的不排水剪切，内摩擦角为 0，在无侧限抗压强度试验中土样不用橡胶膜包裹，并且剪切速度快，此时水来不及排出，所以属于不排水剪。由图 5-15 可知，不固结不排水剪的抗剪强度 c_u 是无侧限抗压强度 q_u 的一半，即

$$c_u = q_u/2 \qquad (5\text{-}18)$$

四、十字板剪切试验

室内抗剪强度测试一般要求取得原状土样，但由于试样在采取、运送、保存和制备等过程中不可避免地受到扰动，含水率也很难保持不变，特别是对于高灵敏度的软黏土，室内测

试获得抗剪强度指标的精度就受到影响。

十字板剪切试验是一种原位测试土抗剪强度的方法。该试验不需取原状土样，试验时的排水条件、受力状态与土所处的天然状态比较接近，因此试验结果比较可靠。十字板剪切仪构造，如图 5-16 所示。

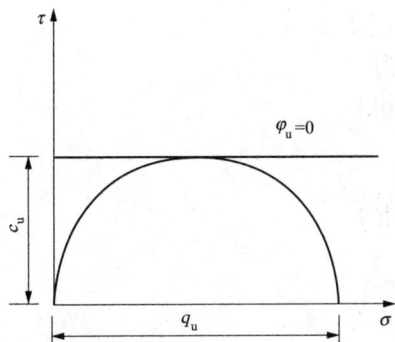

图 5-15　单轴压缩试验破坏时的莫尔应力圆

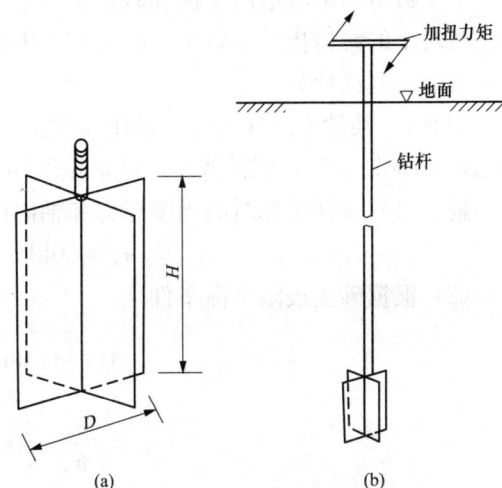

图 5-16　十字板剪切仪
（a）剪切板示意图；（b）十字板剪切仪构造

十字板剪切试验测试抗剪强度原理：试验时先将套管打到预定的深度，并将套管内的土清除。将十字板装在钻杆的下端，通过套管压入土中（压入深度约为 750mm）。然后由地面上的扭力设备对钻杆施加扭矩，埋在土中的十字板扭转，直至土剪切破坏。破坏面为十字板旋转所形成的圆柱面。

计算土中抗剪强度与外荷载的关系，实际作用在圆柱面上的扭矩由上下面抗剪强度所产生的抵抗力矩和圆柱侧面抗剪强度所产生的抵抗力矩两部分组成，即

$$M = M_1 + M_2 \tag{5-19}$$

$$M_1 = 2\left(\frac{\pi D^2}{4} \times l \times \tau_f\right) \tag{5-20}$$

$$M_2 = \pi DH \times \frac{D}{2} \times \tau_v \tag{5-21}$$

式中　M_1——上下面抗剪强度所产生的抵抗力矩，kN·m；

　　　M_2——圆柱侧面抗剪强度所产生的抵抗力矩，kN·m；

　　　l——上下面剪应力对圆心的平均力臂，取 $l = \dfrac{D}{3}$；

　　　M——剪切破坏时的扭矩，kN·m；

　　τ_f、τ_v——剪切破坏时圆柱体上下面和侧面土的抗剪强度，kPa；

　　　H——十字板的高度，m；

　　　D——十字板的直径，m。

天然状态的土体是各向异性的，但实用上为了简化计算，假定土体为各向同性，即 $\tau_f = \tau_v$，并记作 τ_f，则式（5-19）~式（5-21）整理可得

$$\tau_f = \frac{M_{max}}{\dfrac{\pi D^2}{2}\left(\dfrac{D}{3} + H\right)}$$

(5-22)

式中　　τ_f——十字板测定的土的抗剪强度，kPa。

十字板剪切试验适用于饱和软黏土（$\varphi = 0°$），它的优点是构造简单，操作方便，原位测试时对土的结构扰动也较小，故在实际中得到广泛应用。但在软土层中夹砂薄层时，测试结果可能失真或偏高。

例 5-1　某砂土试样进行三轴压缩试验，在周围压力为 50kPa 充分固结后，增加轴向压力 $\Delta\sigma_1 = 100$kPa 时，试样剪坏，试求该试样的抗剪强度指标。

解　（1）试样破坏时的周围压力和轴向压力分别为

$$\sigma_3 = 50\text{kPa}\ , \ \sigma_1 = 150\text{kPa}$$

（2）根据砂土极限平衡条件

$$\sigma_1 = \sigma_3 \tan^2\left(45° + \frac{\varphi}{2}\right)$$

$$\sqrt{\frac{\sigma_1}{\sigma_3}} = \tan\left(45° + \frac{\varphi}{2}\right)$$

所以

$$45° + \frac{\varphi}{2} = 60°$$

（3）砂土抗剪强度指标

$$\varphi = 30°,\ c = 0$$

例 5-2　某黏土地基抗剪强度指标为 $c' = 30$kPa，$\varphi' = 30°$，地基内某点最小应力为 $\sigma_3' = 100$kPa，当土体处于极限平衡状态时，求该点的正应力和剪应力。

解　（1）根据黏性土的极限平衡条件得到

$$\sigma_1' = \sigma_3' \tan^2\left(45° + \frac{\varphi'}{2}\right) + 2c\tan\left(45° + \frac{\varphi'}{2}\right)$$

所以　　　　　　　$\sigma_1' = 100 \times 3 + 2 \times 30 \times 1.73 = 403.8(\text{kPa})$

（2）该点正应力和剪应力为

$$\sigma = \frac{1}{2}(\sigma_1' + \sigma_3') + \frac{1}{2}(\sigma_1' - \sigma_3')\cos 2\alpha_f$$

$$\sigma = \frac{1}{2}(403.8 + 100) + \frac{1}{2}(403.8 - 100)\cos 120° = 251.9 - 151.9 \times 0.5 = 176(\text{kPa})$$

$$\tau = \frac{1}{2}(\sigma_1' - \sigma_3')\sin 2\alpha_f = 151.9 \times 0.866 = 131.5(\text{kPa})$$

【讨论】能否用作图法来进行求解。

例 5-3　设砂土地基中某点的大主应力 $\sigma_1 = 400$kPa，小主应力 $\sigma_3 = 200$kPa，砂土的内摩擦角 $\varphi = 25°$，试判断该点是否破坏？

解　可以通过图 5-17 所示莫尔圆与抗剪强度包线关系曲线来判断该点是否破坏，假定土样处于极限平衡状态，则其大主应力应为

$$\sigma_{1f} = \sigma_3 \tan^2\left(\frac{\pi}{4} + \frac{\varphi}{2}\right) + 2c\tan\left(\frac{\pi}{4} + \frac{\varphi}{2}\right) = 492.8(\text{kPa})$$

所以 $\qquad \sigma_{1f} = 492.8\text{kPa} > \sigma_1 = 400\text{kPa}$

由图 5-17 可知，莫尔应力圆在抗剪强度包线以下，故该点不会破坏。

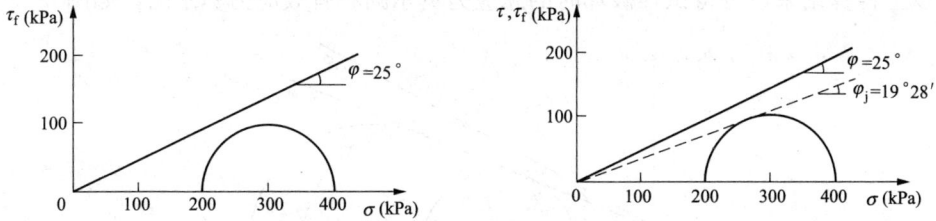

图 5-17　摩尔圆与抗剪强度线关系曲线

【讨论】1. 能否通过计算最小主应力，与给定的最小主应力比较?

2. 能否假定试样在 $\sigma_1 = 400\text{kPa}$、$\sigma_3 = 200\text{kPa}$ 时剪切破坏，通过计算其内摩擦角大小来判断该试样是否破坏?

例 5-4　在进行某饱和黏土的固结不排水剪三轴压缩试验中，两个试样破坏时的应力状态见表 5-1。试求：(1) c_{cu}、φ_{cu}、c'、φ'。(2) 试样 1 破坏面上的 σ' 和 τ。

表 5-1　固结不排水剪试验结果

试　　样	σ_3 (kPa)	σ_1 (kPa)	u (kPa)
1	120	330	40
2	220	530	80

解　(1) 由式 (5-11a) 可知，当土体处于极限平衡状态时，其最大主应力计算如下

$$\sigma_1 = \sigma_3 \tan^2\left(45° + \frac{\varphi}{2}\right) + 2c \tan\left(45° + \frac{\varphi}{2}\right)$$

令 $K = \tan\left(45° + \dfrac{\varphi}{2}\right)$，代入上式，得

$$\sigma_1 = \sigma_3 K^2 + 2cK$$

将试验结果代入，有

$$\begin{cases} 330 = 120K^2 + 2c_{cu}K \\ 530 = 220K^2 + 2c_{cu}K \end{cases}$$

两式相减得 $K = 1.41$，则

$$\varphi_{cu} = 19.3°,\ c_{cu} = 31.9\text{kPa}$$

对于有效应力

$$\sigma'_{31} = 120 - 40 = 80(\text{kPa})$$
$$\sigma'_{11} = 330 - 40 = 290(\text{kPa})$$
$$\sigma'_{32} = 220 - 80 = 140(\text{kPa})$$
$$\sigma'_{12} = 530 - 80 = 450(\text{kPa})$$

同理可得

$$\begin{cases} 290 = 80K^2 + 2c'K \\ 450 = 140K^2 + 2c'K \end{cases}$$

两式相减得 $K = 1.63$，则

$$\varphi' = 27.0°, \quad c' = 23.92\text{kPa}$$

由以上计算结果，可得试样破坏时的总应力莫尔圆和有效应力莫尔圆，如图 5-18 所示。

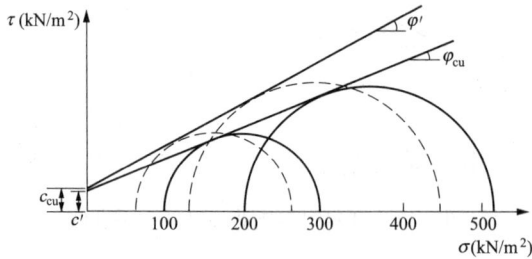

图 5-18   莫尔应力圆

（2）试样 1 破坏面与大主应力面的夹角为

$$\alpha = 45° + \frac{\varphi'}{2} = 45° + \frac{27.0°}{2} = 58.5°$$

则

$$\sigma' = \frac{1}{2}(\sigma'_1 + \sigma'_3) + \frac{1}{2}(\sigma'_1 - \sigma'_3)\cos 2\alpha$$

$$= \frac{1}{2}(290 + 80) + \frac{1}{2}(290 - 80)\cos(2 \times 59.35°)$$

$$= 137.34(\text{kPa})$$

$$\tau = \frac{1}{2}(\sigma'_1 - \sigma'_3)\sin 2\alpha$$

$$= \frac{1}{2}(290 - 80)\sin(2 \times 59.35°)$$

$$= 92.1(\text{kPa})$$

【讨论】为什么在计算剪切面上的正应力和剪应力时，用 $2\alpha = 90° + \varphi'$ 而不用 $2\alpha = 90° + \varphi$ 来进行计算呢？

第四节   土的抗剪强度影响因素及指标选择

一、土的抗剪强度影响因素

土的抗剪强度一般为非定值，受很多因素影响。不同地区、不同成因、不同类型土的抗剪强度往往有很大差别。即使是同一种土，在不同的密度、含水量、剪切速率和仪器形式等不同的条件下，其抗剪强度数值也大不相同。

1. 土的物理性质影响

（1）土粒矿物成分。砂土中石英矿物含量多，内摩擦角大，云母矿物含量多，则内摩擦角小。黏性土的矿物成分不同，土颗粒表面结合水和电分子力不同，其黏聚力也不同。土中含有各种胶结物质，可使黏聚力增大。

（2）土的密度。土的密度越大，土颗粒之间接触点多且紧密，则土颗粒之间的摩擦力和粗粒土之间的咬合力就越大，即内摩擦角 φ 越大。同时，土的密度大，土的孔隙就小，接触紧密，黏聚力也必然大。

（3）土的颗粒级配。土的颗粒级配影响土体内摩擦角。土颗粒越粗，内摩擦角越大；土的颗粒级配良好，内摩擦角大；土颗粒均匀则内摩擦角小。

（4）土的结构。黏性土具有结构强度，如黏性土的结构受扰动，则其黏聚力降低。

（5）土的含水率。当土的含水率增加时，水会在土颗粒表面形成润滑作用，使内摩擦角减小。对黏土来说，含水率增加，薄膜水变厚，则土颗粒之间的电分子力减弱，使黏聚力降低。联系滑坡工程实际，雨水入渗使山坡土中含水率增加，降低土的抗剪强度，导致山坡失稳滑动。

2. 试验方法的影响

对于某种特定土，其有效内摩擦角和黏聚力应该是常数，这是客观存在的。无论是用 UU、CU 或 CD 的试验结果，都可获得相同的有效内摩擦角和黏聚力值，它们不随试验方法而变。但实践上一般按 CU 试验，并同时测孔隙水压力方法来求有效内摩擦角和黏聚力。究其原因，是因为做 UU 三轴剪切试验时，无论总应力增加多少，有效应力均保持不变，也就是说无论做多少个不同周围压力的试验，所得出的有效极限应力圆只有一个，因而确定不了有效应力强度包线，也就得不出有效内摩擦角和黏聚力值。而做 CD 三轴试验时，因试样中不产生孔隙水压力，应力即为有效应力。但 CD 试验费时较长，故通常不用它来求土的有效内摩擦角和黏聚力。但应指出，CU 试验在剪切过程中试样因不能排水而使体积保持不变，但 CD 试验在排水剪切过程中试样的体积要发生变化，两者得出的抗剪强度参数会有一些差别。

二、土的抗剪强度指标选择

土体稳定分析成果的可靠性，在很大程度上取决于抗剪强度试验方法和抗剪强度指标的正确选择。而对于某个具体工程问题，如何确定土的抗剪强度指标并不是一件容易的事情。

首先要根据工程问题的性质确定三种不同排水的试验条件，进而决定采用总应力或有效应力的强度指标，然后选择室内或现场的试验方法。一般认为，由三轴固结不排水试验确定的有效应力强度指标 c' 和 φ' 宜用于分析地基的长期稳定性；而对于饱和软黏土的短期稳定性分析问题，则宜采用不固结不排水剪的强度指标，以总应力进行分析。一般工程问题多采用总应力法分析，其指标和测试方法的选择大致如下：

（1）若建筑物施工速度较快，而地基土的透水性和排水条件不良，可采用三轴压缩试验的不固结不排水剪试验或直剪试验的快剪试验结果。

（2）若地基荷载增长速率较慢，地基土的透水性不太小（如低塑性黏土）及排水条件又较佳（如黏性土中夹砂层），则可以采用固结排水剪或慢剪试验结果。

（3）若介于上述两种情况之间，可以用固结不排水剪或固结快剪试验结果。

由于实际加载情况和土的性质是复杂的，而且在建筑物的施工和使用过程中都要经历不同的固结状态，因此，在确定强度指标时还应结合工程经验。

第五节　土的孔隙水压力系数

有效应力在分析实际工程中的变形和稳定问题非常重要。根据有效应力原理，给出土中总应力后，求取有效应力的问题在于孔隙水压力。为此，A. W. 斯肯普顿（Skempton，

1954）提出以孔隙水压力系数表示孔隙水压力的发展和变化。根据三轴试验结果，引用孔隙水压力系数 A 和 B，建立了轴对称应力状态下土中孔隙水压力与大、小主应力之间的关系。孔隙水压力系数是指土体在不排水条件下，由外荷载引起的孔隙水压力增量与应力增量的比值。

设试样在原位受到的大、小主应力增量分别为 $\Delta\sigma_1$ 和 $\Delta\sigma_3$，在三轴压缩试验中分两个加载阶段实现。首先施加周围压力 $\Delta\sigma_3$，然后保持周围压力不变施加偏应力（$\Delta\sigma_1 - \Delta\sigma_3$）。如果试验是在不排气条件下进行，则对试样施加周围压力 $\Delta\sigma_3$ 和偏应力（$\Delta\sigma_1 - \Delta\sigma_3$）必将引起孔隙水压力增量 Δu_1 和 Δu_2，如图 5-19 所示。

总孔隙力压力可以表示为

$$\Delta u = \Delta u_1 + \Delta u_2 \tag{5-23}$$

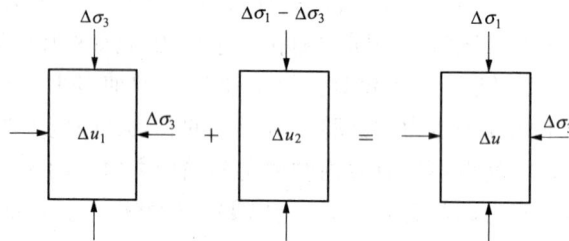

图 5-19　三轴试验中孔隙水压力变化

大量的三轴压缩试验研究表明，孔隙水压力的表达式为

$$\Delta u = B[\sigma_3 + A(\sigma_1 - \sigma_3)] \tag{5-24}$$

式中　A、B——不同应力状态下的孔隙水压力系数。

一、孔隙水压力系数 B

对试样施加周围压力 $\Delta\sigma_3$ 后在三个主应力方向的总应力增量均为 $\Delta\sigma_3$，此时引起的孔隙水压力增量为 Δu_1，则三个方向的有效应力增量为

$$\Delta\sigma'_3 = \Delta\sigma_3 - \Delta u_1 \tag{5-25}$$

根据广义胡克定律，获得土体微元的总体积应变为

$$\varepsilon_v = \frac{3(1-2\mu)}{E} \times (\Delta\sigma_3 - \Delta u_1) \tag{5-26}$$

土体微元体积变化

$$\Delta V_1 = \frac{3(1-2\mu)}{E}(\Delta\sigma_3 - \Delta u_1)V = C_s(\Delta\sigma_3 - \Delta u_1)V \tag{5-27}$$

式中　V——微元的初始体积；

　　ΔV_1——微元体积变化量；

　　C_s——土粒的体积压缩系数。

在孔隙水压力 Δu_1 的作用下，孔隙体积变化为

$$\Delta V_2 = C_v \frac{e}{1+e} V \Delta u_1 = C_v V n \Delta u_1 \tag{5-28}$$

式中　ΔV_2——体积变化量；

　　e——孔隙比；

n ——孔隙率；

C_v ——孔隙的体积压缩系数。

孔隙体积减小引起土体微元体积变化，因此

$$C_s(\Delta\sigma_3 - \Delta u_1)V = C_v Vn\Delta u_1 \tag{5-29}$$

解得

$$\Delta u_1 = \frac{1}{1 + n\dfrac{C_v}{C_s}}\Delta\sigma_3 = B\Delta\sigma_3 \tag{5-30}$$

$$B = \frac{1}{1 + n\dfrac{C_v}{C_s}}$$

式中　B——三向等压的孔隙水压力系数。

对于饱和土，孔隙被水充满，假定固体和水不能压缩，因此 $C_v = 0$，所以 $B = 1$。对于干土，孔隙可以无限制地压缩，所以 $B = 0$；对于非饱和土，孔隙水压力系数 $B = 0 \sim 1$。

二、孔隙水压力系数 A

在偏应力 $\Delta\sigma_1 - \Delta\sigma_3$ 作用下引起土体孔隙水压力增量为 Δu_2，则三个方向的有效应力增量为

$$\Delta\sigma'_1 = \Delta\sigma_1 - \Delta\sigma_3 - \Delta u_2 \tag{5-31}$$

$$\Delta\sigma'_2 = \Delta\sigma'_3 - \Delta u_2 \tag{5-32}$$

根据广义胡克定律，求得土体微元体积应变增量为

$$\varepsilon_v = \frac{3(1 - 2\mu)}{E} \times \frac{1}{3}(\Delta\sigma_1 - \Delta\sigma_3 - 3\Delta u_2) \tag{5-33}$$

土体微元的体积变化为

$$\Delta V_1 = C_s\sigma_m V \tag{5-34}$$

在孔隙水压力 Δu_2 的作用下，孔隙体积变化量为

$$\Delta V_2 = C_v\frac{e}{1+e}V\Delta u_2 = C_v Vn\Delta u_2 \tag{5-35}$$

孔隙体积减小引起土体微元体积变化，因此

$$C_s\left[\frac{1}{3}(\Delta\sigma_1 - \Delta\sigma_3 - 3\Delta u_2)\right]V = C_v Vn\Delta u_2 \tag{5-36}$$

求得

$$\Delta u_2 = \frac{1}{1 + n\dfrac{C_v}{C_s}}\frac{1}{3}(\Delta\sigma_1 - \Delta\sigma_3) = B\frac{1}{3}(\Delta\sigma_1 - \Delta\sigma_3) \tag{5-37}$$

孔隙水压力增量为

$$\Delta u = \Delta u_1 + \Delta u_2 = B\left[\frac{1}{3}(\Delta\sigma_1 - \Delta\sigma_3) + \Delta\sigma_3\right] \tag{5-38}$$

考虑土不为弹性体，A. W. 斯肯普顿将 $A = 1/3$，因此孔隙水压力增量可简化为

$$\Delta u = B[\sigma_3 + A(\sigma_1 - \sigma_3)] \tag{5-39}$$

对于土体而言，孔隙水压力系数 A 取决于偏应力增量所引起的体积变化，其变化范围

在−0.5～3.0 之间，主要与土的类型、状态、应力历史和应力状况等因素有关。

对于饱和黏土，式（5-39）可以简化为

$$\Delta u = \sigma_3 + A(\sigma_1 - \sigma_3) \tag{5-40}$$

第六节 土 的 应 力 路 径

对加载过程中的土体内某点，其应力状态的变化可在应力坐标图中以莫尔应力圆上一个特征点的移动轨迹表示，这种轨迹称为应力路径。应力路径是描述土体在外力作用下应力变化情况或过程的一种方法。对于同一种土，当采用不同的试验手段和不同的加载方法使之剪切破坏时，其应力变化的过程是不同的，相应的土的变形与强度特性也将出现很大的差异。

由于土中应力可以采用有效应力和总应力两种表示法，因此在同一应力坐标图中也存在着总应力路径和有效应力路径两种。前者是指受外荷载后土中某点的总应力变化的轨迹，它与加载条件有关，而与土质和土的排水条件无关；后者则指在已知的总应力条件下，土中某点有效应力变化的轨迹，它不仅与加载条件有关，而且也与土体排水条件及土的初始状态、初始固结条件及土类等土质条件有关。

1. 直剪试验应力路径

直剪试验是先加法向应力，在法向应力不变的情况下逐渐增加剪应力直至试样破坏的过程。所以在试验开始时，正应力从 0 变化到设定的应力值，剪应力不变。最后剪应力增加到最大，正应力保持不变。因此，剪切面上的应力路径为 $0 \to A \to B$，如图 5-20 所示。

2. 三轴压缩试验应力路径

在三轴压缩试验中，如果保持 σ_3 不变，逐渐增加 σ_1，这个应力变化过程可以用一系列应力圆表示。为了避免在一张图上画很多应力圆使图画很不清晰，可在圆上适当选择一个特征点来代表一个应力圆。常用的特征点是应力圆的顶点（剪应力为最大），按应力变化过程顺序把这些点连接起来就是应力路径，并以箭头指明应力状态的发展方向。因此，三轴压缩试验的应力路径为 $A \to B \to C \to D$，如图 5-21 所示。

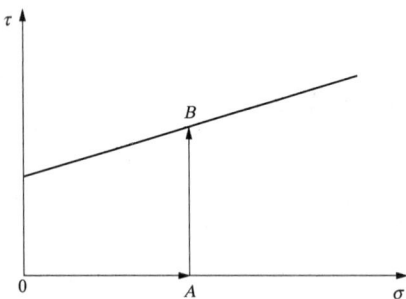

图 5-20 直剪试验应力路径示意图

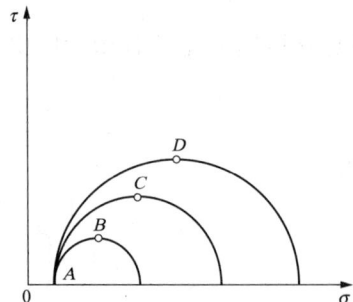

图 5-21 固结排水剪试验应力路径示意图

由于土体的变形和强度不仅与受力的大小有关，更重要的还与土的应力历史有关，土的应力路径可以模拟土体实际的应力历史，全面研究应力变化过程对土力学性质的影响。因此，土的应力路径对进一步探讨土的应力-应变关系和强度都具有十分重要的工程意义。

思　考　题

5-1　什么是土的抗剪强度？土体的破坏，其本质是什么破坏？

5-2　库仑的土体抗剪强度理论公式及公式中字母的含义是什么？

5-3　什么是土的极限平衡条件？理解黏性土的极限平衡条件表达式。

5-4　土的抗剪强度指标包括哪些？测定方法有哪些？

5-5　直剪试验的优、缺点是什么？

5-6　根据试样的固结和排水条件，三轴压缩试验包括哪些试验方法？其适用范围是什么？

5-7　何谓孔隙水压力系数？孔隙水压力系数 $B=1$ 和 $B=0$ 时，分别代表什么样的土？

5-8　试述应力路径的概念。

习　　题

5-1　某砂土试样进行三轴压缩试验，在周围压力 $\sigma_3=50$kPa 下增加轴向压力至 $\sigma_1=100$kPa 时，试样剪坏，试求该试样的抗剪强度指标。

5-2　设砂土地基中某点的大主应力 $\sigma_1=250$kPa，小主应力 $\sigma_3=100$kPa，砂土的内摩擦角 $\varphi=30°$，试判断该点是否破坏。

5-3　某黏性土地基强度指标为 $\varphi=30°$，地基内某点最小主应力 $\sigma_3=100$kPa，最大主应力 $\sigma_1=300$kPa，当土体处于极限平衡状态时，试求该点的正应力和剪应力。

5-4　从某地基中取黏土样进行三轴压缩试验，获得强度指标：黏聚力 $c'=35$kPa，内摩擦角 $\varphi'=28°$，地基内某点大有效主应力为 $\sigma_1'=250$kPa，试求这点的抗剪强度值。

第六章　土 压 力 计 算

在土木、水利、道路等工程中，为了防止天然或人工斜坡坍塌，常需要修建挡土墙以维护土体稳定性。挡土墙后的填土对墙背产生的侧压力称为土压力，它是设计挡土墙断面尺寸和配筋的主要外荷载。因此，设计挡土墙时首先要确定土压力的性质、大小、方向、分布和作用点。土压力的计算是个比较复杂的问题，与土的性质、墙体的位移方向、大小及挡土墙的结构等因素有关。

挡土墙一般从结构形式上可分为重力式、悬臂式、扶壁式和锚杆式等类型，通常采用块石、砖、素混凝土及钢筋混凝土等材料建造（见图 6-1），工程中常见的挡土墙应用如图 6-2所示，包括支撑建筑周围填土的挡土墙、地下室侧墙、桥台及储藏粒状材料的挡墙等。

图 6-1　块石砌筑的挡土墙

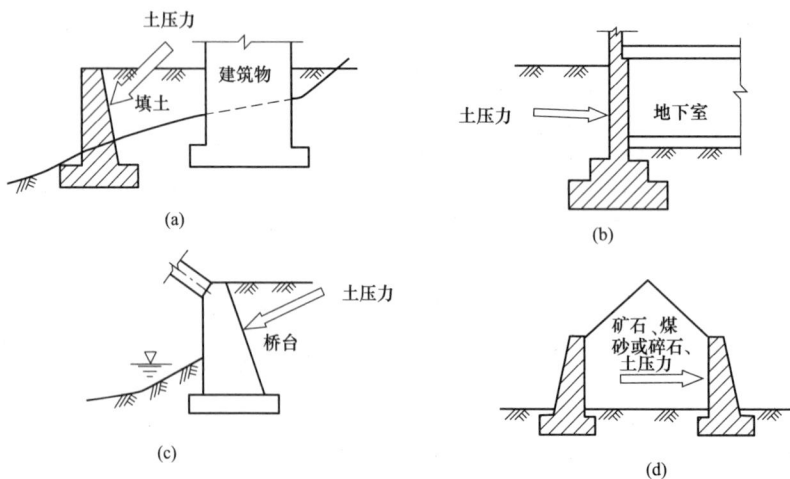

图 6-2　挡土墙的工程应用

（a）支撑建筑物周围土体的挡土墙；（b）地下室侧墙；

（c）桥台；（d）储藏粒状材料的挡墙

第一节　挡土墙上的土压力

一、土压力类型

在影响土压力分布的因素中，挡土墙位移的方向和大小对土压力的性质和大小有决定性的作用。

根据墙的位移方向和墙后土体所处的应力状态，土压力可分为以下三种：

（1）静止土压力。当挡土墙足够稳定，在墙后土体的土压力作用下，墙体不发生任何移动或转动，土体处于弹性平衡状态，此时作用于墙背上的土压力称为静止土压力，用 E_0 表示，如图 6-3（a）所示。

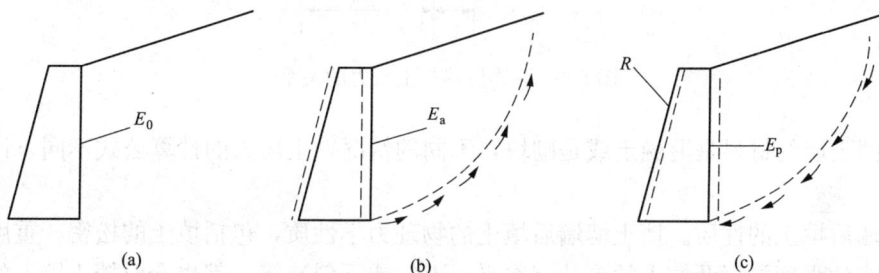

图 6-3　挡土墙侧的三种土压力
（a）静止土压力；（b）主动土压力；（c）被动土压力

（2）主动土压力。当挡土墙在土压力作用下产生向离开填土方向的移动或绕墙根的转动时，墙后土体因侧面所受限制放松而具有下滑趋势。为阻止其下滑，土体抗剪力逐渐增加，从而使作用在墙背上的土压力减小。当墙的移动或转动达到一定值时，滑动面上的剪应力等于土的抗剪强度，墙后土体处于主动极限平衡状态，这时作用在墙上的土压力达到最小值，称为主动土压力，用 E_a 表示，如图 6-3（b）所示。

（3）被动土压力。当挡土墙在外力作用下向着填土移动时，墙后土体受推力作用而具有上滑趋势。为阻止其上滑，土体内抗剪力逐渐发挥，使作用在墙背上的土压力增加。当位移量达到一定值时，墙后土体处于被动极限平衡状态，这时作用在墙上的土压力最大，称为被动土压力，用 E_p 表示，如图 6-3（c）所示。

二、影响土压力的因素

（1）挡土墙的位移。挡土墙的位移是决定土压力的类型和影响土压力大小的最主要因素，随着位移量的变化，土压力值同时发生变化。墙的位移与土压力关系如图 6-4 所示。图 6-4 中 Δ 代表墙的位移量，$+\Delta$ 表示墙朝向填土方向移动，$-\Delta$ 表示墙远离填土移动，纵坐标 E 表示土压力大小。能使填土产生主动土压力所需的墙体位移较小，一般只需 Δ_a 为墙高的 $0.1\%\sim0.5\%$ 即可，这在一般挡土墙中是容易发生的。而要产生被动土压力则需要较大的位移量，Δ_p 约为墙高的 $1\%\sim5\%$，这样大的位移在工程中一般是不允许的，因为挡土结构在此位移下已率先破坏。由图 6-4 可知，在相同条件下，被动土压力 E_p ＞静止土压力 E_0 ＞主动土压力 E_a。

（2）挡土墙的自身因素。挡土墙的自身因素也会对土压力产生影响，例如墙背为竖直或

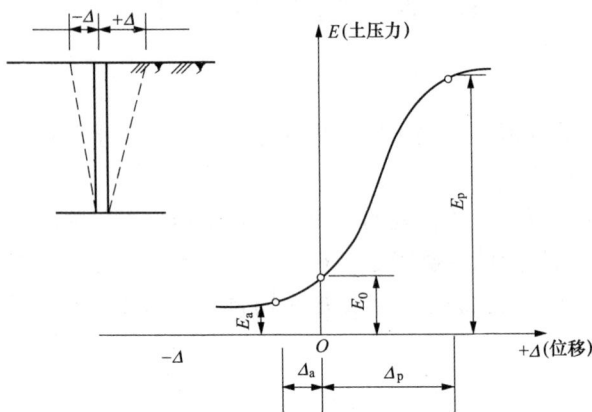

图 6-4 墙体位移与土压力的关系

是倾斜、挡土墙的材料是混凝土或是砌块，不同的情况，土压力的计算公式不同，计算结果也不一样。

（3）墙后填土的性质。挡土墙墙后填土的物理力学性质，包括填土的松密、重度、干湿程度等，土的强度指标及填土的形状（水平、上斜或下斜）等，都也会对挡土墙上的土压力造成影响。因此，在实际应用中，可以通过改变墙后填土来调整土压力的大小。

三、静止土压力的计算

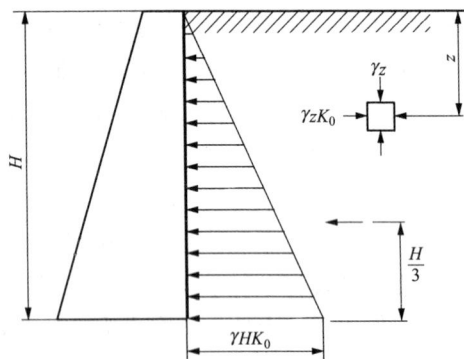

图 6-5 静止土压力分布图

如图 6-5 所示，在挡土墙后填土表面下任意深度 z 处取一微小单元体，作用在单元体上的竖向主应力为土的自重应力 $\sigma_z = \gamma z$，而水平方向作用力即为静止土压力强度，可按下式计算

$$p_0 = K_0 \gamma z \qquad (6\text{-}1)$$

式中　　K_0——土的侧压力系数（或称为静止土压力系数），对正常固结土可按经验公式 $K_0 = 1 - \sin\varphi'$（φ' 为土的有效内摩擦角）计算；

　　　　γ——墙后填土重度。

静止土压力沿墙高为三角形分布，如图 6-5 所示，由于挡土墙计算属于平面应变问题，故常取一延米墙长计算土压力，土压力单位为 kN/m，土压力强度单位为 kPa。因此作用在该墙上的静止土压力为

$$E_0 = \frac{1}{2}\gamma H^2 K_0 \qquad (6\text{-}2)$$

式中　　H——挡土墙高度。

E_0 的作用点在土压力三角形的重心，距墙底 $H/3$ 处。

建筑物地下室的外墙、地下水池、涵洞及不产生任何位移的挡土构筑物，其侧壁所受到的土压力均可按静止土压力计算。

第二节 土 压 力 理 论

一、朗肯土压力理论

朗肯土压力理论是土压力计算中两个著名的古典土压力理论之一，它是朗肯根据半空间的应力状态和土单元体的极限平衡条件推导出的土压力计算公式。朗肯土压力理论概念清晰，计算简便，在实际工程中得到了广泛的应用。

（一）基本原理与假定

图 6-6（a）表示一表面水平的半无限空间土体，即土体向下方和水平方向都可以无限伸展，在离地表深度为 z 处取一微单位体 M，当土体静止不动时，土中各点都处于弹性平衡状态。显然作用于单元体 M 的竖向应力等于该处土的自重应力，即

$$\sigma_z = \gamma z$$

而单元体受水平方向应力为

$$\sigma_x = K_0 \gamma z$$

由于土体处于侧限应力状态，每一竖直面都是对称面，因此该单元体水平和竖直面上的剪应力都为零，则单元体竖向应力和水平方向应力 σ_z 和 σ_x 都是主应力，其应力状态可用莫尔圆表示为图 6-6（b）所示的圆 Ⅰ，莫尔圆在抗剪强度包线之下，故该点处于弹性平衡状态。

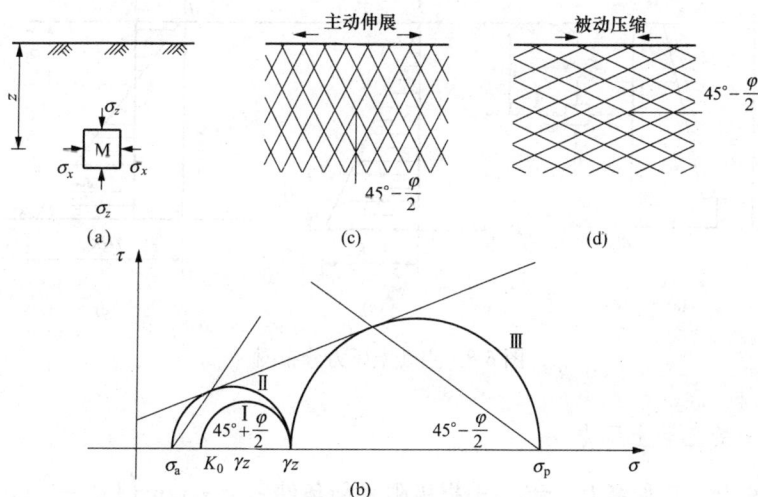

图 6-6 半空间的极限平衡状态

假设此时整个土体在水平方向均匀伸展，如图 6-6（c）所示，单元体上竖向应力 σ_z 保持不变，而水平方向应力 σ_x 由于松弛效应却逐渐减小，直至满足极限平衡条件为止，此时土体所处的状态称为主动朗肯状态，该状态下 σ_x 达到最低限值 σ_a，由小主应力 σ_a 和大主应力 σ_z 绘出的莫尔圆与抗剪强度包线相切，如图 6-5（b）所示圆 Ⅱ；反之，若整个土体在水平方向均匀地被压缩，如图 6-6（d）所示，则 σ_z 保持不变，而 σ_x 却不断增加，σ_x 由小主应力转变为大主应力，直到满足极限平衡条件，此时土体所处的状态称为被动朗肯状态，σ_x 达到最大限值 σ_p，由大主应力 σ_p 和小主应力 σ_z 绘出的莫尔圆与抗剪强度包线相切，如图 6-6

（b）所示圆Ⅲ。

由于土体处于主动极限平衡状态时大主应力作用面为水平面，故剪切破坏面与竖直面的夹角为 $45°-\dfrac{\varphi}{2}$；当土体处于被动极限平衡状态时，大主应力作用面为竖直面，故剪切破坏面与水平面的夹角为 $45°-\dfrac{\varphi}{2}$。

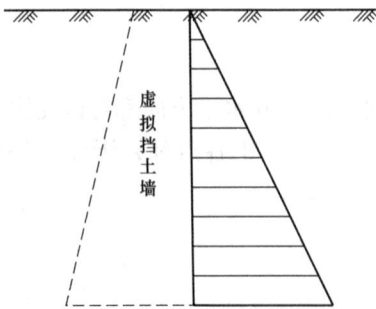

图 6-7　朗肯土压力理论的假设

若将竖直、光滑的墙背代替上述单元体左侧的土体，则不会影响右侧土体中的应力状态，作用于此挡土墙上的土压力，应该与原土体作用于该处单元体的水平方向应力相同，如图 6-7 所示。

（二）主动土压力计算

根据朗肯土压力理论的基本原理，其适用条件为：挡土墙墙背竖直、光滑，墙后填土面水平。

由上述分析可知，当墙后填土达到主动极限平衡状态时，作用于土单元体上的竖向应力 $\sigma_z=\gamma z$ 为最大主应力 σ_1，而作用于墙背的水平方向应力 σ_a 应为最小主应力 σ_3，如图 6-8（a）所示，因此，利用极限平衡条件可求出主动土压力强度。

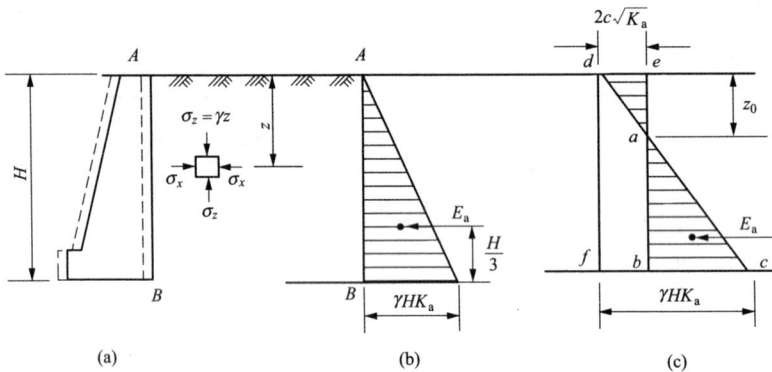

图 6-8　主动土压力分布图

1. 无黏性土的主动土压力

对于无黏性土，其黏聚力 $c=0$。根据极限平衡条件 $\sigma_3=\sigma_1\tan^2\left(45°-\dfrac{\varphi}{2}\right)$，将 σ_a 和 $\sigma_z=\gamma z$ 代入，可得主动土压力强度

$$\sigma_a=\gamma z K_a \tag{6-3}$$

$$K_a=\tan^2\left(45°-\frac{\varphi}{2}\right)$$

式中　σ_a——主动土压力强度；

　　　K_a——朗肯主动土压力系数；

　　　γ——墙后填土重度；

　　　z——计算点离填土表面的深度。

主动土压力的作用方向垂直于墙背,其大小和深度成正比,沿墙高呈三角形分布。当 $z=0$ 时,$\sigma_a=0$;当 $z=H$ 时,$\sigma_a=K_a\gamma H$,如图 6-8 (b) 所示。

取单位墙长计算,总的主动土压力为

$$E_a=\frac{1}{2}\gamma H^2 K_a \tag{6-4}$$

总主动土压力的作用点,位于土压力三角形的重心,距墙底 $H/3$ 处。墙后土体达到极限平衡状态时,破坏面与大主应力作用面(水平面)成 $45°+\dfrac{\varphi}{2}$。

2. 黏性土的主动土压力

墙后填土为黏性土的情况与无黏性土类似,但其黏聚力 $c\neq0$。根据极限平衡条件 $\sigma_3=\sigma_1\tan^2\left(45°-\dfrac{\varphi}{2}\right)-2c\tan\left(45°-\dfrac{\varphi}{2}\right)$,得黏性土的主动土压力强度表达式为

$$\sigma_a=\gamma z K_a-2c\sqrt{K_a} \tag{6-5}$$

式(6-5)说明,黏性土的主动土压力由两部分组成:第一部分是由土的自重产生的土压力 $\gamma z K_a$,为正值,并随深度呈三角形分布;第二部分是由土的黏聚力产生的抗力,为负值,是与深度无关的常数。

这两部分土压力的叠加为正的三角形分布和负的矩形分布的叠加,其结果如图 6-8 (c) 所示,墙顶土压力三角形 $\triangle ade$ 为负值,即土压力为拉力,而实际上墙与土不存在抗拉强度,故拉应力使得两者脱开,出现一定深度的裂缝,认为其土压力分布为零,称为临界深度 z_0。由土压力强度 $\sigma_a=0$ 可得

$$z_0=\frac{2c}{\gamma\sqrt{K_a}} \tag{6-6}$$

总的主动土压力应为 $\triangle abc$ 的面积,即

$$E_a=\frac{1}{2}(\gamma H K_a-2c\sqrt{K_a})(H-z_0) \tag{6-7}$$

E_a 作用点位于墙底以上 $\dfrac{1}{3}(H-z_0)$ 处。

(三)被动土压力计算

当墙受到外力推动土体时,使填土达到被动极限平衡状态,此时水平应力即土压力 σ_p 大于竖向应力 σ_z,故 $\sigma_z=\gamma z$ 为最小主应力 σ_3,且保持不变,σ_p 为最大主应力 σ_1,如图 6-9 (a) 所示。

1. 无黏性土的被动土压力

根据极限平衡条件 $\sigma_1=\sigma_3\tan^2\left(45°+\dfrac{\varphi}{2}\right)$,将 σ_p 和 $\sigma_z=\gamma z$ 代入得

$$\sigma_p=\gamma z K_p \tag{6-8}$$

$$K_p=\tan^2\left(45°+\frac{\varphi}{2}\right)$$

式中　σ_p——被动土压力强度;

　　　K_p——朗肯被动土压力系数。

被动土压力的作用方向同样垂直于墙背,其大小和深度成正比,沿墙高呈三角形分布。

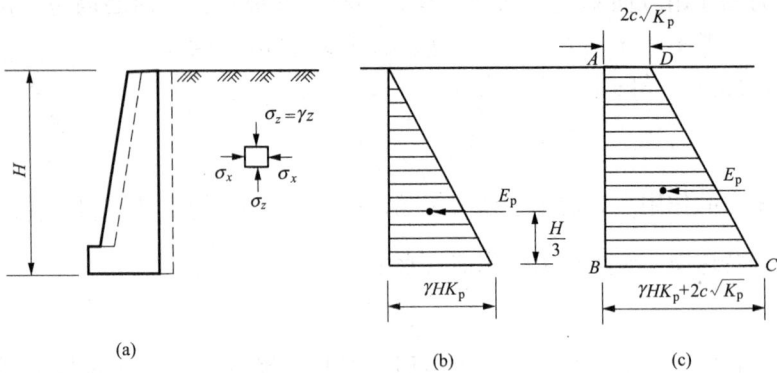

图 6-9　被动土压力分布图

当 $z=0$ 时，$\sigma_p=0$；当 $z=H$ 时，$\sigma_p=K_p\gamma H$，如图 6-9（b）所示。

取单位墙长计算，总的被动土压力为

$$E_p=\frac{1}{2}\gamma H^2 K_p \tag{6-9}$$

总被动土压力的作用点，位于土压力三角形的重心，距墙底 $H/3$ 处。墙后土体达到极限平衡状态时，破坏面与大主应力作用面（竖直面）成 $45°+\dfrac{\varphi}{2}$。

2. 黏性土的被动土压力

根据极限平衡条件 $\sigma_1=\sigma_3\tan^2\left(45°+\dfrac{\varphi}{2}\right)+2c\tan\left(45°+\dfrac{\varphi}{2}\right)$，可得黏性土的被动土压力表达式为

$$\sigma_p=\gamma z K_p+2c\sqrt{K_p} \tag{6-10}$$

黏性土的被动土压力由两部分组成：第一部分是由土的自重应力产生的土压力 $\gamma z K_p$，为正值，随深度呈三角形分布；第二部分由黏聚力产生，与深度无关，是一正值常数，故此两部分叠加后呈梯形分布，如图 6-9（c）所示。

总的被动土压力应为梯形的面积，即

$$E_p=\frac{1}{2}\gamma H^2 K_p+2cH\sqrt{K_p} \tag{6-11}$$

总的被动土压力作用点，位于梯形的形心处，可根据力矩相等计算。

例 6-1　挡土墙高 5m，墙背竖直、光滑，墙后填无黏性土，填土面水平，填土的重度为 18kN/m³，内摩擦角为 40°。试分别求出作用在挡土墙上总的主动与被动土压力值。

解　用朗肯土压力理论进行计算。

（1）主动土压力

$$K_a=\tan^2\left(45°-\frac{\varphi}{2}\right)=\tan^2\left(45°-\frac{40°}{2}\right)=0.217$$

$$E_a=\frac{1}{2}K_a\gamma H^2=0.5\times0.217\times18\times5^2=48.9(\text{kN/m})$$

（2）被动土压力

$$K_p = \tan^2\left(45° + \frac{\varphi}{2}\right) = \tan^2\left(45° + \frac{40°}{2}\right) = 4.60$$

$$E_p = \frac{1}{2}K_p\gamma H^2 = 0.5 \times 4.60 \times 18 \times 5^2 = 1034.8(\text{kN/m})$$

二、库仑土压力理论

朗肯土压力理论虽然概念清晰，计算简便，但由于朗肯理论的假设条件，使得在实际工程中有时难以直接应用，如出现墙背倾斜、粗糙或墙后填土表面倾斜等情况。1776年，法国学者库仑根据墙后土楔体处于极限平衡状态时的力系平衡条件，提出了库仑土压力理论，可适用于各种填土面和不同的墙背条件。

与朗肯土压力理论相比，库仑土压力理论中考虑了墙背倾斜（与竖直面的倾角为 α）、墙背粗糙（与土体间存在摩擦角 δ）及墙后填土表面倾斜（与水平面的坡角为 β）等条件。另外，库仑土压力理论是从墙后滑动土楔体达到极限平衡状态出发，通过土楔体的静力平衡条件直接求出作用在墙背上的总土压力。

库仑土压力理论最初是由无黏性土条件推出，其主要假设有：

(1) 墙后填土是理想的散粒体（黏聚力 $c = 0$），且破坏土楔体为刚体。

(2) 平面滑动面假设：当墙远离填土或向着填土方向移动，土体达到极限平衡条件时，填土将同时沿两个平面滑动。一个为墙背 AB 面，另一个为土体内某一滑动面 BC（设与水平面成 θ 角）。虽然这种假设与实际情况有一些差别，但由于能够大量简化计算量，并能一定程度满足工程精度要求，因此应用广泛。

(3) 土楔体滑动面上处于极限平衡状态，即滑动面上的剪应力已达到抗剪强度，且滑动面通过墙踵。

1. 主动土压力

如图 6-10 所示，当墙远离填土移动或转动使得土楔体 ABC 向下滑动而处于主动极限平衡状态时，滑动面为墙背 AB 和土体中 BC 面。此时，作用于土楔体 ABC 上的力有：

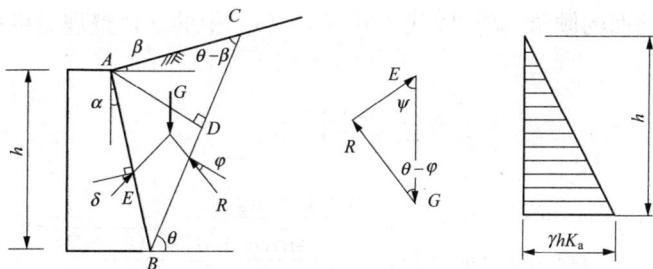

图 6-10　主动土压力计算图

(1) 土楔体的重力 G。根据几何关系得

$$G = \triangle ABC\gamma = \frac{1}{2}ADBC\gamma$$

在三角形 ABC 中，由正弦定理有

$$BC = AB\frac{\sin(90° - \alpha + \beta)}{\sin(\theta - \beta)}$$

其中 $AB = \dfrac{h}{\cos\alpha}$ ，另外

$$AD = AB\cos(\theta - \alpha) = h\,\frac{\cos(\alpha - \beta)}{\cos\alpha}$$

所以有
$$G = \frac{1}{2}ADBC\gamma = \frac{\gamma h^2}{2}\,\frac{\cos(\alpha - \beta)\cos(\theta - \alpha)}{\cos^2\alpha\sin(\theta - \beta)} \qquad (6\text{-}12)$$

（2）滑动面 BC 上的反力 R。为破裂面 BC 上土楔体的法向支撑力和破裂面与土体间摩擦力的合力，作用于 BC 面上，与 BC 面法线的夹角等于土的内摩擦角 φ。

（3）墙背的反力 E。墙背的反力 E 与墙背 AB 法线的夹角等于土与墙体材料间的摩擦角 δ。该力与作用在墙背上的土压力大小相等，方向相反。

显然，土楔体 ABC 在上述三个力作用下处于静力平衡状态，因此可以构成一闭合的力的三角形，由几何关系可知，G 与 E 之间的夹角 $\Psi = 90° - \delta - \alpha$，而 G 与 R 之间的夹角为 $\theta - \varphi$，由正弦定理可得

$$E = G\,\frac{\sin(\theta - \varphi)}{\sin[180° - (\theta - \varphi + \psi)]} = \frac{\gamma h^2}{2}\,\frac{\cos(\alpha - \beta)\cos(\theta - \alpha)\sin(\theta - \varphi)}{\cos^2\alpha\sin(\theta - \beta)\sin(\theta - \varphi + \psi)} \qquad (6\text{-}13)$$

在式（6-13）中，α、β、γ、φ 及 δ 都是已知的，只有滑动面 BC 与水平面的夹角 θ 是任意假定的。因此，对于不同的 θ 角，可得到一系列相应的土压力 E 的值，即 $E = f(\theta)$。当 E 达到最大值 $E_{\max}$ 时，其对应的滑动面即是土楔体最危险的滑动面，因此 $E_{\max}$ 就是要求的主动土压力，故可用微分学中求极值的方法求最大值，令 $\dfrac{\mathrm{d}E}{\mathrm{d}\theta} = 0$，即可解得使 E 为最大值时的破坏角

$$\theta_{\mathrm{cr}} = \arctan\left[\frac{\sin\beta\sqrt{\dfrac{\cos(\alpha + \delta)\sin(\varphi + \delta)}{\cos(\alpha - \beta)\sin(\varphi - \beta)}} + \cos(\alpha + \varphi + \delta)}{\cos\beta\sqrt{\dfrac{\cos(\alpha + \delta)\sin(\varphi + \delta)}{\cos(\alpha - \beta)\sin(\varphi - \beta)}} - \sin(\alpha + \varphi + \delta)}\right] \qquad (6\text{-}14)$$

这就是真正滑动面的倾角。将 θ_{cr} 代入式（6—14）中的 θ，整理后可得库仑主动土压力的一般表达式为

$$E_{\mathrm{a}} = \frac{1}{2}\gamma h^2 K_{\mathrm{a}} \qquad (6\text{-}15)$$

$$K_{\mathrm{a}} = \frac{\cos^2(\varphi - \alpha)}{\cos^2\alpha\cos(\alpha + \delta)\left[1 + \sqrt{\dfrac{\sin(\varphi + \delta)\sin(\varphi - \beta)}{\cos(\alpha + \delta)\cos(\alpha - \beta)}}\,\right]^2} \qquad (6\text{-}16)$$

式中　K_{a}——库仑主动土压力系数；

　　　h——挡土墙高度；

　　　γ——墙后填土重度；

　　　φ——墙后填土的内摩擦角；

　　　α——墙背与竖直线的夹角，俯斜时取"+"，仰斜取"—"；

　　　β——墙后填土面的倾角；

　　　δ——土与挡土墙背的摩擦角。

当墙背竖直（$\alpha=0°$）、光滑（$\delta=0°$），墙后填土面水平（$\beta=0°$）时，式（6-16）可写为

$$K_a = \tan^2\left(45° - \frac{\varphi}{2}\right) \tag{6-17}$$

可见，在上述条件下，库仑土压力理论公式和朗肯土压力理论公式是相同的。

由式（6-15）可知，主动土压力与墙高的平方成正比，为求得离墙顶为任意深度 z 处的主动土压力强度 σ_a，可将 E_a 对 z 取导数，即

$$\sigma_a = \frac{dE_a}{dz} = \frac{d}{dz}\left(\frac{1}{2}\gamma z^2 K_a\right) = \gamma z K_a \tag{6-18}$$

可见，库仑主动土压力强度沿墙高呈三角形分布，总的主动土压力的作用点在离墙底 $h/3$ 处，方向与墙背法线的夹角为 δ，且在法线上方。因此，在图 6-10 中所示的土压力强度分布图只表示其大小，而不代表其作用方向。

2. 被动土压力

如图 6-11 所示，当外力使墙向填土方向移动或转动使得土楔体 ABC 向上滑动而处于被动极限平衡状态时，滑动面为墙背 AB 和土体中 BC 面。此时，R 和 E 的方向分别在 BC 和 AB 面法线的上部，利用求主动土压力的原理可求得被动土压力为

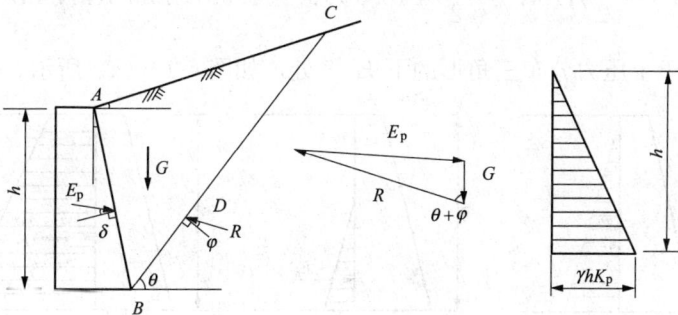

图 6-11 被动土压力计算图

$$E_p = \frac{1}{2}\gamma h^2 K_p \tag{6-19}$$

$$K_p = \frac{\cos^2(\varphi+\alpha)}{\cos^2\alpha\cos(\alpha-\delta)\left[1+\sqrt{\dfrac{\sin(\delta+\varphi)\sin(\varphi+\beta)}{\cos(\alpha-\delta)\cos(\alpha-\beta)}}\right]} \tag{6-20}$$

式中 K_p——库仑被动土压力系数。

被动土压力强度可采用下式计算

$$\sigma_p = \frac{dE_p}{dz} = \gamma z K_p$$

被动土压力强度沿墙高呈三角形分布，方向与墙背法线的夹角为 δ，且在法线下方。

例 6-2 某挡土墙的墙背竖直，墙高 6m，墙后填土为砂土，砂土的重度为 $18kN/m^3$。相关土的性能指标为：$\varphi=30°$，设 β 和 δ 均为 $15°$，试按库仑土压力理论计算墙后主动土压力的合力 E_a 的大小。

解 按库仑土压力理论，有

$$K_a = \cfrac{\cos^2(\varphi - \alpha)}{\cos^2\alpha\cos(\alpha+\delta)\left[1 + \sqrt{\cfrac{\sin(\varphi+\delta)\sin(\varphi-\beta)}{\cos(\alpha+\delta)\cos(\alpha-\beta)}}\right]^2}$$

$$= \cfrac{\cos^2 30°}{1 \times \cos15°\left[1 + \sqrt{\cfrac{\sin(30°+15°)\sin(30°-15°)}{\cos15°\cos(-15°)}}\right]^2} = 0.373$$

所以

$$E_a = \frac{1}{2}\gamma H^2 K_a = 0.5 \times 18 \times 6^2 \times 0.373 = 120.84(\text{kN/m})$$

例 6-3 已知某混凝土挡土墙，墙高 $H = 6.0\text{m}$，墙背竖直、光滑，墙后填土表面水平。填土的重度 $\gamma = 18.5\text{kN/m}^3$，内摩擦角 $\varphi = 20°$，黏聚力 $c = 19\text{kPa}$。试计算作用在此挡土墙上的静止土压力、主动土压力和被动土压力，并绘出土压力分布图（静止土压力系数 $K_0 = 0.59$）。

解 （1）静止土压力

$$E_0 = \frac{1}{2}\gamma H^2 K_0 = \frac{1}{2} \times 18.5 \times 6^2 \times 0.59 = 196.5(\text{kN/m})$$

E_0 作用点位于土压力分布三角形的下 $H/3$ 处，如图 6-12（a）所示。

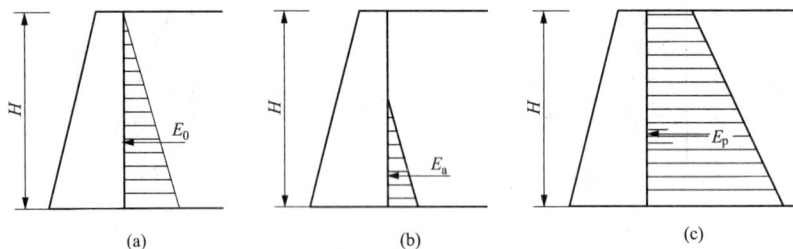

图 6-12 例 6-3 图

（2）主动土压力。由题意可知，该挡土墙符合朗肯土压力理论的条件，所以有

$$K_a = \tan^2\left(45° - \frac{\varphi}{2}\right) = \tan^2(45° - 10°) = 0.49$$

临界深度

$$z_0 = \frac{2c}{\gamma\sqrt{K_a}} = \frac{2 \times 19}{18.5 \times 0.7} = 2.93\text{m}$$

$$E_a = \frac{1}{2}\gamma H^2 K_a - 2cH\sqrt{K_a} + \frac{2c^2}{\gamma}$$

$$= \frac{1}{2} \times 18.5 \times 6^2 \times 0.49 - 2 \times 19 \times 6 \times 0.7 + \frac{2 \times 19^2}{18.5}$$

$$= 42.6(\text{kN/m})$$

E_a 的作用点位于下三角形的下 $(H-z_0)/3$ 处，如图 6-12（b）所示。

（3）被动土压力。由题意可知，该挡土墙符合朗肯土压力理论的条件，所以有

$$K_p = \tan^2\left(45° + \frac{\varphi}{2}\right) = \tan^2(45° + 10°) = 2.04$$

$$E_p = \frac{1}{2}\gamma H^2 K_p + 2cH\sqrt{K_p}$$

$$= \frac{1}{2} \times 18.5 \times 6^2 \times 2.04 + 2 \times 19 \times 6 \times 1.43$$

$$= 1005(\text{kN/m})$$

E_p 的作用点位于土压力分布梯形的形心，如图 6-12（c）所示。

三、几种常见情况下土压力的计算

（一）墙后有成层填土

如图 6-13 所示，当墙后填土有几种不同类型的土层时，仍可按朗肯土压力理论计算主动土压力。但应注意在土层分界面上，由于不同土层的抗剪强度指标 φ 不同，土压力系数也不同，使得土压力的分布有突变。下面以无黏性土主动土压力计算为例：

假定各土层的重度相同，内摩擦角 $\varphi_3 > \varphi_2 > \varphi_1$，则相应的主动土压力系数 $K_{a1} > K_{a3} > K_{a3}$，墙上各点的土压力强度分别为：

A 点

$$\sigma_{aA} = 0$$

图 6-13　成层填土的土压力计算

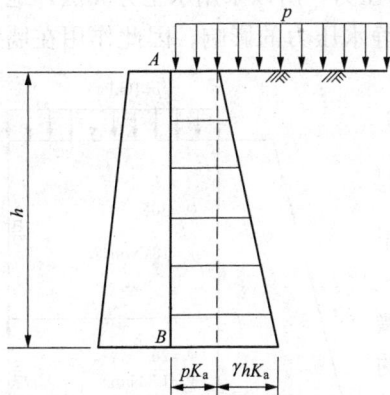

B 点：上下两层土的土压力系数不同，因此有两个土压力值，即

$$\sigma_{aB}^s = \gamma h_1 K_{a1}$$

$$\sigma_{aB}^x = \gamma h_1 K_{a2}$$

C 点

$$\sigma_{aC}^s = \gamma (h_1 + h_2) K_{a2}$$

$$\sigma_{aC}^x = \gamma (h_1 + h_2) K_{a3}$$

D 点

$$\sigma_{aD} = \gamma (h_1 + h_2 + h_3) K_{a3}$$

（二）墙后土体表面有均布荷载

1. 墙后土体表面有连续均布荷载

如图 6-14 所示，当挡土墙后填土表面有连续均布荷载 p 作用时，土中竖向应力增量 $\Delta\sigma_z = p$，此时墙背下面 z 深度处土单元所受的竖向应力 $\sigma_z = p + \gamma z$，而主动土压力强度为

$$\sigma_a = pK_a + \gamma z K_a \tag{6-21}$$

图 6-14　填土表面有连续均布荷载

即土压力由两部分组成：一部分由均布荷载 p 引起，是常数；另一部分由土重引起，大小与深度成正比。总的主动土压力为如图 6-14 所示的梯形分布图的面积，

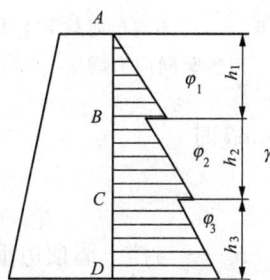

土压力的作用点在梯形的重心。

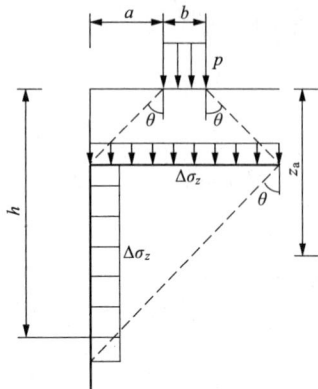

图 6-15 局部均布荷载下土中
的竖向应力增量

2. 墙后土体表面有局部均匀荷载

当填土表面承受局部均匀荷载 p 时，如图 6-15 所示，土中竖向应力增量 $\Delta\sigma_z$ 按下列要求计算：

（1）条形基础下的附加荷载。当 $a/\tan\theta \leqslant z_a \leqslant (3a+b)/\tan\theta$ 时

$$\Delta\sigma_z = \frac{pb}{b+2a} \qquad (6-22)$$

式中 b——荷载宽度；

a——挡土墙外边缘至荷载的水平距离；

θ——荷载的扩散角，宜取 $\theta=45°$；

z_a——墙顶至土中竖向应力增量计算点的距离。

当 $z_a < a/\tan\theta$ 或 $z_a > (3a+b)/\tan\theta$ 时，取 $\Delta\sigma_z=0$。

（2）矩形基础下的附加荷载。当 $a/\tan\theta \leqslant z_a \leqslant (3a+b)/\tan\theta$ 时

$$\Delta\sigma_z = \frac{pbl}{(b+2a)(l+2a)} \qquad (6-23)$$

式中 b——与挡土墙顶边垂直方向上的荷载宽度；

l——与挡土墙顶边平行方向上的荷载长度。

当 $z_a < a/\tan\theta$ 或 $z_a > (3a+b)/\tan\theta$ 时，取 $\Delta\sigma_z=0$。

（三）墙后土体中有地下水

墙后填土常会有部分或全部处于地下水位以下，由于渗水或排水不畅会导致墙后填土中含水。工程上一般可忽略水对砂土抗剪强度的影响，但对黏性土，随着含水率的增加，抗剪强度指标明显降低，导致墙背土压力增大。因此，挡土墙应具有良好的排水措施，如果遇到挡土墙后填土中有地下水的情况，要根据实际情况选择计算方法。

黏性土中的水主要是结晶水和结合水，采用土水合算法，计算时地下水位以下采用饱和重度。

砂土中由于颗粒之间的孔隙充满自由水，能传递静水压力，所以采用水土分算法，地下水位以下采用浮重度 γ'，并计入地下水对挡土墙产生的静水压力的影响。因此作用在墙背上总的侧压力为土压力和水压力之和。

主动土压力强度为 $\sigma_a = \gamma' h K_a$，总的主动土压力为 $E_a = \frac{1}{2}\gamma' h^2 K_a$。水压力为 $E_w = \frac{1}{2}\gamma_w h_w^2$，$h_w$ 为地下水位到墙底面的距离。作用在挡土墙侧的总压力为土压力和水压力之和。

例 6-4 如图 6-16 所示，挡土墙墙背竖直、光滑，墙后填土面水平，墙后填土为砂土，试求作用在挡土墙上的总的主动土压力。

解 （1）主动土压力系数

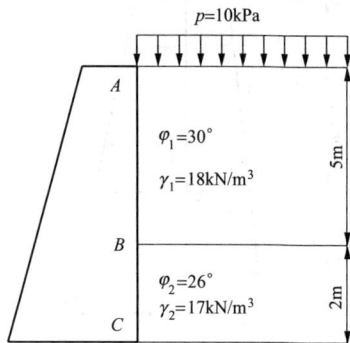

图 6-16 例 6-4 图

$$K_{a1} = \tan^2\left(45° - \frac{\varphi_2}{2}\right) = 0.333$$

$$K_{a2} = \tan^2\left(45° - \frac{\varphi_2}{2}\right) = 0.390$$

(2) A、B、C 各点的主动土压力

$$p_A = pK_{a1} = 10 \times 0.333 = 3.33(\text{kPa})$$

$$p_{Bs} = (p + \gamma_1 h_1)K_{a1} = (10 + 18 \times 5) \times 0.333 = 33.3(\text{kPa})$$

$$p_{Bx} = (p + \gamma_1 h_1)K_{a2} = (10 + 18 \times 5) \times 0.390 = 39.03(\text{kPa})$$

$$p_C = (p + \gamma_1 h_1 + \gamma_2 h_2)K_{a2} = (10 + 18 \times 5 + 17 \times 2) \times 0.390 = 52.3(\text{kPa})$$

(3) 总的主动土压力

$$E_a = \frac{1}{2}(3.33 + 33.3) \times 5 + \frac{1}{2}(39.0 + 52.3) \times 2 = 182.9(\text{kN/m})$$

例 6-5 某挡土墙，墙高 4m，墙背竖直、光滑，墙后填土表面水平。其余参数如图 6-17 所示，试求 A、B、C 三点处的主动土压力和水压力之和。

解

$$K_{a1} = \tan^2\left(45° - \frac{\varphi_1}{2}\right) = \tan^2\left(45° - \frac{32°}{2}\right) = 0.307$$

$$K_{a2} = \tan^2\left(45° - \frac{\varphi_2}{2}\right) = \tan^2\left(45° - \frac{18°}{2}\right) = 0.528$$

$$\gamma_1' = \gamma_{sat1} - \gamma_w = 20 - 10 = 10(\text{kN/m}^3)$$

$$\gamma_2' = \gamma_{sat2} - \gamma_w = 19 - 10 = 9(\text{kN/m}^3)$$

在 A 点处

$$\sigma_A = qK_{a1} = 10 \times 0.307 = 3.07(\text{kPa})$$

在 B 点处（上层土的底层）

$$\sigma_{Bs} = \sigma_{aBs} + \sigma_{wB}$$
$$= (p + \gamma_1' h_1)K_{a1} + \gamma_w h_1$$
$$= (10 + 10 \times 2) \times 0.307 + 10 \times 2$$
$$= 29.2(\text{kPa})$$

在 B 点处（下层土的顶层）

$$\sigma_{Bx} = \sigma_{aBx} + \sigma_{wB}$$
$$= (p + \gamma_1' h_1)K_{a2} - 2c_2\sqrt{K_{a2}} + \gamma_w h_1$$
$$= (10 + 10 \times 2) \times 0.528 - 2 \times 10 \times 0.727 + 10 \times 2$$
$$= 21.3(\text{kPa})$$

在 C 点处

$$\sigma_C = \sigma_{aC} + \sigma_{wC}$$
$$= (p + \gamma_1' h_1 + \gamma_2' h_2)K_{a2} - 2c_2\sqrt{K_{a2}} + \gamma_w(h_1 + h_2)$$
$$= (10 + 10 \times 2 + 9 \times 2) \times 0.528 - 2 \times 10 \times 0.727 + 10 \times 4$$

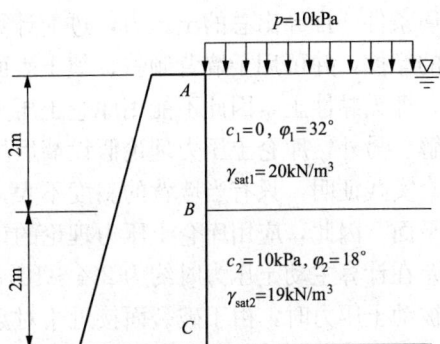

图 6-17 例 6-5 图

$$=50.8(\text{kPa})$$

四、朗肯土压力理论与库仑土压力理论的比较

（一）两种土压力理论的异同

（1）朗肯和库仑土压力理论都是计算土压力的简化方法，建立在不同的假设下，以不同的分析方法来计算土压力，并且适用于不同的条件，只有在最简单的情况下（ $\alpha=0$ ， $\beta=0$ ， $\delta=0$ ），用这两种理论的计算结果是相同的。

（2）朗肯土压力理论是根据半无限空间土体中一点的应力状态，结合极限平衡理论，求出土压力分布，再计算出作用在墙背的总的土压力，其概念明确，公式简单，便于记忆，对于黏性土和无黏性土都可用该公式直接计算。但由于假设条件要求墙背是竖直、光滑的，墙后填土面水平，因而应用范围受到一定的限制，并且由于该理论忽略了墙背与填土之间摩擦的影响，使计算出来的主动土压力偏大，而被动土压力偏小。

（3）库仑土压力理论根据墙背和滑动面之间的土楔体整体处于极限平衡状态，利用静力平衡条件，推导出总的土压力，进而计算土压力强度值。库仑土压力理论考虑了墙背与土之间的摩擦，并可用于墙背倾斜、填土表面倾斜的情况，但由于该理论假设填土是理想的散粒体，即无黏性土，因此不能用库仑土压力理论公式直接计算黏性土土压力，需要通过图解法求解。另外，库仑土压力理论假设墙后填土破坏时，破裂面为一个平面，而实际上却很难保证。实践证明，只有当墙背的斜度不大，墙背与填土间的摩擦角较小时，破裂面才接近于一个平面，因此，应用库仑土压力理论的计算结果与实际情况有所出入。在通常情况下，这种偏差在计算主动土压力时约为2%～10%，可以认为已满足实际工程所要求的精度，但在计算被动土压力时，由于破裂面接近于对数螺线，因此计算结果误差较大，有时可达2～3倍，甚至更大。

（二）两种土压力理论的误差分析

由于假设条件和实际情况有区别，因此朗肯和库仑土压力理论都存在一定的误差。

（1）朗肯土压力理论的误差。朗肯土压力理论假设挡土墙墙背竖直、光滑，墙后填土面水平。实际情况是，墙背与填土之间存在着摩擦力，使得计算值与实际值有所差别。

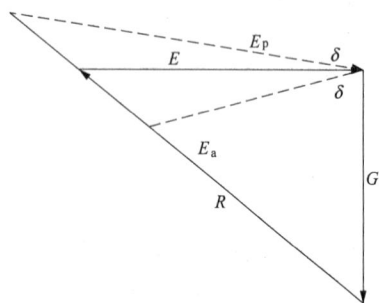

图6-18　朗肯土压力大小分析图

如图6-18所示，可利用力三角形分析墙后滑动土楔体的受力情况。图6-18中 G 为滑动土楔体的自重， R 为滑动面上的反力，当墙背光滑时（ $\delta=0$ ）， E 为土压力的反作用力，方向水平。

实际工程中墙背是粗糙的，即 $\delta>0$ 。当墙后填土处于主动极限平衡状态时，土楔体向下滑动，这时墙背对土楔体有向上的摩擦力，故主动土压力 E_a 的反作用力方向向上，并与水平方向成 δ 角，如图6-18中的虚线所示，显然，实际的主动土压力比计算值要小。

当墙后填土处于被动极限平衡状态时，土楔体向上滑动，墙背对土楔体的摩擦力方向向下，被动土压力 E_p 的反作用力向下，与水平方向成 δ 角，实际被动土压力比计算值要大。

（2）库仑土压力理论的误差。库仑土压力理论把土体中的滑动面假定为平面，与实际情况和极限平衡理论解不符。实际滑动面并非一个绝对的平面，因此在主动土压力计算中，求

导得到的值不一定是最大值，库仑土压力理论计算的主动土压力偏小。同理，在被动土压力情况下，求导得到的值不一定是最小值，由此造成被动土压力偏大。

表 6-1　　　　　　　　　　　　　两种土压力理论与极限平衡理论解的比较

主动土压力系数 K_a（$\alpha=\beta=0$）						
计算方法	$\delta=0$		$\delta=\varphi/2$		$\delta=\varphi$	
	$\varphi=20°$	$\varphi=40°$	$\varphi=20°$	$\varphi=40°$	$\varphi=20°$	$\varphi=40°$
理论解	0.49	0.22	0.45	0.20	0.44	0.22
朗肯	0.49	0.218	0.49	0.218	0.49	0.218
库仑	0.49	0.22	0.447	0.199	0.43	0.210

被动土压力系数 K_p（$\alpha=\beta=0$）						
计算方法	$\delta=0$		$\delta=\varphi/2$		$\delta=\varphi$	
	$\varphi=20°$	$\varphi=40°$	$\varphi=20°$	$\varphi=40°$	$\varphi=20°$	$\varphi=40°$
理论解	2.04	4.60	2.55	9.69	3.04	18.2
朗肯	2.04	4.60	2.04	4.60	2.04	4.60
库仑	2.04	4.60	2.63	11.7	3.43	92.3

表 6-1 列举了当 $\alpha=\beta=0$ 时，在几种 φ 和 δ 下，两种土压力理论和极限平衡理论解（索克洛夫斯基，1960）得到的主动土压力系数和被动土压力系数的比较。可见，两种土压力理论在计算主动土压力时，结果与极限平衡解差别不大，对于被动土压力，当 φ 和 δ 值都较小时，其误差尚在允许的范围之内；但当 φ 和 δ 值都较大时，两种土压力理论的计算结果与极限平衡解就会有很大差别，不宜无条件采用。

思 考 题

6-1　挡土墙的位移及变形对土压力有何影响？

6-2　什么是主动土压力、被动土压力和静止土压力？三者的关系是什么？

6-3　当发生下列变化时，对主动土压力和被动土压力将有何影响？（1）填土内摩擦角 φ 减小；（2）填土与墙的摩擦角 δ 增大；（3）填土面倾角 β 增大；（4）墙背倾斜角 α 增大。

6-4　墙后积水对挡土墙有何危险？

6-5　朗肯土压力理论和库仑土压力理论的基本假设分别是什么？两种土压力理论有何区别？

习 题

6-1　某挡土墙高为 6m，墙背竖直、光滑，填土表面水平，填土重度 $\gamma=16kN/m^3$，$\varphi=30°$，$c=12kPa$。试确定主动土压力强度的分布、主动土压力大小和作用点位置。

6-2　某挡土墙高 5m，如图 6-19 所示，墙背倾角 $\alpha=20°$，填土面倾角 $\beta=10°$，填土重度 $\gamma=19kN/m^3$，填土为砂土，内摩擦角 $\varphi=30°$，填土与墙背的摩擦角 $\delta=14°$，由库仑土压力理论确定：（1）主动土压力强度的分布；（2）主动土压力的大小、作用点位置和方向。

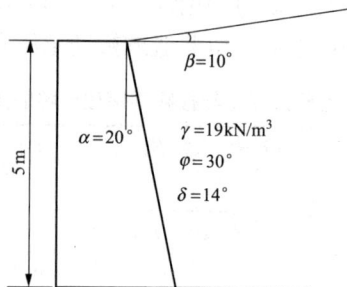

图 6-19 习题 6-2 图

6-3 图 6-20 所示的挡土墙，墙背竖直、光滑，墙后填土面水平，墙后填土为非黏性土，试求作用在挡土墙的上主动土压力？（$p = 10$kPa）

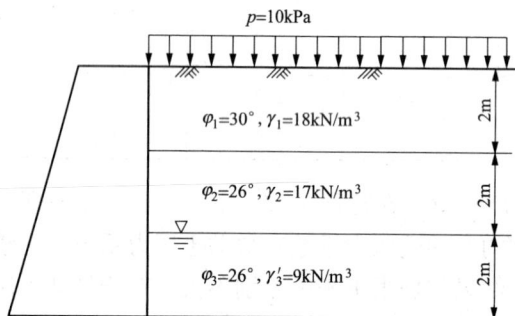

图 6-20 习题 6-3 图

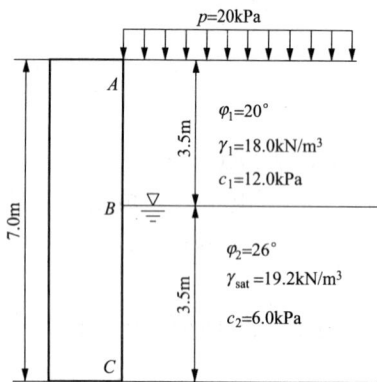

图 6-21 习题 6-5 图

6-4 已知挡土墙高 10m，墙背竖直、光滑，墙后填土表面水平。填土上作用均布荷载 $p = 20$kPa。墙后填土分为两层，上层为中砂，$\gamma_1 = 18.5$kN/m³，$\varphi_1 = 30°$，层厚 3m；下层为粗砂，$\gamma_2 = 19$kN/m³，$\varphi_2 = 35°$。地下水位在离墙顶 6m 处，水下粗砂的饱和重度 $\gamma_{sat} = 20$kN/m³。试计算作用在此挡土墙上的总的主动土压力和水压力。

6-5 某挡土墙的墙壁光滑（$\delta = 0$），竖直。墙高 7.0m，墙后有两层填土，性质如图 6-21 所示，地下水位在填土表面下 3.5m 处，与第二层填土面平齐。填土表面作用有 $p = 20$kPa 的连续均布荷载。试求作用在墙上的总的主动土压力及其分布（采用水土合算法）。

第七章　地基承载力计算

地基承载力是指地基土在强度和形变允许的范围内，单位面积上所能承受荷载的极限能力。而将地基不失稳时地基土单位面积上所能承受的最大荷载称为地基极限承载力。

地基承载力问题是土力学中的一个重要的研究课题，其目的是掌握地基的承载规律，充分发挥地基的承载能力，合理确定地基承载力，确保地基不会因荷载作用而发生剪切破坏，产生变形过大而影响建筑物或土工建筑物的正常使用。为此，地基基础设计一般都限制基底压力不超过基础深宽修正后的地基容许承载力或地基承载力特征值。

若上部建筑物的荷载超过地基的极限承载力，地基会发生破坏。地基发生破坏有两种形式：一种是建筑物产生了过大的沉降或沉降差，致使建筑物严重下沉、上部结构开裂、倾斜而失去使用价值，即地基的变形问题，如意大利比萨斜塔等；另一种是建筑物的荷载超过了地基持力层所能承受荷载的能力而使地基失稳破坏，即地基的强度和稳定性问题。

本章先介绍浅基础的地基破坏模式，再介绍浅基础的地基承载力，包括地基临界荷载和地基极限承载力，最后介绍理论公式、规范表格法和原位试验法等确定地基容许承载力或地基承载力特征值。

第一节　浅基础的地基破坏模式

一、破坏模式

土体的破坏通常是由于土的抗剪强度不足引起的剪切破坏。试验研究结果表明，浅基础的地基剪切破坏模式有整体剪切破坏、冲剪破坏和局部剪切破坏三种，如图 7-2 所示。

1. 整体剪切破坏

整体剪切破坏过程，可以通过荷载试验得到地基压力 p 与相应的稳定沉降量 s 之间的关系曲线来描述，如图 7-1 (d) 所示，其中 A、B、C3 条 p-s 曲线分别对应图 7-1 (a)、(b)、(c) 3 种破坏模式。

整体剪切破坏特征如下：

(1) 当基础上荷载较小时，基础压入土中，p-s 曲线呈直线变化，直至荷载增大到临塑荷载 p_{cr} [见图 7-1 (d) 中曲线 A 的 oa 段]。

(2) 当荷载达到一定数值时，在基础的边缘点下土体首先发生剪切破坏，随荷载的继续增加，破坏区域也逐渐扩大，p-s 曲线由线性开始拐弯 [见图 7-1 (d) 中曲线 A 的 ab 段]。

(3) 当剪切破坏区域形成连续的滑动面时，基础会急剧下沉并向一侧倾斜，基础两侧的土体向上隆起，此时，地基发生整体剪切破坏，地基失稳 [见图 7-1 (d) 中曲线 A 的 bc 段]。

整体剪切破坏模式一般发生在浅基础下的密砂和硬黏土地基中。

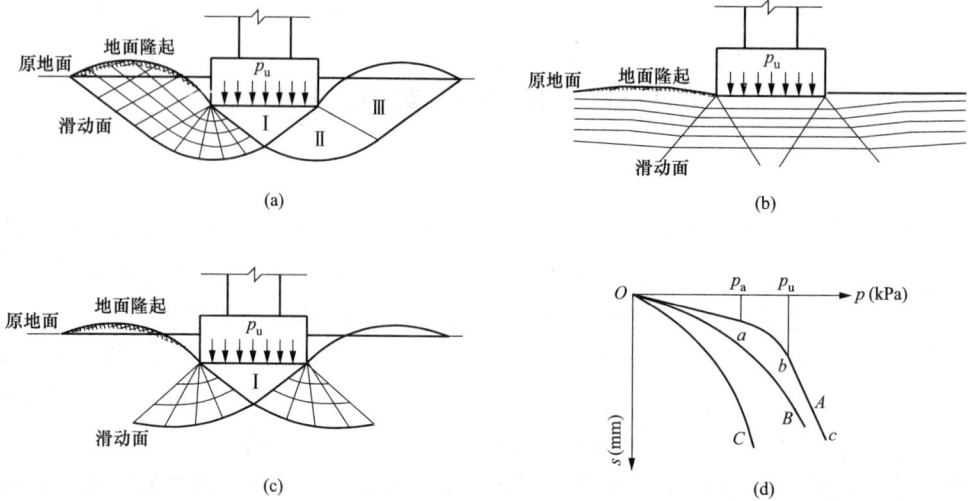

图 7-1　地基破坏模式及地基土破坏的 $p\text{-}s$ 曲线

（a）整体剪切破坏；（b）冲剪破坏；（c）局部剪切破坏；（d）地基土破坏的 $p\text{-}s$ 曲线

2. 冲剪破坏

冲剪破坏一般发生在基础刚度很大，同时十分软弱的地基中。在荷载作用下，地基发生破坏形态往往是沿基础边缘垂直剪切破坏，好像基础"切入"地基中，如图 7-1（b）所示。

地基发生冲剪破坏时具有如下特征：

（1）地基发生垂直剪切破坏，地基内部不形成连续的滑动面。

（2）基础两侧的土体不但没有隆起现象，还往往随基础的"切入"微微下沉。

（3）地基破坏时只伴随过大的沉降，也没有倾斜发生。

与整体剪切破坏相比，该破坏模式下 $p\text{-}s$ 曲线无明显的直线段、曲线段和陡降段，如图 7-1（d）中的曲线 C。基础的沉降随着荷载的增大而增加，其 $p\text{-}s$ 曲线没有明显的转折点，找不到比例荷载和极限，承载力。

冲剪破坏模式常发生在松砂和软黏土地基中。

3. 局部剪切破坏

局部剪切破坏是介于整体剪切破坏与冲剪破坏之间的一种地基破坏模式。随着荷载的增加，基础下也产生压密区 I 及塑性区 II，如图 7-1（c）所示，其 $p\text{-}s$ 曲线如图 7-1（d）中的曲线 B。

局部剪切破坏特征：在荷载作用下，地基在基础边缘开始发生剪切破坏后，随荷载的增加地基变形也在加大，剪切破坏区域不断扩大，基础两侧部分土体隆起，但剪切破坏的区域没有发展到地面，基础没有发生明显的倾斜和倾倒情况。基础由于产生过大的沉降而丧失承载力，$p\text{-}s$ 曲线的最大特点是没有拐点。

局部剪切破坏模式常发生在中等密实砂土地基中。

二、破坏模式的影响因素与判别

地基土究竟发生哪种破坏模式，主要与下列因素有关：

（1）地基土的条件（如土的种类、密度、含水量、压缩性和抗剪强度等）。

（2）基础条件（如基础的形式、埋深和尺寸等）。

　　土的压缩性是影响破坏模式的主要因素。如果土的压缩性低，土体相对比较密实，一般容易发生整体剪切破坏；而如果土体比较疏松，压缩性高，则会发生冲剪破坏。

　　建在密实土层中的基础，如果埋深大或受到瞬时冲击荷载，也会发生冲剪破坏；如果密砂层的下卧层为可压缩的软弱土层，也可能发生冲剪破坏。

　　建在饱和正常固结黏土层上的基础，若地基土在加载时不发生体积变化，将会发生整体剪切破坏；若加载很慢，使地基土固结发生体积变化，则有可能发生刺入破坏。

　　对于具体工程可能会发生何种破坏模式，需考虑各方面的因素后综合确定。

第二节　地基的荷载

　　地基土首先从基础边缘开始发生剪切破坏。当荷载较小时，地基处于弹性状态，基础的沉降主要是土的压密变形引起的，此时 $p\text{-}s$ 曲线为直线；随荷载的增加，基础两侧边缘的土体先达到极限平衡状态，$p\text{-}s$ 曲线上的直线段达到了终点［如图 7-1（d）中的 a 点］，对应的荷载称为临塑荷载，用 p_{cr} 表示，因此，临塑荷载就是地基土即将进入塑性状态时所对应的荷载大小。

一、地基塑性变形区边界方程

1. 地基中任意一点主应力

　　地基临塑荷载的计算模型为条形基础受均布荷载作用，如图 7-2 所示。地基中的任意一点 M 的应力大小由 3 部分叠加形成，即基础底面附加应力 p_0；基础底面以下深度 z 处土的自重应力 $\gamma_1 z$；基础由埋深 d 引起的旁侧荷载 $\gamma_2 d$。

　　条形基础在均布荷载作用下地基中任意一点由附加应力引起的主应力 σ_1 和 σ_3 可以表示为

$$\begin{array}{c}\sigma_1\\\sigma_3\end{array} = \frac{p_0}{\pi}(\beta_0 \pm \sin\beta_0) \qquad (7\text{-}1)$$

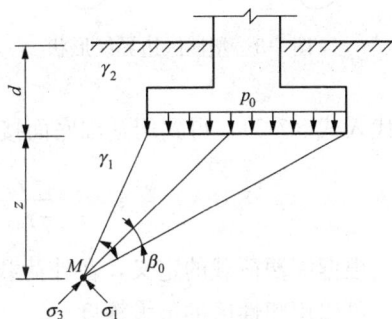

图 7-2　基础中任意一 M 点的主应力

　　为计算简化，假设土的自重应力 $\gamma_1 z$ 和旁侧荷载引起的应力 $\gamma_2 d$ 在各个方向大小相等，即土体侧压力系数等于 1，地基中任意一点的最大和最小主应力可表示为

$$\begin{array}{c}\sigma_1\\\sigma_3\end{array} = \frac{p_0}{\pi}(\beta_0 \pm \sin\beta_0) + \gamma_1 z + \gamma_2 d \qquad (7\text{-}2)$$

式中　　σ_1、σ_3——基础中任意 M 点的大、小主应力，kPa；

　　　　　p_0——基础底面附加应力，kPa；

　　　　　β_0——M 点至基础边缘两连线的夹角，(°)；

　　　　　γ_1——基础底面下土的加权重度，kN/m³；

　　　　　γ_2——基础埋深范围内土的加权重度，kN/m³；

　　　　　z——M 点距基础底面的竖直距离，m；

　　　　　d——基础埋置深度，m。

2. 塑性区边界方程

　　当地基土达到塑性状态时，认为作用在土体微元上的大、小主应力满足极限平衡条件

$$\sigma_1 - \sigma_3 = (\sigma_1 + \sigma_3)\sin\varphi + 2c\cos\varphi \tag{7-3}$$

将式（7-2）代入（7-3）得到

$$\frac{p_0}{\pi}\sin\beta_0 = \left(\frac{p_0\beta_0}{\pi} + \gamma_1 z + \gamma_2 d\right)\sin\varphi + c\cos\varphi \tag{7-4}$$

整理后得

$$z = \frac{p_0}{\pi\gamma_1}\left(\frac{\sin\beta_0}{\sin\varphi} - \beta_0\right) - \frac{c\cos\varphi}{\gamma_1\sin\varphi} - \frac{\gamma_2 d}{\gamma_1} \tag{7-5}$$

式中　φ——地基土的内摩擦角，（°）；

　　　c——地基土的黏聚力，kPa。

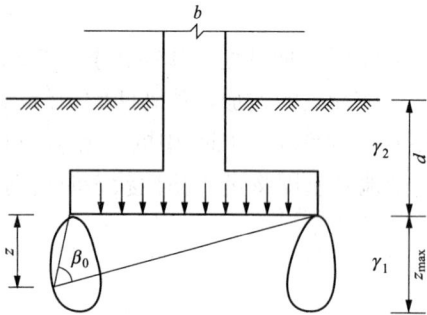

图 7-3　塑性区边界线形状

式（7-5）为塑性区边界方程，它是 β_0、p_0、d、γ_1、γ_2、φ、c 的函数。若 p_0、d、γ_1、γ_2、φ、c 已知，则塑性区具有确定边界线形状，如图 7-3 所示。

二、地基的临塑荷载和临界荷载

1. 临塑荷载

临塑荷载是指基础边缘的地基中刚要出现塑性变形区时基础底面单位面积上所承担的荷载，它相当于地基土中的应力状态从压缩状态过渡到剪切阶段的临界荷载。利用基础底面附加应力公式代入式（7-5），得到用基础底面接触压力表示的塑性区边界方程

$$z = \frac{p - \gamma_2 d}{\pi\gamma_1}\left(\frac{\sin\beta_0}{\sin\varphi} - \beta_0\right) - \frac{c\cos\varphi}{\gamma_1\sin\varphi} - \frac{\gamma_2 d}{\gamma_1} \tag{7-6}$$

根据临塑荷载的定义，在外荷载作用下地基中刚开始产生塑性区时基础底面所承受的荷载，可以用塑性区的最大深度 $z_{max} = 0$ 来表达，因此，问题转化为求式（7-6）的极值，即

$$\frac{\mathrm{d}z}{\mathrm{d}\beta_0} = \frac{p - \gamma_2 d}{\pi\gamma_1}\left(\frac{\cos\beta_0}{\sin\varphi} - 1\right) = 0 \tag{7-7}$$

根据三角函数关系求得

$$\beta_0 = \frac{\pi}{2} - \varphi \tag{7-8}$$

将式（7-8）代入式（7-6），求出 z_{max}

$$z_{max} = \frac{p - \gamma_2 d}{\pi\gamma_1}\left(\frac{\cos\varphi}{\sin\varphi} - \frac{\pi}{2} + \varphi\right) - \frac{c\cos\varphi}{\gamma_1\sin\varphi} - \frac{\gamma_2 d}{\gamma_1} \tag{7-9}$$

当 $z_{max} = 0$ 时，即得到临塑荷载 p_{cr} 的表达式

$$p_{cr} = \frac{\pi(\gamma_2 d + c\cot\varphi)}{\cot\varphi + \varphi - \frac{\pi}{2}} + \gamma_2 d \tag{7-10a}$$

为简化计算，临塑荷载 p_{cr} 的计算式可以写成

$$p_{cr} = N_c c + N_q \gamma_2 d \tag{7-10b}$$

$$N_c = \frac{\pi \cot\varphi}{\cot\varphi + \varphi - \frac{\pi}{2}}, \quad N_q = \frac{\cot\varphi + \varphi + \frac{\pi}{2}}{\cot\varphi + \varphi - \frac{\pi}{2}}$$

式中 N_c、N_q——地基承载力系数。

N_c、N_q 是地基土内摩擦角 φ 的函数，可以根据地基土的内摩擦角计算，也可以查表 7-1 来确定。

2. 临界荷载

临界荷载是指允许地基产生一定范围塑性变形区所对应的荷载。实践表明，若采用不允许地基产生塑性区的临塑荷载作为地基容许承载力，则取值偏于保守，往往不能充分发挥地基的承载能力。对于中等强度以上地基土，若将控制地基中塑性区在一定范围内的临界荷载作为地基容许承载力，则使地基既有足够的安全度，又能充分发挥地基的承载能力，从而达到优化设计。

根据工程实践经验：在中心荷载作用下，控制塑性区最大发展深度 $z_{max} = \frac{b}{4}$；在偏心荷载作用下，控制塑性区最大发展深度 $z_{max} = \frac{b}{3}$，对一般建筑物是允许的。与此相对应的基础底面压力称为临界荷载，分别用 $p_{1/4}$ 和 $p_{1/3}$ 表示。

（1）中心荷载下，$p_{1/4}$ 计算公式。在式（7-9）中令 $z_{max} = \frac{b}{4}$，整理可得地基在中心荷载作用下临界荷载计算公式为

$$p_{1/4} = \frac{\pi\left(\gamma_2 d + c\cot\varphi + \frac{1}{4}b\gamma_1\right)}{\cot\varphi + \varphi - \frac{\pi}{2}} + \gamma_2 d \tag{7-11}$$

式中 b——基础宽度，m；若基础形式为矩形，则 b 为短边长；若基础为方形，则 b 为正方形的边长；若基础形式为圆形，则取 $b = \sqrt{A}$，A 为圆形基础的底面面积。

（2）偏心荷载下，$p_{1/3}$ 计算公式。在式（7-9）中令 $z_{max} = \frac{b}{3}$，整理可得地基在偏心荷载作用下临界荷载计算公式为

$$p_{1/3} = \frac{\pi\left(\gamma_2 d + c\cot\varphi + \frac{1}{3}b\gamma_1\right)}{\cot\varphi + \varphi - \frac{\pi}{2}} + \gamma_2 d \tag{7-12}$$

通过对式（7-11）和式（7-12）分析，可以将地基的临界荷载写成统一数学表达式为

$$p_u = N_c c + N_q \gamma_2 d + N_r \gamma_1 b \tag{7-13}$$

式中 N_c、N_q、N_r——地基承载力系数。

$$N_{r(1/4)} = \frac{\pi}{4\left(\cot\varphi + \varphi - \frac{\pi}{2}\right)} \text{（当基础受中心荷载作用时）}$$

$$N_{r(1/3)} = \frac{\pi}{3\left(\cot\varphi + \varphi - \dfrac{\pi}{2}\right)} \quad (\text{当基础受偏心荷载作用时})$$

N_c、N_q 意义和式（7.10b）相同，$N_{r(1/4)}$ 和 $N_{r(1/3)}$ 也是地基土内摩擦角 φ 的函数，因此可以通过查表 7-1 来确定地基承载力系数。

表 7-1　　　　　　　　　**地基承载力系数 N_c、N_q、$N_{r(1/4)}$、$N_{r(1/3)}$ 的值**

内摩擦角	地基承载力系数				内摩擦角	地基承载力系数			
φ (°)	N_c	N_q	$N_{r(1/4)}$	$N_{r(1/3)}$	φ (°)	N_c	N_q	$N_{\gamma(1/4)}$	$N_{\gamma(1/3)}$
0	3.0	1.0	0	0	24	6.5	3.9	0.7	0.7
2	3.3	1.1	0	0	26	6.9	4.4	1.0	0.8
4	3.5	1.2	0	0.1	28	7.4	4.9	1.3	1.0
6	3.7	1.4	0.1	0.1	30	8.0	5.6	1.5	1.2
8	3.9	1.6	0.1	0.2	32	8.5	6.3	1.8	1.4
10	4.2	1.7	0.2	0.2	34	9.2	7.2	2.1	1.6
12	4.4	1.9	0.2	0.3	36	10.0	8.2	2.4	1.8
14	4.7	2.2	0.3	0.4	38	10.8	9.4	2.8	2.1
16	5.0	2.4	0.4	0.5	40	11.8	10.8	3.3	2.5
18	5.3	2.7	0.4	0.6	42	12.8	12.7	3.8	2.9
20	5.6	3.1	0.5	0.7	44	14.0	14.5	4.5	3.4
22	6.0	3.4	0.6	0.8	45	14.6	15.6	4.9	3.7

例 7-1　某学校学生食堂采用墙下条形基础，基础宽度 $b = 3\text{m}$，埋置深度 $d = 2.5\text{m}$，地基土的物理性质：天然重度 $\gamma = 19\text{kN/m}^3$，土的黏聚力 $c = 12\text{kPa}$，内摩擦角 $\varphi = 16°$。试求：该学生食堂地基的临塑荷载 p_{cr} 和临界荷载 $p_{1/3}$ 和 $p_{1/4}$。

解　由 $\varphi = 16°$，查表 7-1 得地基承载力系数

$$N_c = 5.0, \ N_q = 2.4, \ N_{r(1/4)} = 0.4, \ N_{r(1/3)} = 0.5$$

把地基承载力系数代入临塑荷载计算公式得

$$p_{cr} = N_c c + N_q \gamma_2 d = 5.0 \times 12 + 2.4 \times 19 \times 2.5 = 174.0 (\text{kPa})$$

把地基承载力系数代入临界荷载计算公式得

$$p_{1/4} = N_c c + N_q \gamma_2 d + N_{r(1/4)} \gamma_1 b = 5.0 \times 12 + 2.4 \times 19 \times 2.5 + 0.4 \times 19 \times 3$$
$$= 196.8 (\text{kPa})$$

$$p_{1/3} = N_c c + N_q \gamma_2 d + N_{r(1/3)} \gamma_1 b = 5.0 \times 12 + 2.4 \times 19 \times 2.5 + 0.5 \times 19 \times 3$$
$$= 202.5 (\text{kPa})$$

【讨论】若地下水自深处上升至基础底面，此时的承载力如何变化？

第三节　地基极限承载力

地基极限承载力是指地基土达到整体剪切破坏时的最小荷载。求极限荷载的方法一般有两种：

（1）根据弹塑性理论求解。弹塑性理论求解基本思路：根据弹性理论建立微分方程，并由边界条件求地基整体达到极限平衡时的地基承载力精确解。

（2）假定滑动面法。假定滑动面法求解基本思路：事先假设滑动面形状（圆筒形、直线形和直线与对数螺旋组合等），取滑动土体为隔离体，根据静力平衡求地基承载力，如普朗特尔地基极限承载力。

一、普朗特尔极限承载力

普朗特尔（L. Prandtl，1920）研究的地基承载力课题：根据塑性理论研究一个刚性体，在外力作用下压入无限刚塑介质中，当介质达到极限平衡时，推导获得滑动面的形状和外荷载的计算公式。

（1）基本假设。普朗特尔在推导极限承载力计算公式时做了三个基本假定：①介质是无质量的；②外荷载为无限长的条形荷载；③荷载板是光滑的，即荷载板与介质无摩擦。

（2）滑动面形状。普朗特尔根据极限平衡理论及上述3个基本假定，得出滑动面的形状：两端为直线，中间为对数螺旋线，左右对称分布的曲线，如图7-4所示，它可以分成3个区。

1）Ⅰ区。位于荷载板底面下，由于假定荷载板底面是光滑的，因此Ⅰ区中竖向应力即为大主应力，成为朗肯主动区，滑动面与水平面的夹角为$45°+\dfrac{\varphi}{2}$。

2）Ⅱ区。滑动面为曲面，呈对数螺旋线分布，对数螺旋方程为$r=r_0 e^{\theta\tan\varphi}$，并且与Ⅰ区和Ⅲ区的滑动面相切，又称过渡区。

3）Ⅲ区。由于Ⅰ区的土体向下移动，附近的土体就向两侧挤，从而使得Ⅲ区成为朗肯被动区，滑动面与水平面的夹角为$45°-\dfrac{\varphi}{2}$。

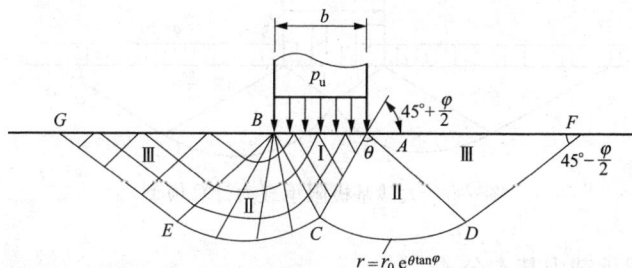

图7-4　普朗特尔滑动面形状

（3）普朗特尔极限承载力计算公式

$$p_u = N_c c \tag{7-14}$$

$$N_c = \cot\varphi\left[e^{\pi\tan\varphi}\tan^2\left(\frac{\pi}{2}+\varphi\right)-1\right]$$

式中　N_c——地基极限承载力系数，可从表7-2查得。

c——地基土的黏聚力，kPa。

表7-2　　　　　　　　　　　　　　　　普朗特尔地基承载力系数

内摩擦角 φ (°)	0	5	10	15	20	25	30	35	40	45
N_c	5.14	6.49	8.35	11.0	14.8	20.7	30.1	46.1	75.3	133.9
N_q	1.00	1.57	2.47	3.94	6.40	10.7	18.4	33.3	64.2	134.9

普朗特尔地基极限承载力公式是假定土的重度为 0，但由于土的强度小，同时内摩擦角不为 0，因此不考虑土的重度是不妥的。若考虑土的重度，普朗特尔 II 区就不呈对数螺旋线分布，其滑动面形状复杂，目前无法按照极限平衡理论求得解析解。为了弥补这一不足，太沙基（Terzaghi，1943）根据普朗特尔的基本原理提出了考虑地基土重量的极限承载力计算公式；汉森（J. B. Hansen，1961）提出了中心倾斜荷载并考虑其他一些影响因素的极限承载力公式。

二、太沙基极限承载力

1943 年，太沙基假定基础底面是粗糙的，提出条形基础受均布荷载作用的极限荷载计算公式。

（1）基本假设。太沙基对普朗特尔理论进行了修正，他考虑：①地基土有重量；②基础底面粗糙；③不考虑基础底面以上填土的抗剪强度，把它仅看成作用在基础底面水平面上的超载；④在极限荷载作用下，地基发生整体剪切破坏；⑤假定地基中滑动面的形状如图 7-5 所示。

（2）滑动面形状。地基土发生滑动破坏时，滑动面的形状：两端为直线，中间用曲线连接，且左右对称，如图 7-5 所示。

1）Ⅰ区。位于基础底面下，由于假定基础底面是粗糙的，具有很大的摩擦阻力作用，因此 ab 面之间的土体不会发生剪切位移，所以Ⅰ区土体不是处于朗肯主动区，而是处于弹性压密状态和基础一起移动，滑动面 ab（$a'b$）与基础底面的夹角为 φ。

2）Ⅱ区。与普朗特尔滑动面一样，是一组对数螺旋曲面连接Ⅰ区和Ⅲ区的过渡区。

3）Ⅲ区。仍然是朗肯被动区，滑动面与水平面的夹角为 $45° - \dfrac{\varphi}{2}$。

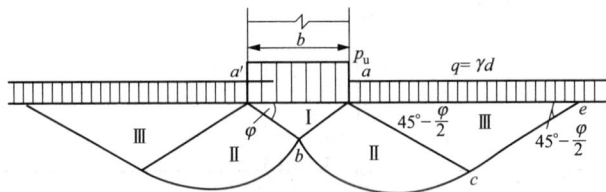

图 7-5   太沙基极限承载力计算模型

（3）太沙基极限承载力基本公式。

1）受力分析。在均布荷载 p_u 的作用下，如图 7-5 所示，地基处于极限平衡状态时，Ⅰ区土楔体上受的力分别为：土楔体 aba' 顶面的极限荷载 p_u；土楔体 aba' 的自重；滑动面 ab 上作用的黏聚力 c 的竖向分力；Ⅱ区、Ⅲ区滑动时对滑动面 ab 的被动土压力的竖向分力。

2）极限承载力公式。根据作用在土楔体 aba' 的各力和在竖向的静力平衡条件，可以得到著名的太沙基极限承载力公式

$$p_u = \frac{1}{2} N_r \gamma b + N_c c + N_q \gamma d \tag{7-15}$$

式中 γ ——地基土重度，kN/m^3；

b ——基础宽度，m；

c ——地基土黏聚力，kN/m^3；

d ——基础埋深，m。

N_r、N_c、N_q ——地基承载力系数，是内摩擦角的函数，见表 7-3。

表 7-3　　　　　　　　　　　　　**太沙基地基承载力系数 N_r、N_c、N_q 的数值**

内摩擦角	地基承载力系数			内摩擦角	地基承载力系数		
φ (°)	N_r	N_c	N_q	φ (°)	N_r	N_c	N_q
0	0	5.7	1.00	22	6.50	20.2	9.17
2	0.23	6.5	1.22	24	8.6	23.4	11.4
4	0.39	7.0	1.48	26	11.5	27.0	14.2
6	0.63	7.7	1.81	28	15.0	31.6	17.8
8	0.86	8.5	2.20	30	20	37.0	22.4
10	1.20	9.5	2.68	32	28	44.4	28.7
12	1.66	10.9	3.32	34	36	52.8	36.6
14	2.20	12.0	4.00	36	50	63.6	47.2
16	3.00	13.0	4.91	38	90	77.0	61.2
18	3.90	15.5	6.04	40	130	94.8	80.5
20	5.00	17.6	7.42	45	326	172.0	173.0

例 7-2　某高楼地基采用条形基础，宽 $b=1.5$m，埋置深度 $d=1.2$m，土的重度为 17.6kN/m³，试验测得土的抗剪强度指标：黏聚力 $c=18$kPa，内摩擦角 $\varphi=20°$。

试求：（1）利用太沙基公式求地基的极限承载力。

（2）当基础宽度为 4m，其他条件不变时，地基的极限承载力。

（3）当基础宽度为 4m，深度为 3.0m，其他条件不变时，地基的极限承载力。

解　（1）太沙基极限承载力公式为

$$p_u = \frac{1}{2}N_r\gamma b + N_c c + N_q \gamma d$$

根据内摩擦角 $\varphi=20°$，查表 7-3 得太沙基承载力系数 $N_r=5.0$、$N_c=17.6$、$N_q=7.42$，代入公式

$$p_u = \frac{1}{2}N_r\gamma b + N_c c + N_q \gamma d$$

$$= 0.5 \times 5.0 \times 17.6 \times 1.5 + 17.6 \times 18 + 7.42 \times 17.6 \times 1.2 = 539.5\text{(kPa)}$$

（2）当基础宽度为 4m 时，用太沙基公式求极限承载力为

$$p_u = \frac{1}{2}N_r\gamma b + N_c c + N_q \gamma d$$

$$= 0.5 \times 5.0 \times 17.6 \times 4.0 + 17.6 \times 18 + 7.42 \times 17.6 \times 1.2 = 649.5\text{(kPa)}$$

（3）当基础宽度为 4m，深度为 3.0m 时，用太沙基公式求极限承载力为

$$p_u = \frac{1}{2}N_r\gamma b + N_c c + N_q \gamma d$$

$$= 0.5 \times 5.0 \times 17.6 \times 4.0 + 17.6 \times 18 + 7.42 \times 17.6 \times 3.0 = 884.6\text{(kPa)}$$

由以上计算可知，增加基础的宽度和埋置深度，均能有效地提高地基的承载力。

三、汉森极限承载力

汉森（J. B. Hansen）在极限承载力上的主要贡献就是对承载力进行数项修正，包括非条形荷载的基础形状修正、埋置深度范围内考虑土抗剪强度的深度修正、基础底面有水平荷

载时的荷载倾斜修正、地面有倾角 β 时的地面修正及其底有倾角 $\bar{\eta}$ 时的基础底面修正，每种修正均需在承载力系数 N_r、N_q、N_c 上乘以相应的修正系数。修正后的汉森极限承载力公式为

$$p_u = \frac{1}{2}\gamma B N_r S_r d_r i_r q_r b_r + q N_q S_q d_q i_q q_q b_q + c N_c S_c d_c i_c q_c b_c \tag{7-16}$$

式中 N_r、N_q、N_c——地基承载力系数，在汉森公式中取 $N_q = \tan^2\left(45° + \dfrac{\varphi}{2}\right) e^{\pi\tan\varphi}$，$N_c$

$\qquad\qquad = (N_q - 1)\cot\varphi$，$N_r = 1.8(N_q - 1)\tan\varphi$；

$\qquad$ S_r、S_q、S_c——相应于基础形状的修正系数；

$\qquad$ d_r、d_q、d_c——相应于考虑埋深范围内土强度的深度修正系数；

$\qquad$ i_r、i_q、i_c——相应于荷载倾斜的修正系数；

$\qquad$ q_r、q_q、q_c——相应于地面倾斜的修正系数；

$\qquad$ b_r、b_q、b_c——相应于基础底面倾斜的修正系数。

汉森提出上述各系数的计算公式见表 7-4。

表 7-4   汉森极限承载力公式中的修正系数

形状修正系数	深度修正系数	荷载倾斜修正系数	地面倾斜修正系数	基础底面倾斜修正系数
$S_c = 1 + \dfrac{N_q B}{N_c L}$	$d_c = 1 + 0.4\dfrac{d}{B}$	$i_c = i_q - \dfrac{1 - i_q}{N_q - 1}$	$q_c = 1 - \beta/14.7°$	$b_c = 1 - \bar{\eta}/14.7°$
$S_q = 1 + \dfrac{B}{L}\tan\varphi$	$d_q = 1 + 2\tan\varphi(1 - \sin\varphi)^2\dfrac{d}{B}$	$i_q = \left(1 - \dfrac{0.5P_h}{P_v + A_f c\cot\varphi}\right)^5$	$q_q = (1 - 0.5\tan\beta)^5$	$b_q = \exp(-2\bar{\eta}\tan\varphi)$
$S_r = 1 - 0.4\dfrac{B}{L}$	$d_r = 1.0$	$i_r = \left(1 - \dfrac{0.7P_h}{P_v + A_f c\cot\varphi}\right)^5$	$q_r = (1 - 0.5\tan\beta)^5$	$b_r = \exp(-2\bar{\eta}\tan\varphi)$

注 A_f 为基础的有效接触面积 $A_f = B'L'$，m^2；B' 为基础的有效宽度，$B' = B - 2e_B$，m；L' 为基础的有效长度，$L' = L - 2e_L$，m；d 为基础的埋置深度，m；e_B、e_L 为相对于基础面积中心的荷载偏心距，m；B 为基础的宽度，m；L 为基础的长度，m；c 为地基土的黏聚力，kPa；φ 为地基土的内摩擦角，(°)；P_h 为平行于基础的荷载分量，kN；P_v 为垂直于基础的荷载分量，kN；β 为地面倾角，(°)；$\bar{\eta}$ 为基础底面倾角，(°)。

四、影响地基极限承载力的因素

地基极限承载力与建筑物的安全与经济密切相关，尤其对重大工程或承受倾斜荷载的建筑物更为重要。各类建筑物采用不同的基础形式、尺寸和埋深，置于不同地基土质情况下，极限承载力大小可能相差悬殊，需要进行研究。影响地基极限承载力的因素很多，可归纳为以下 5 个方面：

1. 地基土的强度指标

地基土的物理力学指标很多，与地基极限承载力有关的主要是土的强度指标 φ、c 和重度指标 γ。不言而喻，凡地基土的 φ、c、γ 越大，则极限承载力 p_u 相应也越大。

（1）土的内摩擦角。土的内摩擦角 φ 值的大小，对地基极限承载力的影响最大。如 φ 越大，则承载力系数 N_r、N_c、N_q 都大，对极限承载力 p_u 计算公式中三项数值都起作用，故极限承载力数值就越大。

（2）土的黏聚力。如地基土的黏聚力 c 增大，则极限承载力 p_u 增大。

（3）土的重度。若地基土的重度 γ 增大，极限承载力 p_u 增大。如松砂地基采用强夯法压密，使 γ 增大（同时 φ 也增大）则极限承载力增大，即地基承载力增大。

2.地基的破坏形式

在极限承载力作用下，地基发生破坏的形式有多种，通常地基发生整体滑动破坏时，极限承载力大；地基发生冲切破坏时，极限承载力小。

（1）整体滑动破坏。当地基土良好或中等，上部荷载超过地基极限承载力 p_u 时，地基中的塑性变形区扩展连成整体，导致地基发生整体滑动破坏。滑动面的形状：若地基中有较弱的夹层，则必然沿着弱夹层滑动；若为均匀地基，则滑动面为曲面；理论计算中，滑动曲线近似采用折线、圆弧或两端为直线中间为曲线表示。

（2）局部剪切破坏。当基础埋深大、加载速率快时，因基础旁侧荷载 $q = \gamma d$ 大，阻止地基整体滑动破坏，使地基发生基础底部局部剪切破坏。

（3）冲剪破坏。若地基为松砂或软土，在外荷作用下使地基产生大量沉降，基础竖向切入土中，发生冲切剪切破坏。

3.地下水

地下水对浅基础地基承载力的影响，一般有两种情况：

（1）浸泡在水下的土，将失去由弱给合水所形成的表观凝聚力，使承载力降低。

（2）由于水的浮力作用，将使土的重量减小而降低了地基的承载力。

目前一般都假定地下水位上下土的强度指标相同，而仅仅考虑由于水的浮力作用对承载力所产生的影响，也即考虑第（2）种情况。

4.荷载作用

（1）荷载作用时间。

1）若荷载作用的时间很短，如地震荷载，则极限承载可以提高。

2）如地基为高塑性黏土，呈可塑或软塑状态，在长时期荷载作用下，使土产生蠕变降低土的强度，即极限承载力降低。例如，伦敦附近威伯列铁路通过一座 17m 高的山坡，修筑 9.5m 高挡土墙支挡山坡土体，正常通车 13 年后，土坡因伦敦黏土强度降低而滑动，将长达 162m 的挡土墙滑移达 6.1m。

（2）荷载作用方向。若荷载为倾斜方向，极限承载力 p_u 小，荷载为竖直作用时极限承载力 p_u 就大。倾斜荷载为不利因素。

5.基础设计尺寸

地基的极限承载力大小不仅与地基土的性质优劣密切相关，而且与基础尺寸大小有关，这是初学者容易忽视的。在建筑工程中，遇到地基承载力不够用，相差不多时，可在基础设计中加大基础底面宽度和基础埋深来解决，不必加固地基。

（1）基础宽度。若基础设计宽度 b 加大，地基极限承载 p_u 增大。但在饱和软土地基中，b 增大后对 p_u 几乎没有影响，这是因为饱和软土地基内摩擦角 $\varphi = 0°$，则承载力系数 $N_r = 0$，无论 b 增大多少，p_u 的第一项均为零。

（2）基础埋置深度。当基础埋置深度 d 加大时，则基础旁侧荷载 $q = \gamma d$ 增大，即极限承载力 p_u 也增大。

第四节　地基承载力的确定

所有建筑物地基基础设计时，均应满足地基承载力和变形要求，对经常受水平荷载作用的高层建筑高耸结构、高路堤、挡土墙，以及建造在斜坡上或边坡附近的建筑物，尚应验算地基稳定性。通常地基计算时，首先应限制基础底面压力小于或等于地基容许承载力或地基承载力特征值（设计值），以便确定基础的埋置深度和底面尺寸，然后验算地基变形，必要时验算地基稳定性。

地基容许承载力是指地基稳定有足够安全度的承载能力，它相当于地基极限承载力除以一个安全系数。地基承载力特征值是指地基稳定有保证可靠度的承载能力，它作为随机变量是以概率理论为基础的，分项系数表达的极限状态设计法确定的地基承载力；同时也要验算地基变形不超过容许变形值。因此，地基容许承载力或地基承载力特征值的定义是在保证地基稳定的条件下，使建筑物基础沉降的计算值不超过容许值的地基承载力。

一、由极限承载力确定

可根据地基极限承载力计算公式或现场荷载试验，计算或试验得到地基极限承载力 p_u，并考虑相应的安全系数 K 后，可获得地基承载力的设计值 f。例如，假定通过计算或试验获得 $p_u = 870\text{kPa}$，取安全系数 $K = 3.0$，则地基的承载力为 $f = \dfrac{p_u}{K} = 870/3 = 290\text{kPa}$。

二、由荷载试验确定

确定地基承载力最直接的方法是现场荷载试验的方法，可分为浅层平板荷载试验和深层平板荷载试验 2 种方法。荷载试验是一种基础受荷的模拟试验，方法是在地基土上放置一块刚性荷载板（深度位于基础底面的设计标高，荷载板面积一般约为 0.5m^2），然后在荷载板上逐级加载，同时测定在各级荷载下荷载板的沉降量，并观察周围土位移情况，直到地基土破坏失稳为止。下面介绍《建筑地基基础设计规范》（GB 50007—2011）中浅层平板荷载试验方法和步骤。

地基浅层平板荷载试验（如图 7-6 所示）可适用于浅部地基土层承压板下应力主要影响范围的承载力，承压板面积一般不小于 0.25m^2，对于软土不应小于 0.5m^2。

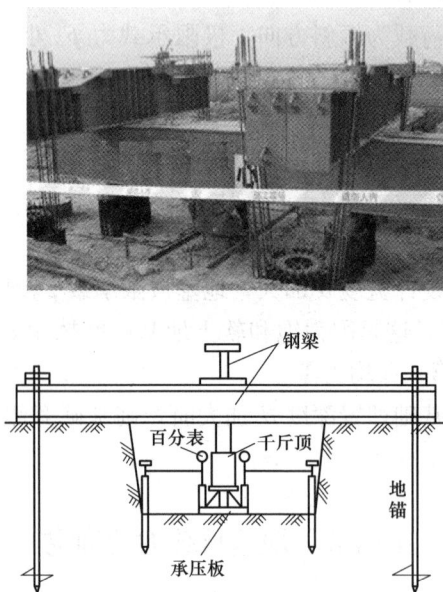

图 7-6 荷载试验示意图

试验基坑不应小于承压板宽度或直径的 3 倍。应保持试验土层的原状结构和天然湿度。宜在拟试压表面用粗砂或中砂层找平，其厚度不超过 20mm。

加载一般不小于 8 级，最大加载量不应小于设计要求的 2 倍。每级加载后，按间隔 10、10、15、15min，以后每隔 30min 测度一次沉降量，当连续 2h 的沉降量小于 0.1mm 时，认为稳定，可以加下一级荷载。

当出现以下情况之一时可以终止加载：

(1) 承压板周围的土明显地侧向挤出。

(2) 沉降量 s 急骤增大，p-s 曲线出现陡降段。

(3) 在某一荷载下，24h 内沉降速率不能达到稳定标准。

(4) 沉降量与承压板宽度或直径的比值 $s/b \geqslant 0.06$。

满足前三种情况之一时，其对应的前一级荷载定为极限承载力 p_u。地基承载力特征值的确定应满足以下规定：

(1) 当 P-s 曲线有明确的比例界限时（直线段的终点），取该比例界限所对应的荷载值，如图 7-7 (a) 所示。

(2) 当极限承载力确定后，且该值小于对应比例界限荷载值的 2.0 倍时，取极限承载力 p_u 的 1/2 作为地基承载力特征值。

(3) 如不能按上述两点确定，承压板面积为 0.25~0.50m²，可取 $s/b = 0.01$~0.015 所对应的荷载值，但其值不能超过最大加载量的 1/2，如图 7-7 (b) 所示。

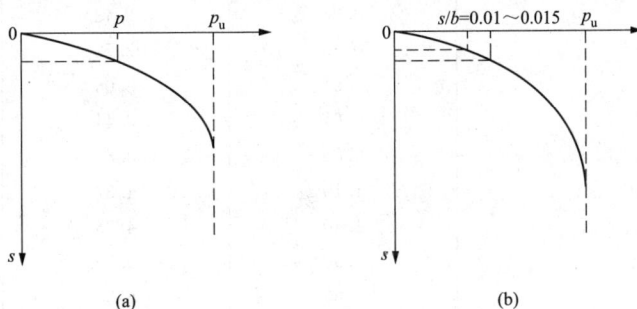

图 7-7　荷载试验确定地基承载力方法

当同一土层参加统计的试验点不少于 3 点，基本值的极差不超过平均值的 30% 时，取此平均值作为地基承载力特征值 f_{ak}。

三、按《建筑地基基础设计规范》(GB 50007—2011) 推荐的理论公式确定

荷载偏心距 $e \leqslant 0.033b$（b 为偏心方向基础边长）时，根据土的抗剪强度指标确定地基承载力特征值 [可按式 (7-17) 计算]，并应满足变形要求，即

$$f_a = N_b \gamma b + N_d \gamma_m d + N_c c_k \tag{7-17}$$

式中　　f_a——由土的抗剪强度指标确定的地基承载力特征值，kPa。

N_b、N_d、N_c——地基承载力系数，根据 φ_k 按表 7-5 查取。

b——基础底面宽度，m，大于 6m 时按 6m 取值，对于砂土，小于 3m 时按 3m 取值。

c_k——基础底面下一倍短边宽度的深度范围内土的黏聚力标准值，kPa。

φ_k——基础底面下一倍短边宽度的深度范围内土的内摩擦角标准值，(°)。

γ——基础底面以下土的重度，地下水位以下取浮重度，kN/m^3。

γ_m——基础埋深范围内各层土的加权平均重度，地下水位以下取浮重度（kN/m^3）。

d——基础埋置深度，m，当 $d<0.5m$ 时按 $0.5m$ 取值，自室外地面标高算起。在填方整平地区，可自填土地面标高算起，但填土在上部结构施工后完成时，应从天然地面标高算起。对于地下室，如采用箱形基础或筏板，基础埋置深度自室外地面标高算起；当采用独立基础或条形基础时，应从室内地面标高算起。

表 7-5 承载力系数 N_b、N_d、N_c

土的内摩擦角标准值 φ_k（°）	N_b	N_d	N_c
0	0	1.00	3.14
2	0.03	1.12	3.32
4	0.06	1.25	3.51
6	0.10	1.39	3.71
8	0.14	1.55	3.93
10	0.18	1.73	4.17
12	0.23	1.94	4.42
14	0.29	2.17	4.69
16	0.36	2.43	5.00
18	0.43	2.72	5.31
20	0.51	3.06	5.66
22	0.61	3.44	6.04
24	0.80	3.87	6.45
26	1.10	4.37	6.90
28	1.40	4.93	7.40
30	1.90	5.59	7.95
32	2.60	6.35	8.55
34	3.40	7.21	9.22
36	4.20	8.25	9.97
38	5.00	9.44	10.80
40	5.80	10.84	11.73

四、按《建筑地基基础设计规范》（GB 50007—2011）修正公式确定

考虑增加基础宽度和埋置深度，地基承载力也将随之提高，所以，应将地基承载力对不同的基础宽度和埋置深度进行修正，才适于设计用。《建筑地基基础设计规范》（GB 50007—2011）规定：当基础宽度大于 3m 或埋置深度大于 0.5m 时，从荷载试验或其他原位测试、经验值等方法确定的地基承载力特征值尚应按下式修正

$$f_a = f_{ak} + \eta_b \gamma (b-3) + \eta_d \gamma_m (d-0.5) \tag{7-18}$$

式中 f_a——修正后的地基承载力特征值，kPa；

f_{ak}——地基承载力特征值，kPa；

η_b、η_d——基础宽度和埋置深度的地基承载力修正系数，按基础底面下土的类别查表 7-6

取值。

但是应注意，当 $b < 3.0\text{m}$ 时，按 $b = 3.0\text{m}$ 考虑；当 $b > 6.0\text{m}$，按 $b = 6.0\text{m}$ 考虑。

表 7-6   **地基承载力修正系数**

土 的 类 别		η_b	η_d
淤泥和淤泥质土		0	1.0
人工填土，e 或 I_l 大于或等于 0.85 的黏性土		0	1.0
红黏土	含水率 $w > 0.8$	0	1.2
	含水率 $w \leqslant 0.8$	0.15	1.4
大面积压密填土	压密系数大于 0.95、黏粒含量 $\rho_c \geqslant 100\%$ 的粉土	0	1.5
	最大于密度大于 2.1t/m³ 的级配砂石	0	2.0
粉土	黏粒含量 $\rho_c \geqslant 10\%$ 的粉土	0.3	1.5
	黏粒含量 $\rho_c < 10\%$ 的粉土	0.5	2.0
e 及 I_l 均小于 0.85 的黏性土		0.3	1.6
粉砂、细砂（不包括很湿与饱和时的稍密状态）		2.0	3.0
中砂、粗砂、砾砂和碎石土		3.0	4.4

注 强风化和全风化的岩石，可参照所风化的相应土类取值，其他状态下的岩石不修正。

例 7-3 某建筑物承受中心荷载的柱下独立基础底面尺寸为 $2.5\text{m} \times 1.5\text{m}$，埋置深度 $d = 1.6\text{m}$；地基土为粉土，土的物理力学性质指标：$\gamma = 17.8\text{kN/m}^3$，$c_k = 1.2\text{kPa}$，$\varphi_k = 22°$，试用《建筑地基基础设计规范》（GB 50007—2011）法确定持力层的地基承载力特征值。

解 根据 $\varphi_k = 22°$，查表 7-5 得

$$N_b = 0.61, \quad N_d = 3.44, \quad N_c = 6.04$$

$$f_a = N_b \gamma_b + N_d \gamma_m d + N_c c_k = 0.61 \times 17.8 \times 1.5 + 3.44 \times 17.8 \times 1.6 + 6.04 \times 1.2$$
$$= 121.5(\text{kPa})$$

例 7-4 已知某拟建建筑物场地地质条件，第一层：杂填土，层厚 1.0m，$\gamma = 18\text{kN/m}^3$；第二层：粉质黏土，层厚 4.2m，$\gamma = 18.5\text{kN/m}^3$，$e = 0.92$，$I_l = 0.94$，地基承载力特征值 $f_{ak} = 136\text{kPa}$。试按以下基础条件分别计算修正后的地基承载力特征值：（1）基础底面为 $4.0\text{m} \times 2.6\text{m}$ 的矩形独立基础，埋置深度 $d = 1.0\text{m}$；（2）基础底面为 $9.5\text{m} \times 36\text{m}$ 的箱形基础，埋置深度 $d = 3.5\text{m}$。

解 根据《建筑地基基础设计规范》（GB 50007—2011）：

（1）矩形独立基础下修正后的地基承载力特征值 f_a。基础宽度 $b = 2.6\text{m}$（$< 3\text{m}$），按 3m 考虑；埋置深度 $d = 1.0\text{m}$，持力层粉质黏土的孔隙比 $e = 0.92$（> 0.85），查表 7-6 得

$$\eta_b = 0, \quad \eta_d = 1.0$$

$$f_a = f_{ak} + \eta_b \gamma (b - 3) + \eta_d \gamma_m (d - 0.5)$$
$$= 136 + 0 + 1.0 \times 18 \times (10 - 0.5) = 145.0(\text{kPa})$$

（2）箱形基础下修正后的地基承载力特征值 f_a。基础宽度 $b = 9.5\text{m}$（$> 6\text{m}$），按 6m 考虑；埋置深度 $d = 3.5\text{m}$，持力层仍为粉质黏土，$\eta_b = 0$，$\eta_d = 1.0$，则有

$$\gamma_m = (18 \times 1.0 + 18.5 \times 2.5)/3.5 = 18.4(\text{kN/m}^3)$$

$$f_a = f_{ak} + \eta_b \gamma (b-3) + \eta_d \gamma_m (d-0.5)$$
$$= 136 + 0 \times 18.5 \times (6-3) + 1.0 \times 18.4 \times (3.5-0.5) = 191.2 (kPa)$$

第五节　地基承载力公式的适用条件

一、临塑荷载和临界荷载公式适用条件

（1）适用于条形基础。这些计算公式是从平面问题的条形均布荷载情况下导得的，若将它近似地用于矩形基础，其结果是偏于安全的。

（2）计算土中由自重产生的主应力时，假定土的侧压力系数 $K_0 = 1$，这与土的实际情况不符，但这样可使计算公式简化。

（3）在计算临界荷载时，土中已出现塑性区，但这时仍按弹性理论计算土中应力，这在理论上是相互矛盾的，其所引起的误差随着塑性区范围的扩大而加大。

二、太沙基地基极限承载力公式适用条件

太沙基地基极限承载力基本公式适用条件：基础底面粗糙的条形基础（长宽比 $l/b > 5$，埋置深度 $d \leqslant b$）；地基土较密实；地基土的破坏模式是整体剪切破坏。对于圆形或方形基础，太沙基考虑了地基不同的破坏形式及基础形状，提出了如下半经验极限承载力公式：

（1）松软条形基础上地基极限承载力公式。松软条形基础的地基土，破坏模式为局部剪切破坏时，太沙基采用下式计算地基极限承载力

$$p_u = \frac{1}{2} N'_r \gamma b + \frac{2}{3} N'_c c + N'_q \gamma d \tag{7-19}$$

式中　N'_r、N'_c、N'_q——局部剪切破坏时的地基承载力系数，仍然是内摩擦角 φ 的函数，可以根据 φ 查专用的太沙基承载力系数图（见图 7-8）来确定。

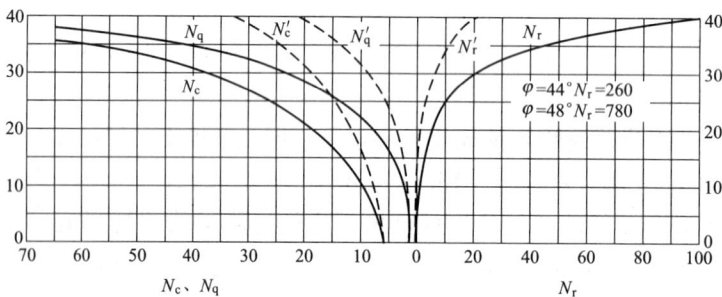

图 7-8　太沙基地基承载力系数

（2）方形基础上地基极限承载力公式。太沙基地基极限承载力基本公式是由条形基础推导出来的，对于方形基础，分别对基础的宽度和地基土的黏聚力进行修正后得到方形基础上地基极限承载力公式，即

$$p_u = \frac{2}{5} N_r \gamma b + \frac{6}{5} N_c c + N_q \gamma d \tag{7-20}$$

式中　b——方形基础的边长，m。

（3）圆形基础上地基极限承载力公式。圆形基础上地基极限承载力公式和方形基础上地基极限承载力公式类似，太沙基认为可以按照下式进行计算

$$p_u = \frac{3}{10}N_r\gamma b + \frac{6}{5}N_c c + N_q\gamma d \tag{7-21}$$

式中 b——圆形基础的直径，m。

最后需要指出的是，应用太沙基一系列的地基极限承载力公式进行基础工程设计时，地基必须具有一定的安全度，太沙基认为地基承载力安全系数 $K\geqslant3.0$，因此地基承载力可以按照以下公式进行计算

$$f = \frac{p_u}{K} \tag{7-22}$$

式中 f——地基承载力，kPa；

　　　p_u——太沙基极限承载力，kPa；

　　　K——地基承载力安全系数，$K\geqslant3.0$。

例 7-5 某学生公寓为条形基础，宽度为 1.5m，基础埋置深度为 3m，地基土的物理力学特性指标为 $\gamma=17.6\text{kN/m}^3$，$c=8\text{kN/m}^2$，$\varphi=24°$，$E=5\text{MPa}$，$\mu=0.35$，按太沙基极限承载力公式求地基极限承载力。

解 用太沙基极限承载力公式计算地基极限承载力

$$p_u = \frac{\gamma B}{2}N'_r + \bar{c}N'_c + qN'_q$$

$$\bar{c} = \frac{2}{3}c = \frac{2}{3}\times8 = 5.3\text{kN/m}^2$$

按 $\varphi=24°$ 查图 7-8 得

$$N'_r = 1.5, \ N'_q = 5.2, \ N'_c = 14$$

代入上式　　　$p_u = \frac{17.6}{2}\times1.5\times1.5 + 5.3\times14 + 17.6\times3\times5.2$

$$=19.8 + 74.2 + 316.8 = 367(\text{kPa})$$

思 考 题

7-1 何谓地基承载力？浅基础地基破坏模式有哪几种，各有何特征？一般发生在哪类地基土中？

7-2 何谓地基的临塑荷载、临界荷载、极限承载力？三者的区别在哪？有什么关系？

7-3 什么是地基极限承载力？太沙基极限承载力的计算公式是什么，式中各个字母代表的含义是什么？

7-4 区别地基承载力、地基极限承载力、地基容许承载力、地基承载力特征值这几个概念。

7-5 影响地基极限承载力的因素有哪些？

习 题

7-1 某条形基础宽 $b=1.5\text{m}$，基础埋置深度 $d=1.4\text{m}$，土的天然重度为 18.0kN/m^3，实验室测得土的内摩擦角 $\varphi=30°$，土的黏聚力 $c=10\text{kPa}$，地下水位深 7.8m。试采用太沙基

极限承载力公式计算地基极限承载和地基承载力特征值?

7-2　某宾馆为条形基础,基础底面宽度 $b=3.00\mathrm{m}$,基础埋置深度 $d=2.00\mathrm{m}$,地下水位接近地面。地基为砂土,饱和重度 $\gamma_{sat}=21.1\mathrm{kN/m^3}$,内摩擦角 $\varphi=30°$,荷载为中心荷载。试求:(1)地基的临界荷载;(2)基础埋置深度 d 不变,基础底面宽度 b 加大 1 倍时的地基临界荷载;(3)基础底面宽度 b 不变,基础埋置深度加大 1 倍时的地基临界荷载;(4)从上述计算结果可以发现什么规律?

7-3　某条形基础底面宽度 $b=2.40\mathrm{m}$,埋置深度 $d=1.2\mathrm{m}$。地基表层为人工填土,天然重度 $\gamma_1=18.0\mathrm{kN/m^3}$,层厚 $1.20\mathrm{m}$;第二层为黏土,天然重度 $\gamma_2=19.0\mathrm{kN/m^3}$,内摩擦角 $\varphi=18°$,黏聚力 $c=16\mathrm{kPa}$,地下水位埋置深度为 $1.20\mathrm{m}$。试按太沙基极限承载力公式计算基础底面处地基极限承载力。

第八章　土坡稳定性分析

土坡是指具有倾斜坡面的土体，其各部位的名称如图 8-1 所示。一般而言，土坡有两种类型：由自然地质作用所形成的土坡称为天然土坡，如山坡、江河岸坡等；由人工开挖或回填而形成的土坡称为人工土坡，如基坑、土坝、路堤等的边坡。

在许多土木工程建设中都涉及土坡的稳定性问题，如铁路、公路的建设中，路基的填筑和山体的开挖、高层建筑深基坑的开挖、水库大坝工程等。

边坡失稳，即滑坡，是指边坡在一定范围内一部分土体相对另一部分土体产生滑动。除设计或施工不当可能导致土坡的失稳外，外界的不利因素影响也触发和加剧了土坡的失稳，一般有以下几种原因：

(1) 外界的作用破坏了岩土体内原来的应力平衡

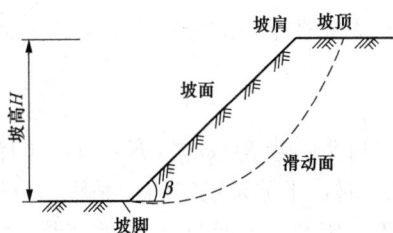

图 8-1　边坡各部位名称

状态，增大了滑动面上的滑动力。例如，在坡顶堆放材料或建造建筑物而使坡顶受荷；或由于打桩振动，车辆行驶、地震、爆破等引起的振动而改变了土坡原来的平衡状态。

(2) 岩土体的抗剪强度受到外界因素的影响而降低。例如，气候等自然条件的变化，在岩土体内引起的干湿或冻融，使岩土体强度降低；或因雨水侵入岩土体内使土体湿化或岩体内的软弱夹层泥化而导致强度降低。

在土木工程建设中，如果土坡失去稳定造成塌方，不仅影响工程进度，有时还会危及人的生命安全，造成工程事故和巨大的经济损失。因此，在工程设计中，需要对土坡的稳定性进行分析评价。土坡稳定性分析方法有极限平衡法、极限分析法和有限元法等，目前工程实践中多采用极限平衡法。极限平衡法分析的一般步骤是：假定土坡破坏是沿土体内某一滑动面产生滑动，根据滑动土体的静力平衡条件和莫尔-库仑强度理论，计算该面产生滑动的可能性，即求该土坡的稳定安全系数，对多个可能滑动面进行稳定性验算，其中安全系数最低的即为最危险滑动面。

对土坡进行稳定性分析的目的在于：

(1) 验算所拟定的边坡是否安全、合理、经济。边坡过陡可能发生坍塌，过缓则使土方工程量加大，不经济。

(2) 根据给定的边坡高度、土的性质等已知条件设计出合理的边坡断面。

(3) 对自然边坡进行稳定性分析与安全评价。

第一节　土坡稳定性分析方法

一、无黏性土坡的稳定性分析

对于均质的无黏性土坡，无论在干坡还是在完全浸水条件下，由于无黏性土的黏聚力

$c=0$，因此，只要坡面上的土粒能够保持稳定，则整个土坡就是稳定的。

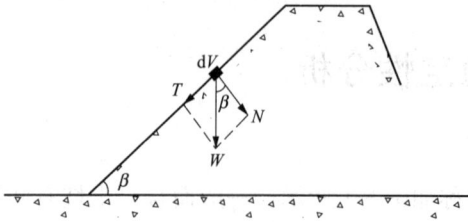

图 8-2 均质无黏性土坡

均质无黏性土坡如图 8-2 所示，土坡坡角为 β，土的内摩擦角为 φ。现从坡面上任取一单元土体 dV，分析其稳定性。假定不考虑该单元体两侧应力对稳定性的影响，则单元体的自重 W 沿坡面的滑动分力 $T=W\sin\beta$，垂直于坡面的正压力 $N=W\cos\beta$，正压力产生摩擦阻力阻止土体下滑，称为抗滑力，用 T_f 表示，$T_f=N\tan\varphi=W\cos\beta\tan\varphi$。

无黏性土坡的稳定安全系数定义为最大抗滑力与滑动力的比，即

$$K_s=\frac{T_f}{T}=\frac{W\cos\beta\tan\varphi}{W\sin\beta}=\frac{\tan\varphi}{\tan\beta} \tag{8-1}$$

可见，当 $\beta=\varphi$ 时，$K_s=1$，土体处于极限平衡状态，此时，称坡角 β 为天然休止角。当 $\beta<\varphi$ 时，土坡是稳定的。显然，分析的土体无论在坡面的任何位置，都能得到式（8-1）的结果。因此，无黏性土坡破坏模式常呈平面滑动破坏，安全系数 K_s 代表整个边坡的安全度。

二、黏性土坡的稳定性分析

土坡的失稳形态和工程地质条件有关，在非均质土层中，如果土坡下面有软弱层，则滑动面很大部分将通过软弱层形成曲折的复合滑动面，如图 8-3（a）所示。如果土坡位于倾斜的岩层面上，则滑动面往往沿岩层面产生，如图 8-3（b）所示。均质黏性土坡失稳破坏时，其滑动面大多为一曲面，通常可近似地看成为圆弧滑动面。圆弧滑动面的形式一般有以下三种：

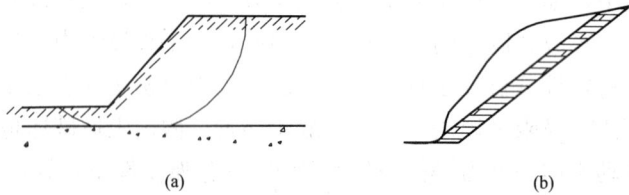

图 8-3 非均质土中的滑动面

（a）土坡滑动面通过软弱层；（b）土坡沿岩层面滑动

（1）圆弧滑动面通过坡脚 B 点［见图 8-4（a）］，称为坡脚圆。

（2）圆弧滑动面通过坡面上 E 点［见图 8-4（b）］，称为坡面圆。

（3）圆弧滑动面通过坡脚以外的 A 点［见图 8-4（c）］，称为中点圆。

上述三种圆弧滑动面的产生，与土坡的坡角大小、填土的强度指标及土中硬层的位置等有关。

土坡稳定性分析采用圆弧滑动面首先由彼得森（K. E. Petterson，1916）提出，此后费伦纽斯（W. Fellenius，1927）和泰勒（D. W. Taylor，1948）都做了研究和改进。总结起来提出的分析方法可以分为两种：

（1）整体圆弧滑动法，主要适用于均质简单土坡。所谓简单土坡是指土坡的坡度不变，

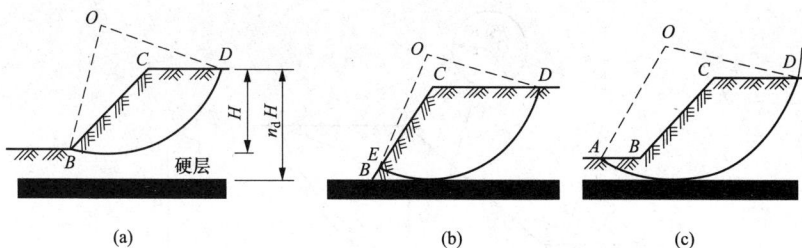

图 8-4　均质黏性土坡的三种圆弧滑动面

（a）坡角圆；（b）坡面圆；（c）中点圆

顶面和地面水平，且土质均匀，无地下水，如图 8-5 所示。

（2）条分法，条分法对非均质土坡、土坡外形复杂、土坡部分在水下情况均适用。

（一）土坡圆弧滑动面的整体稳定性分析

1. 基本概念

分析图 8-5 所示的均质土坡，假设可能产生的任意圆弧滑动面为 AD，圆心为 O，半径为 R，在土坡长度方向截取单位长度，按平面问题分析。认为土坡失稳就是滑动土体绕圆心转动。把滑动土坡看成一个刚体，滑动土体 $ABCDA$ 重力 W，是促使土坡绕圆心 O 旋转的力，滑动力矩为 $M_s=Wa$，a 为过滑动土体重心的竖直线与圆心 O 的水平距离；沿着滑动面 AD 上分布的土的抗剪强度 τ_f 是抵抗土坡滑动的力，抗滑力矩 $M_f=\tau_f l_{AD} R$，其

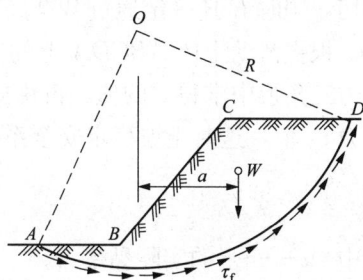

图 8-5　土体的整体稳定分析

中 $\tau_f=\sigma\tan\varphi+c$，$l_{AD}$ 为滑动圆弧 AD 的弧长。由于滑动面上各点的法向应力 σ 不同，对于 $\varphi>0°$ 的土，需要采用条分法计算。当 $\varphi=0°$ 时，土坡稳定安全系数 K 可以用抗滑力矩 M_f 与滑动力矩 M_s 之比表示为

$$K=\frac{M_f}{M_s}=\frac{cl_{AD}R}{Wa} \tag{8-2}$$

此式即为整体圆弧滑动法计算边坡稳定安全系数的公式。注意，它只适用于 $\varphi=0°$ 的情况。

2. 摩擦圆法

摩擦圆法由泰勒提出，他认为图 8-6 所示滑动面 AD 上的抵抗力包括土的摩擦力及黏聚力两部分，它们的合力分别为 F 和 c。假定滑动面上的摩擦阻力首先得到发挥，然后由土的黏聚力补充。泰勒取单位长度土坡，分别分析作用在滑动土体 $ABCDA$ 上的 3 个力：

第一个力是滑动土体的重力 W，它等于滑动土体 $ABCDA$ 的面积与土的重度的乘积，其作用点的位置在滑动土体面积形心。因此，W 的大小和作用线都是已知的。

第二个力是作用在滑动面 AD 上黏聚力的合力 c。若沿滑动面 AD 上分布的需要发挥的土的黏聚力为 c_1，可以求得黏聚力的合力 c 为

$$c=c_1\hat{l}_{AD} \tag{8-3}$$

其中 $\hat{l}_{AD}$ 为弧 AD 的长，所以 c 的作用线是已知的，但其大小未知，这是因为 c_1 是未知的。

第三个力是作用在滑动面 AD 上的法向力及摩擦阻力的合力，用 F 表示。泰勒假定 F

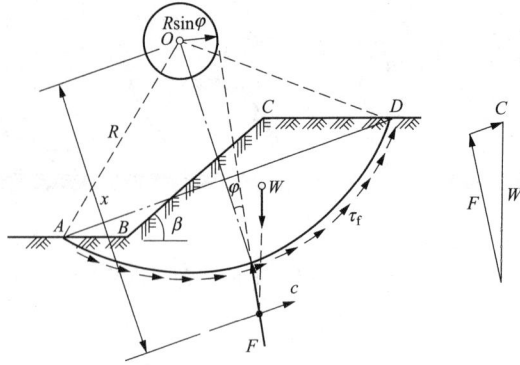

图 8-6　摩擦圆法

的作用线与圆弧 AD 的法线成 φ 角，也即 F 与圆心 O 点处半径为 $R\sin\varphi$ 的圆（称为摩擦圆）相切，同时 F 还一定通过 W 与 C 的交点。因此，F 的作用线是已知的，其大小未知。

根据滑动土体 $ABCDA$ 上的三个作用力 W、F、c 的静力平衡条件，可以从图 8-6 所示的力三角形中求得 c 的值，再由式（8-3）可以求得维持土体平衡时滑动面上所需发挥的黏聚力 c_1 值，这时土坡稳定安全系数 K 为

$$K = \frac{c}{c_1} \tag{8-4}$$

式中　c——土的实际黏聚力。

上述计算中，滑动面 AD 是任意假定的，因此，需要试算许多个可能的滑动面。相应于最小稳定安全系数 K_{min} 的滑动面就是最危险的滑动面。K_{min} 值必须满足规定数值。由此可以看出，土坡稳定性分析的计算工作量是很大的。因此，费伦纽斯和泰勒对均质的简单土坡做了大量的分析计算工作，提出了确定最危险滑动面圆心的经验方法。

3. 最危险滑动面的确定方法

（1）土的内摩擦角 $\varphi = 0°$。费伦纽斯提出当 $\varphi = 0°$ 时，土坡的最危险圆弧滑动面通过坡脚，其圆心为 D 点，如图 8-7 所示。D 点是由坡脚 B 与坡顶 C 分别做 BD 和 CD 线的交点，BD 和 CD 线分别与坡面及水平面成 β_1 及 β_2 角。β_1 及 β_2 角与土坡坡角 β 有关，可由表 8-1 查得。

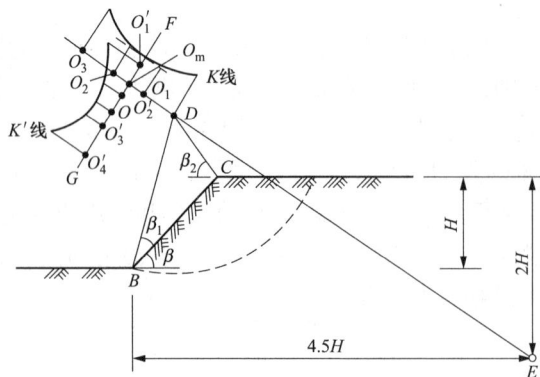

图 8-7　确定最危险滑动面圆心的位置

表 8-1 β₁ 及 β₂ 数值表

（表题：β₁ 及 β₂ 数值表）

土坡坡度 （高度：宽度）	坡角 β	β₁	β₂
1：0.58	60°	29°	40°
1：1	45°	28°	37°
1：1.5	33°41′	26°	35°
1：2	26°34′	25°	35°
1：3	18°26′	25°	35°
1：4	14°02′	25°	37°
1：5	11°19′	25°	37°

（2）土的内摩擦角 $\varphi > 0°$。这时最危险滑动面也通过坡脚，其圆心在 ED 的延长线上，E 点位置如图 8-7 所示。φ 值越大，圆心越向外移。计算时从 D 点向外延伸取几个试算圆心 O_1、$O_2\cdots$，分别求得其相应的滑动安全系数 K_1、$K_2\cdots$，绘 K 值曲线可得到最小安全系数值 K_{min}，其相应的圆心为 O_m。

实际上，土坡的最危险滑动面圆心位置有时并不一定在 ED 的延长线上，而可能在其左右附近，因此圆心 O_m 可能并不是最危险滑动面的圆心，这时可以通过 O_m 点作 DE 线的垂线 FG，在 FG 上取几个试算滑动面的圆心 O_1'、$O_2'\cdots$，求得其相应的滑动稳定安全系数 K_1'、$K_2'\cdots$ 绘得 K' 曲线，相应于 K_{min}' 值的圆心 O 才是最危险滑动面的圆心。

由此可知，根据费伦纽斯提出的方法，虽然可以把危险滑动面的圆心位置缩小到一定范围，但其试算工作量仍然很大。泰勒对此做了进一步的研究，提出了确定均质简单土坡稳定安全系数的图表（见图 8-8、图 8-9）。

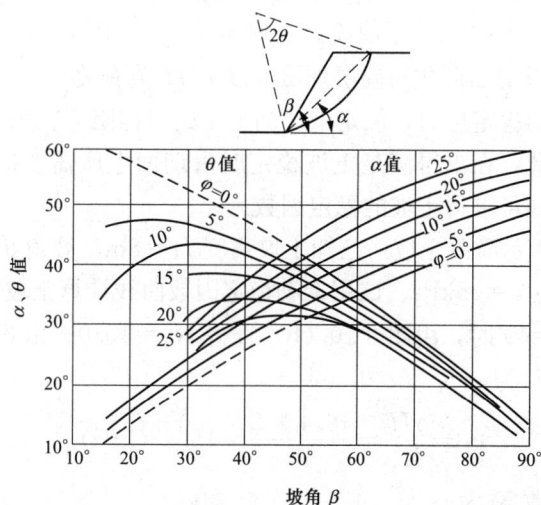

图 8-8　按泰勒法确定最危险滑动面圆心位置（当 $\varphi > 3°$ 或 $\varphi = 0°$，且 $\beta > 53°$ 时）

(a)

(b)

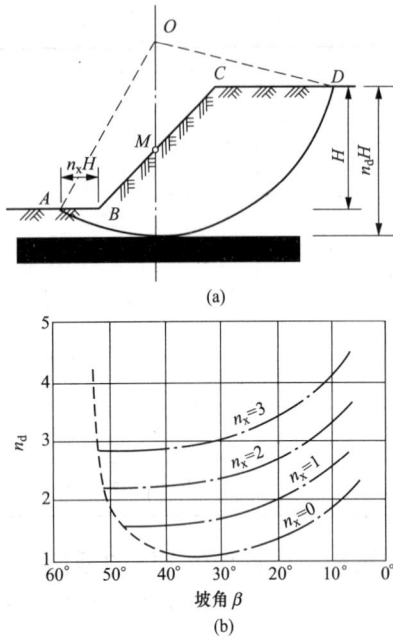

图 8-9　按泰勒法确定最危险滑动面圆
心位置（当 $\varphi=0°$，且 $\beta<53°$ 时）

4. 泰勒分析法

泰勒认为圆弧滑动面的 3 种形式与土的内摩擦角 φ 值、坡角 β 及硬层埋藏深度等因素有关，经过大量计算分析后提出：

当 $\varphi>3°$ 时，滑动面为坡脚圆，其最危险滑动面圆心位置，可根据 φ 及 β 值，从图 8-8 中的曲线查得 θ 及 α 值作图求得。

当 $\varphi=0°$，且 $\beta>53°$ 时，滑动面也是坡脚圆，其最危险滑动面圆心位置，同样可以从图 8-8 中的曲线查得 θ 及 α 值作图求得。

当 $\varphi=0°$，且 $\beta<53°$ 时，滑动面可能是中点圆，也有可能是坡脚圆或坡面圆，它取决于硬层的埋藏深度。当土体高度为 H，硬层的埋藏深度为 $n_d H$ 时，如图 8-9（a）所示，若滑动面为中点圆，则圆心位置在坡面中点 M 的铅直线上，且与硬层相切，滑动面与土面的交点为 A，A 点距坡脚 B 的距离为 $n_x H$，n_x 值可根据 n_d 及 β 值由图 8-9（b）查得。若硬层埋藏较浅，则滑动面可能是坡脚圆或坡面圆，其圆心位置需通过试算确定。

泰勒提出在土坡稳定性分析中共有 5 个计算参数，即土的重度 γ、土坡高度 H、坡角 β 及土的抗剪强度指标 c、φ，若知道其中 4 个参数就可以求出第 5 个参数。为了应用方便，引入参数 N_s，称为稳定因数，即

$$N_s=\frac{\gamma H}{c} \tag{8-5}$$

通过大量计算可以得到 N_s 与 φ 及 β 间的关系曲线，如图 8-10 所示。在图 8-10（a）中给出 $\varphi=0°$ 时稳定因数 N_s 与 β 的关系曲线。在图 8-10（b）中给出 $\varphi>0°$ 时 N_s 与 β 的关系曲线，可见，当 $\beta<53°$ 时滑动面形式与硬层埋藏深度 $n_d H$ 值有关。

泰勒分析简单土坡的稳定性时，假定滑动面上土的摩擦阻力首先得到充分的发挥，然后由土的黏聚力补充。因此，在求得满足土坡稳定时滑动面上所需要的黏聚力 c_1 后与土的实际黏聚力 c 进行比较，即可求得土坡的稳定因数。

例 8-1　如图 8-11 所示简单土坡，已知土坡高度 $H=8m$，坡角 $\beta=40°$，土的性质为：$\gamma=19.4kN/m^3$，$\varphi=10°$，$c=25kPa$。试用泰勒稳定因数曲线计算土坡的稳定因数。

解　当 $\varphi=10°$，$\beta=40°$ 时，由图 8-10（b）查得 $N_s=10.0$。由式（8-5）可求得此时滑动面上所需要的黏聚力 c_1 为

$$c_1=\frac{\gamma H}{N_s}=\frac{19.4\times 8}{10}=15.52(kPa)$$

土坡的稳定安全系数 K 为

$$K=\frac{c}{c_1}=\frac{25}{15.52}=1.61$$

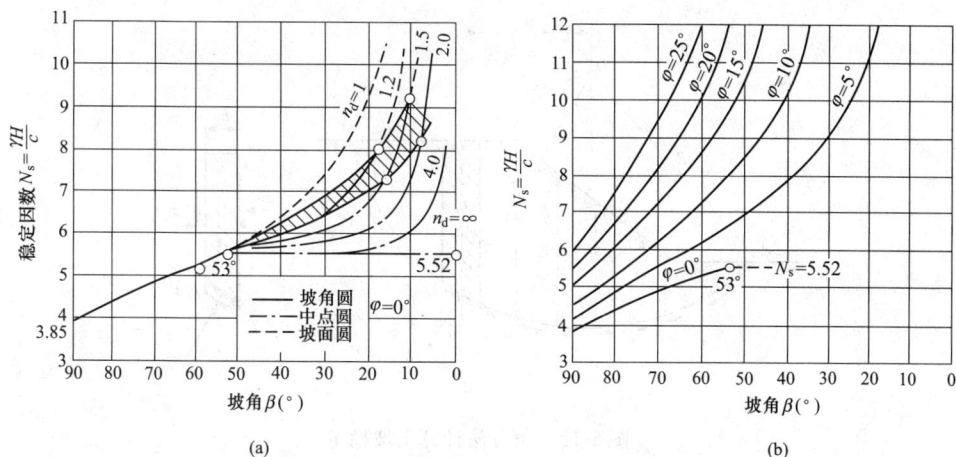

图 8-10 泰勒的稳定因数 N_s 与坡角 β 的关系

(a) $\varphi = 0°$ 时；(b) $\varphi > 0°$ 时

应该看到，上述土坡的稳定安全系数的意义与前述不同，前面是指土的抗剪强度与剪应力之比。在例 8-1 中对土的内摩擦角 φ 而言，其稳定安全系数是 1.0，而黏聚力 c 的稳定安全系数是 1.61，两者不一致。若要求 c、φ 值具有相同的稳定安全系数，则需采用试算法确定。

（二）瑞典条分法

由前面的分析可知，当土体 $\varphi > 0°$ 时，由于圆弧滑动面上各点的法向应力不同，因此土的抗剪强度各点也不

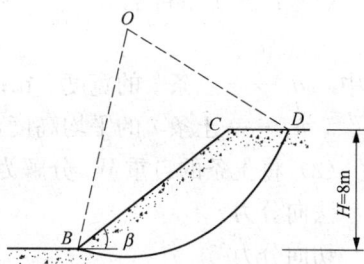

图 8-11 简单边坡

相同，这样就不能直接应用式（8-2）计算土坡的稳定安全系数。而泰勒的分析方法是对滑动面上的抵抗力大小及方向做了一些假定的基础上，才得到分析均质简单土坡稳定的计算图表。它对于非均质的土坡或比较复杂的土坡，如形状较复杂、土坡上有荷载作用或土坡中有水渗流时均不适用。瑞典条分法是解决这一问题的基本方法，至今仍得到广泛的应用。

1. 基本原理

图 8-12 所示土坡，取单位长度土坡按平面问题计算。设可能的滑动面为一圆弧 AD，圆心为 O，半径为 R。将滑动土体 $ABCDA$ 分成若干竖向土条，土条的宽度一般可取 $b = 0.1R$，任一土条 i 上的作用力包括：

（1）土条的重力 W_i。其大小、作用点位置及方向均为已知。滑动面 ef 上的法向力 N_i 及切向反力 T_i，假定 N_i 和 T_i 作用在滑动面 ef 的中点，它们的大小均未知。

（2）土条两侧的法向力 E_i、E_{i+1} 及其作用点位置和竖向剪切力 X_i、X_{i+1}。其中 E_i 和 X_i 可由前一个土条的平衡条件求得，而 E_{i+1} 及 X_{i+1} 的大小未知，E_{i+1} 的作用点位置也未知。

由此可以得到，作用在土条 i 上的作用力有 5 个未知数，但只能建立 3 个力的平衡方程（即水平向静力平衡方程、竖向静力平衡方程和力矩平衡方程），属静不定问题。

2. 计算步骤

为了求得 N_i、T_i 的值，必须对土条两侧的作用力大小和位置做适当假定，瑞典条分法

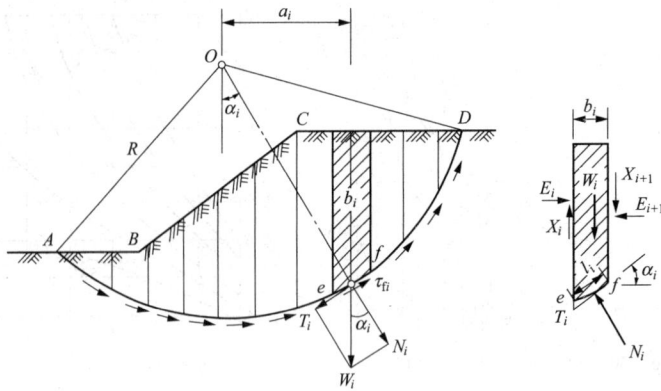

图 8-12 条分法计算土坡稳定

不考虑土条两侧的作用力，即假设 E_i 和 X_i 的合力等于 E_{i+1} 和 X_{i+1} 的合力，同时它们的作用线也重合，因此土条两侧的作用力相互抵消，这时土条 i 仅有作用力 W_i、N_i 及 T_i。

（1）计算土条自重

$$W_i = \gamma b_i h_i$$

式中　b_i——土条 i 的宽度，m；

h_i——土条 i 的平均高度，m。

（2）将土条的自重 W_i 分解为作用在滑动面 AB 上的两个力：

法向分力 $\qquad\qquad\qquad\qquad N_i = W_i \cos\alpha_i$

切向分力 $\qquad\qquad\qquad\qquad T_i = W_i \sin\alpha_i$

则滑动面 ef 上土的抗剪强度为

$$\tau_{fi} = \sigma_i \tan\varphi_i + c_i = \frac{1}{l_i}(N_i \tan\varphi_i + c_i l_i) = \frac{1}{l_i}(W_i \cos\alpha_i \tan\varphi_i + c_i l_i)$$

式中　α_i——土条 i 滑动面的法线与竖直线的夹角，如图 8-12 所示；

l_i——土条 i 滑动面 ef 的弧长；

c_i、φ_i——滑动面上的黏聚力及内摩擦角。

（3）计算滑动力矩和稳定力矩。土条 i 上的作用力对圆心 O 产生的滑动力矩 M_s 及稳定力矩 M_f 分别为

$$M_s = T_i R = W_i R \sin\alpha_i$$

$$M_f = \tau_{fi} l_i R = (W_i \cos\alpha_i \tan\varphi_i + c_i l_i)R$$

（4）计算土坡的稳定安全系数。整个土坡相应于滑动面为 AD 时的稳定安全系数为

$$K = \frac{M_f}{M_s} = \frac{\sum (W_i \cos\alpha_i \tan\varphi_i + c_i l_i)}{\sum W_i \sin\alpha_i} \tag{8-6}$$

对于均质土坡，$c = c_i$，$\varphi_i = \varphi$，则有

$$K = \frac{M_f}{M_s} = \frac{\tan\varphi \sum W_i \cos\alpha_i + c \,\hat{l}_{AD}}{\sum W_i \sin\alpha_i} \tag{8-7}$$

3. 最危险滑动面圆心位置的确定

上面是对于某一个假定滑动面求得的稳定安全系数，因此需要试算许多个可能的滑动面，相应于最小稳定安全系数的滑动面即为最危险滑动面。确定最危险滑动面圆心位置的方法，同样可以利用费伦纽斯或泰勒的经验方法。

例 8-2　如图 8-13 所示，已知某土坡高度 $H=6\text{m}$，坡角 $\beta=55°$，土的性质为：$\gamma=16.7\text{kN/m}^3$，$\varphi=12°$，黏聚力 $c=16.7\text{kPa}$。试用条分法验算土坡的稳定安全系数。

解　（1）按比例绘出土坡的剖面图（见图 8-13）。按泰勒经验方法确定最危险滑动面圆心

图 8-13　泰勒经验法计算危险滑动面圆心

位置，当 $\varphi=12°$、$\beta=55°$ 时，易知土坡的滑动面是坡角圆，其最危险滑动面圆心的位置，可从图 8-8 中的曲线得到 $\alpha=40°$、$\theta=34°$，由此作图求得圆心 O。

（2）将滑动土体 $BCDB$ 划分成竖直土条。圆弧滑动面 BD 的水平投影长度为：$H\cot\alpha=6\times\cot40°=7.15\text{m}$。把滑动土体划分成 7 个土条，从坡脚 B 开始编号，把 $1\sim6$ 条的宽度 b 均取为 1m，而余下第 7 条的宽度则为 1.15m。

（3）各土条滑动面中点与圆心的连线同竖直线的夹角 α_i 值，可按下式计算

$$\sin\alpha_i=\frac{a_i}{R}$$

$$R=\frac{d}{2\sin\theta}=\frac{H}{2\sin\alpha\sin\theta}=\frac{6}{2\sin40°\cos34°}=8.35(\text{m})$$

式中　a_i——土条 i 的滑动面中点与圆心 O 的水平距离；

　　　R——圆弧滑动面 BD 的半径；

　　　d——BD 弦的长度；

θ、α——求圆心位置时的参数，其意义见图 8-8。

将求得的各土条值列于表 8-2 中。

（4）从图 8-13 中量取各土条的中心高度 h_i，计算各土条的重力 $W_i=\gamma b_i h_i$ 及 $W_i\sin\alpha_i$、$W_i\cos\alpha_i$ 值，将结果列于表 8-2 中。

表 8-2　　　　　　　　　　**土坡稳定安全系数计算结果**

土条编号	土条宽 b_i（m）	土条中心高 h_i（m）	土条重力 W_i（m）	α_i（°）	$W_i\sin\alpha_i$（kN）	$W_i\cos\alpha_i$（kN）	$\hat{L}$（m）
1	1	0.60	11.16	9.5	1.84	11.0	
2	1	1.80	33.48	16.5	9.51	32.1	
3	1	2.85	53.01	23.8	21.39	48.5	
4	1	3.75	69.75	31.8	36.56	59.41	
5	1	4.10	76.26	40.1	49.12	58.33	

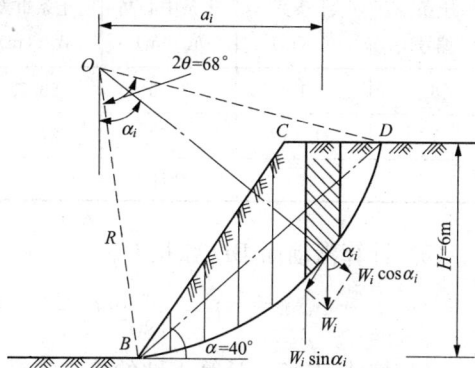

土条编号	土条宽 b_i (m)	土条中心高 h_i (m)	土条重力 W_i (m)	α_i (°)	$W_i \sin\alpha_i$ (kN)	$W_i \cos\alpha_i$ (kN)	$\widehat{L}$ (m)
6	1	3.05	56.73	49.8	43.33	36.62	
7	1.15	1.50	27.90	63.0	24.86	12.67	
合计					186.60	258.63	9.91

（5）计算滑动面 BD 弧长 $\widehat{L}$。

$$\widehat{L} = \frac{\pi}{180} 2\theta R = \frac{2 \times \pi \times 34 \times 8.35}{180} = 9.91\,(\mathrm{m})$$

（6）按式（8-7）计算土坡的稳定安全系数 K，即

$$K = \frac{M_f}{M_s} = \frac{\tan\varphi \sum_{i=1}^{n} W_i \cos\alpha_i + cL}{\sum_{i=1}^{n} W_i \sin\alpha_i} = \frac{258.63 \times \tan12° + 16.7 \times 9.91}{186.6} = 1.18$$

例 8-3 一均质黏性土坡，高 20m，坡比为 1：2，填土黏聚力 $c=10\mathrm{kPa}$，内摩擦角 $\varphi=20°$，重度 $\gamma=18\mathrm{kN/m^3}$，试用条分法计算土坡的稳定安全系数。

解 （1）选择滑动面圆心，作出相应的滑动圆弧。按一定比例画出土坡剖面，如图 8-14 所示，求出 E 点，作 EO 的延长线，在 EO 延长线上取一点 O_1 作为第一次试算的滑动面圆心，通过坡脚作相应的滑动圆弧，量得其半径为 40m。

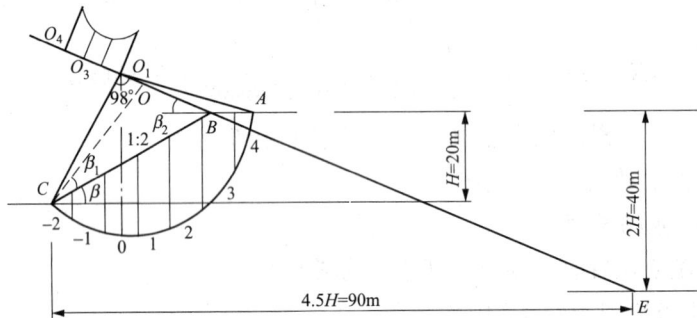

图 8-14 例 8-3 计算示意图

（2）将滑动土体分成若干土条，并对土条进行编号。为计算方便，土条宽度 b 取等宽为 $0.2R$，等于 8m。土条编号一般从滑动面圆心的垂线开始作为 O，逆滑动方向的土条依次为 1，2，3…，顺滑动方向的土条依次为 -1，-2，-3…。

（3）量出各土条中心高度 h_i，并列表计算 $\sin\alpha_i$、$\cos\alpha_i$ 及 $\sum h_i \cos\alpha_i$、$\sum h_i \sin\alpha_i$ 等值，见表 8-3。应当注意，当取等宽时，土体两端土条的宽度不一定恰好等于 b，此时需将土条的实际高度算成相应于 b 时的高度，对 $\sin\alpha_i$ 也应按实际宽度计算，见表 8-3 下注。

（4）量出滑动面圆弧的中心角 θ 为 98°，计算滑动面弧长 $\widehat{L}$

$$L = \frac{\pi}{180} \theta R = 68.4\,(\mathrm{m})$$

如果考虑裂缝，滑动面弧长只能计算到裂缝为止。

（5）计算稳定安全系数

$$K = \frac{M_\mathrm{f}}{M_\mathrm{s}} = \frac{\tan\varphi\sum\limits_{i=1}^{n}W_i\cos\alpha_i + c\hat{L}}{\sum\limits_{i=1}^{n}W_i\sin\alpha_i} = \frac{\tan\varphi\gamma b\sum\limits_{i=1}^{n}h_i\cos\alpha_i + cL}{\gamma b\sum\limits_{i=1}^{n}h_i\sin\alpha_i}$$

$$= \frac{\tan 20° \times 18 \times 8 \times 80.51 + 10 \times 40 \times \dfrac{98}{180} \times 3.14}{18 \times 8 \times 25.34} = 1.34$$

表 8-3　　　　　条分法计算表（圆心编号：O_1，圆弧半径：40m，土条宽：8m）

土条编号	h_i（m）	$\sin\alpha_i$	$\cos\alpha_i$	$h_i\sin\alpha_i$	$h_i\cos\alpha_i$
−2	3.3	−0.383	0.924	−1.26	3.05
−1	9.5	−0.2	0.980	−1.90	9.31
0	14.6	0	1	0	14.60
1	17.5	0.2	0.980	3.5	17.15
2	19.0	0.4	0.916	1.6	17.40
3	17.9	0.6	0.800	10.20	13.60
4	9.0	0.8	0.600	7.20	5.40
$\sum$				25.34	80.51

注　1. 从图 8-14 上量出"−2"土条的实际宽度为 6.6m，实际高度为 4.0m，折算后的"−2"土条高度为 3.3m。

　　2. $\sin\alpha_{-2} = -\dfrac{1.5b + 0.5b_{-2}}{R} = -0.383$。

（6）在 EO 的延长线上重新选择滑动面圆心 O_2，$O_3\cdots$，重复上面计算，从而求出最小稳定安全系数，即为该土坡的稳定安全系数。

例 8-4　某场地自地表至 10m 处为淤泥质土，黏聚力 $c=20$kPa，$\varphi=0°$，重度 $\gamma=17.5$kN/m³，其下为较厚的砂层，若开挖深度为 5m 的基坑，试用泰勒图表法确定对应于稳定安全系数 $K=1.5$ 时的边坡最大稳定坡角是多少？

解　因为淤泥质土的 $\varphi=0°$，故其稳定性与下部砂层距土坡坡顶的距离 h_d 有关，土坡坡高 $h=5$m，则

$$n_\mathrm{d} = \frac{h_\mathrm{d}}{h} = \frac{10}{5} = 2$$

$$N_\mathrm{s} = \frac{\gamma h_\mathrm{cr}}{c} = \frac{\gamma Kh}{c} = \frac{17.5 \times 1.5 \times 5}{20} = 6.56$$

由 $n_\mathrm{d}=2$、$N_\mathrm{s}=6.56$，查图 8-10 可得 $\beta=15°$，即该淤泥质土边坡的最大稳定坡角 $\beta=15°$。

（三）毕肖普条分法

用条分法分析土坡稳定性时，任一土条的受力情况是一个静不定问题。为了解决这一问题，瑞典条分法假定不考虑土条间的作用力。一般说这样得到的稳定安全系数是偏小的。在工程实践中，为了改进条分法的计算精度，许多人都认为应该考虑土条间的作用力，以求得比较合理的结果。目前已有许多解决问题的办法，其中以毕肖普（A. W. Bishop，1955）提

出的简化方法比较合理实用。

图 8-12 所示土坡，任一土条 i 上的受力条件是一个静不定问题，土条 i 上的作用力有 5 个未知，属二次静不定问题。毕肖普在求解时补充了两个假设条件：忽略土条两侧竖向剪切力 X_i 和 X_{i+1} 作用，对滑动面上的切向力 T_i 的大小做了规定，如图 8-15 所示。

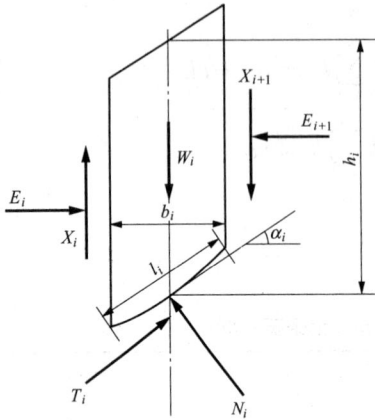

图 8-15 毕肖普法分析条块力

根据土条 i 的竖向平衡条件可得

$$W_i - X_i + X_{i+1} - T_i \sin\alpha_i - N_i \cos\alpha_i = 0$$

即 $N_i \cos\alpha_i = W_i + (X_{i+1} - X_i) - T_i \sin\alpha_i$ \qquad (8-8)

若土坡的稳定安全系数为 K，则土条 i 滑动面上的抗剪强度 τ_{fi} 只发挥了一部分，毕肖普假设发挥的这部分抗剪力与滑动面上的切向力 T_i 相平衡，即

$$T_i = \frac{\tau_{fi} l_i}{K} = \frac{1}{K}(N_i \tan\varphi_i + c_i l_i) \qquad (8-9)$$

将式 (8-9) 代入式 (8-8)，可得

$$N_i = \frac{W_i + (X_{i+1} - X_i) - \dfrac{c_i l_i}{K}\sin\alpha_i}{\cos\alpha_i + \dfrac{1}{K}\tan\varphi_i \sin\alpha_i} = \frac{1}{m_{ai}}\left(W_i + X_{i+1} - X_i - \frac{c_i l_i}{K}\sin\alpha_i\right) \qquad (8-10)$$

其中 $$m_{ai} = cos\alpha_i + \frac{1}{K}\tan\varphi_i \sin\alpha_i \qquad (8-11)$$

根据滑动土体的整体力矩平衡条件，各土条的作用力对圆心力矩之和应为零。土条间的力 X_i 和 E_i 成对出现，大小相等，方向相反，相互抵消，对圆心不产生力矩。滑动面上法向应力 N_i 通过圆心，也不存在力矩。只有重力 W_i 和滑动面上的切向力 T_i 对圆心产生滑动力矩和抗滑力矩，且两者相等，即

$$\sum W_i a_i = \sum T_i R \qquad (8\text{-}12a)$$

将式 (8-9) 代入式 (8-12a)，得

$$\sum W_i R \sin\alpha_i = \sum \frac{1}{K}(N_i \tan\varphi_i + c_i l_i)R \qquad (8\text{-}12b)$$

代入式 (8-10) 中的 N_i，得

$$K = \frac{\sum \dfrac{1}{m_{ai}}[(W_i + X_{i+1} - X_i)\tan\varphi_i + c_i b_i]}{\sum W_i \sin\alpha_i} \qquad (8\text{-}12c)$$

式中 b_i——土条宽度。

由于式 (8-12c) 中 X_i 与 X_{i+1} 未知，故求解困难较大。毕肖普假定土条间竖向剪切力忽略不计，即 $X_{i+1} - X_i = 0$，则式 (8-12c) 可简化为

$$K = \frac{\sum \dfrac{1}{m_{ai}}(W_i \tan\varphi_i + c_i b_i)}{\sum W_i \sin\alpha_i} \qquad (8\text{-}13)$$

式（8-13）就是简化毕肖普条分法计算土坡稳定安全系数的公式。由于式中 m_{ai} 也包含 K 值，因此式（8-13）须用迭代法求解，即先假定一 K 值，按式（8-11）求得 m_{ai} 值，代入式（8-13）中求稳定安全系数 K'。假若求得的 K' 与 K 差值大于规定的误差，则用求得的 K' 重新计算 m_{ai}，以求得新的稳定安全系数，如此反复迭代，直至前后两次计算的稳定安全系数差值满足精度要求为止。为方便计算，将式（8-11）中的 m_{ai} 值制成曲线（如图 8-16 所示），按 α_i（土条 i 滑动面的法线与竖直线的夹角）及 $\dfrac{\tan\varphi_i}{K}$ 直接查得 m_{ai} 值。最危险滑动面圆心位置的确定方法，仍按前述方法进行确定。

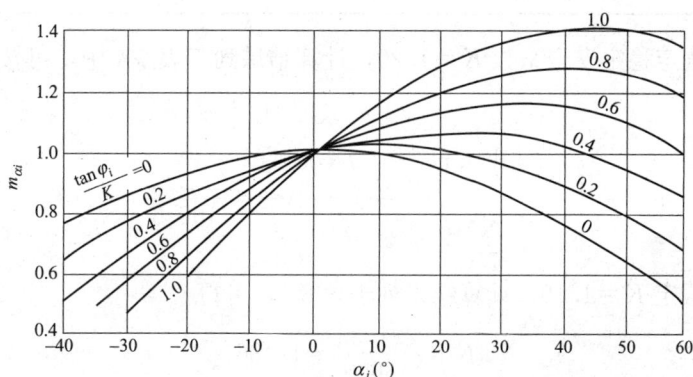

图 8-16 m_{ai} 值曲线

必须指出，对于 α_i 为负值的土条，要注意会不会使 m_{ai} 趋近于零。否则，简化毕肖普条分法就不能使用，因为此时的 N_i 会趋于无限大，这显然是不合理的。根据国外学者的建议，当任一土条的 m_{ai} 小于或等于 0.2 时，计算的 K 就会产生较大的误差，此时最好采用别的计算方法。另外，当坡顶土条的 α_i 很大时，会使该土条出现 $N_i<0$，此时可取 $N_i=0$。简化毕肖普条分法假定所有的 ΔX_i 均等于零，减少了 $(n-1)$ 个未知量，又先后利用每一个土条竖直方向力的平衡及整个滑动土体的力矩平衡条件，避开了计算 E_i 及其作用点的位置，求出稳定安全系数 K，这同样不能满足所有的平衡条件，也不是一个严格的方法，由此产生的误差为 $2\%\sim7\%$。

例 8-5 用简化毕肖普条分法计算例 8-2 中土坡的稳定安全系数。

解 土坡的最危险滑动面圆心 O 的位置及土条划分情况均与例 8-2 相同，计算的各土条的有关各项列于表 8-4 中。

表 8-4　　　　　　　　　　　　　　土坡稳定安全系数计算表

土条编号	$\alpha_i(°)$	l_i (m)	W_i (kN)	$W_i\sin\alpha_i$ (kN)	$W_i\tan\varphi_i$ (kN)	$c_il_i\cos\alpha_i$	m_{ai}		$\dfrac{1}{m_{ai}}(W_i\tan\varphi_i+c_il_i\cos\alpha_i)$	
							$K=1.20$	$K=1.19$	$K=1.20$	$K=1.19$
1	9.5	1.01	11.16	1.84	2.37	16.64	1.016	1.016	18.71	18.71
2	16.5	1.05	33.48	9.51	7.12	16.81	1.009	1.010	23.72	23.69
3	23.8	1.09	53.01	21.39	11.27	16.66	0.986	0.987	28.33	28.30

土条编号	$\alpha_i(°)$	l_i (m)	W_i (kN)	$W_i\sin\alpha_i$ (kN)	$W_i\tan\varphi_i$ (kN)	$c_il_i\cos\alpha_i$	m_{ai}		$\frac{1}{m_{ai}}(W_i\tan\varphi_i+c_il_i\cos\alpha_i)$	
							$K=1.20$	$K=1.19$	$K=1.20$	$K=1.19$
4	31.8	1.18	69.75	36.56	14.83	16.73	0.945	0.945	33.45	33.45
5	40.1	1.31	76.26	49.12	16.21	16.73	0.879	0.880	37.47	37.43
6	49.8	1.56	56.73	43.33	12.06	16.82	0.781	0.782	36.98	36.93
7	63.0	2.68	27.90	24.86	5.93	20.32	0.612	0.613	42.89	42.82
合计				186.60					221.55	221.33

第一次试算假定稳定安全系数 $K=1.20$，计算结果列于表 8-4 中，可按式（8-13）求得稳定安全系数

$$K=\frac{\sum_{i=1}^n\frac{1}{m_{ai}}[W_i\tan\varphi_i+c_il_i\cos\alpha_i]}{\sum_{i=1}^nW_i\sin\alpha_i}=\frac{221.55}{186.6}=1.187$$

第二次试算假定 $K=1.19$，计算结果列于表 8-4，可得

$$K=\frac{221.33}{186.6}=1.186$$

计算结果与假定相近，故得土坡的稳定安全系数为 1.19。

三、基岩上覆盖土层稳定性分析

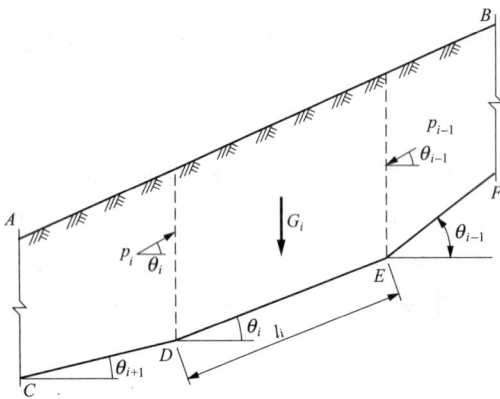

图 8-17　下滑推力计算示意图

在山区山麓地段平整建筑场地时，常常沿坡脚走向开挖，如图 8-17 所示。场地未平整之前，在较陡倾斜面 DEF 基岩面上的覆盖土层、坡度较为平缓的 CD 基岩面上土体的阻挡及被动土压力的共同作用下，整体上处于平衡状态。当场地沿 AC 面挖方时，可能导致 CDEF 基岩面上土体的失稳，从而产生滑坡，因此需要分析 CD 面上土体在下滑推力 p_i 的作用下，斜坡上的覆盖土层是否仍能够维持整体平衡。稳定性分析沿基岩倾斜面方向进行，并规定下滑力为正值，阻滑力为负值，则按照图 8-17 所示的第 i 个块体的剩余下滑推力 p_i 为

$$p_i=p_{i-1}\psi_{i-1}+F_sT_i-R_i \tag{8-14}$$

$$\psi_{i-1}=\cos(\theta_{i-1}-\theta_i)-\sin(\theta_{i-1}-\theta_i)\tan\varphi_i \tag{8-15}$$

$$R_i=c_il_i+G_i\cos\theta_i\tan\varphi_i$$

式中　p_i、p_{i-1}——第 i 块、第 $i-1$ 块滑动块体的剩余下滑推力；

　　　　ψ_{i-1}——第 $i-1$ 块滑动块体剩余下滑推力传递至第 i 块滑动块体时的传递系数；

　　　　T_i——第 i 块滑动块体自重 G_i 沿滑动面的分量；

R_i——第 i 块滑动块体自重 G_i 引起的抗滑力；

F_s——滑坡稳定性系数，根据滑坡现状及其对工程的影响确定，地基基础设计等级为甲级的建筑物取 1.30，乙级建筑物取 1.20，丙级建筑物取 1.10。

φ_i、c_i——第 i 块滑动块体沿滑动面土的内摩擦角、黏聚力标准值；

l_i——第 i 块滑动块体沿滑动面的长度。

滑坡稳定性系数 F_s 计算如下

$$F_s = \frac{\sum R_i \psi_i \psi_{i+1} \cdots \psi_{n-1} + R_n}{\sum T_i \psi_i \psi_{i+1} \cdots \psi_{n-1} + T_n} \tag{8-16}$$

需要注意的是：下滑推力作用点的位置，按照《建筑地基基础设计规范》（GB 50007—2011）的规定，可以取在滑坡体厚度的 1/2 处。对存在多个滑动面的边坡，应分别对各种可能的滑动面组合进行稳定性计算分析，并取最小稳定性系数作为边坡稳定性系数。对多级滑动面的边坡，应分别对各级滑动面进行稳定性计算分析。

根据式（8-14），若计算结果 p_i 为负值，则表示第 i 个滑动块体上的阻滑力大于下滑推力，其上基岩覆盖土层是稳定的，反之则覆盖土层不稳定，此时需要在 AC 截面处设置挡土结构物，以提高基岩覆盖土层的稳定性。

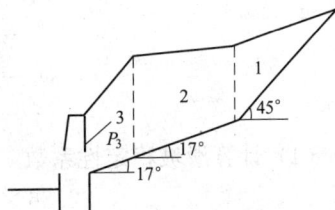

图 8-18 滑坡主轴断面图

例 8-6 某一滑动面为折线的单个滑坡，拟设计抗滑结构物，其主轴断面及力学参数如图 8-18、表 8-5 所示，取计算安全系数为 1.10 时，其最终作用在抗滑结构物上的下滑推力 p_3 为多大？

表 8-5 下滑推力计算力学参数

滑坡体	下滑分力 T (kN/m)	抗滑力 R (kN/m)	滑动面倾角 θ (°)	传递系数 ψ
1	12 000	5500	45	0.733
2	17 000	19 000	17	1.0
3	2400	2700	17	

解 按照式（8-14）有

$$p_1 = F_s T_1 - R_1 = 1.10 \times 12\,000 - 5500 = 7700 \,(\text{kN/m})$$

$$p_2 = p_1 \psi_1 = F_s T_2 - R_2 = 7100 \times 0.733 + 1.10 \times 17\,000 - 19\,000 = 4904.3 \,(\text{kN/m})$$

$$p_3 = p_2 \psi_2 + F_s T_3 - R_3 = 4054.3 \times 1.0 + 1.10 \times 2400 - 2700 = 3994.3 \,(\text{kN/m})$$

例 8-7 某折线形滑坡由三个块体组成，各滑动块体单位宽度的资料见表 8-6，该滑坡等级为Ⅱ级，坡体中未见地下水，无地面荷载，按《建筑边坡工程技术规范》（GB 50330—2013）计算，该滑坡的稳定性系数多大？

解 （1）计算各块体下滑力

$$T_1 = G_1 \sin\theta_1 = 70 \times \sin 48° = 52.02 \,(\text{kN/m})$$

$$T_2 = G_2 \sin\theta_2 = 200 \times \sin 38° = 123.13 \,(\text{kN/m})$$

$$T_3 = G_3 \sin\theta_3 = 140 \times \sin 20° = 47.88 \,(\text{kN/m})$$

表 8-6 滑动块体力学参数

各块体编号	1	2	3
单位宽度块体自重 G_i (kN/m)	70	200	140
块体底面倾角 θ_i (°)	48°	38°	20°
块体底面的摩擦角 φ_i (°)	26°	26°	26°
底面黏聚力 c_i (kPa)	0	0	10.0
块体底面长度 l_i (m)	10	15	10

（2）计算各块体抗滑力

$$R_1 = G_1\cos\theta_1\tan\varphi_1 + c_1l_1 = 70 \times \cos 48° \times \tan 26° + 0 \times 10 = 22.86\ (\text{kN/m})$$

$$R_2 = G_2\cos\theta_2\tan\varphi_2 + c_2l_2 = 200 \times \cos 38° \times \tan 26° + 0 \times 15 = 76.9\ (\text{kN/m})$$

$$R_3 = G_3\cos\theta_3\tan\varphi_3 + c_3l_3 = 140 \times \cos 20° \times \tan 26° + 10 \times 10 = 164.20\ (\text{kN/m})$$

（3）计算下滑推力传递系数

$$\psi_1 = \cos(\theta_1 - \theta_2) - \sin(\theta_1 - \theta_2)\tan\varphi_2$$
$$= \cos(48° - 38°) - \sin(48° - 38°)\tan 26° = 0.9$$

$$\psi_2 = \cos(\theta_2 - \theta_3) - \sin(\theta_2 - \theta_3)\tan\varphi_3$$
$$= \cos(38° - 20°) - \sin(38° - 20°)\tan 26° = 0.8$$

（4）计算滑坡稳定性系数

$$F_s = \frac{22.86 \times 0.9 \times 0.8 + 76.9 \times 0.8 + 164.20}{52.02 \times 0.9 \times 0.8 + 123.13 \times 0.8 + 47.88} = 1.32$$

第二节　水对边坡稳定性的影响

俗话说"十滑九水"，可见水对边坡稳定的影响是十分严重的。从本质上说水的浸入将使土的抗剪强度指标降低、有效应力减小，土体抗滑动能力减小，导致边坡失稳。

黏性土坡的稳定计算，不仅要求提出计算方法，更重要的是如何测定土的抗剪强度指标，如何确定稳定安全系数。这对于软黏土尤为重要，因为采用不同的试验仪器及试验方法得到的抗剪强度指标有很大的差异。

在实践中应结合土坡的实际加载情况、填土性质和排水条件等选用合适的抗剪强度指标。如验算土坡施工结束时的稳定情况，若土坡施工速度较快，填土的渗透性较差，则土中孔隙水压力不易消散，这时宜采用快剪或三轴不排水剪试验指标，用总应力法分析。如验算土坡长期稳定性，应采用排水剪试验或固结不排水剪试验强度指标，用有效应力法分析。

一、有水渗流时无黏性土坡稳定性计算

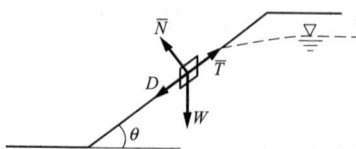

图 8-19　有顺坡渗流无黏性土坡

水库蓄水或水库水位突然下降，都会使坝体砂壳层受到一定的渗透力作用，对坝体稳定性带来不利影响。此时在坡面上渗流溢出处以下取一单元体。它除了本身重量外，还受到渗透力 J 的作用，如图 8-19 所示，若渗流方向与坡面平行，渗流力的方向也与坡面平行，此时使土体下滑的剪切力为 $W\sin\theta + J$ 。

而单元体所能发挥的最大抗剪力仍为 $T_f = W\cos\theta\tan\varphi$ ，于是稳定安全系数就成为

$$K = \frac{T_f}{W\sin\theta + J} \tag{8-17}$$

对单位土体来说，当直接用渗流力来考虑渗流影响时，单位体积的土体自重就是浮重度 γ' ，而单位体积土体上的渗透力 $j = i\gamma_w$ ，式中 γ_w 为水的重度， i 为水力梯度。因是顺坡出流，对应渗流路径 dl 的水头损失为 dh ，则有 $i = \frac{dh}{dl} = \sin\theta$ ，于是式（8-17）可写成

$$K = \frac{\gamma'\cos\theta\tan\varphi}{(\gamma' + \gamma_w)\sin\theta} = \frac{\gamma'\tan\varphi}{\gamma_{sat}\tan\theta} \tag{8-18}$$

其中 γ_{sat} 为土的饱和重度，式（8-18）和没有渗流作用的式（8-1）相比，稳定安全系数相差 γ'/γ_{sat} 倍，此值接近于 $1/2$ 。因此，当坡面有顺坡渗流作用时，无黏性土坡的稳定安全系数将几乎降低一半。

例 8-8 一均质无黏性土坡，其饱和重度 $\gamma_{sat} = 19.5 \text{kN/m}^3$ ，内摩擦角 $\varphi = 30°$ ，若要求这个土坡的稳定安全系数为 1.25 ，试问在干坡或完全浸水情况下及坡面有顺坡时的坡角应为多少？

解 干坡或完全浸水时，由式（8-1）得

$$\tan\theta = \frac{\tan\varphi}{K} = \frac{0.577}{1.25} = 0.462$$

因此 $$\theta = 24.8°$$

有顺坡渗流时，由式（8-18）得

$$\tan\theta = \frac{\gamma'\tan\varphi}{\gamma_{sat}K} = \frac{9.69 \times 0.577\ 4}{19.5 \times 1.25} = 0.230$$

因此 $$\theta = 12.9°$$

由计算结果可知，有渗流作用的土坡稳定坡角比无渗流作用的要小得多。

二、有水渗流时黏性土坡稳定性计算

河滩路堤两侧水位不同时，水将由高水位一侧向低水位一侧渗流。当水位急剧下降时，路堤内的水将向外渗流。上述情况路堤内水的渗流所产生的渗透力 J ，其方向指向路堤边坡，它对路堤的稳定是不利的。

图 8-20 所示土坡，由于水位骤降，路堤内水向外渗流。已知浸润线（渗流水位线）为 efg ，滑动土体在浸润线以下部分 $fgBf$ 的面积为 A ，作用在这一部分上的渗透力为 J 。用条分法分析土体稳定时，对土条 i 的重力 W_i 计算，在浸润线以下部分应考虑水的浮力作用，采用浮重度，渗透力 J 可按下式计算

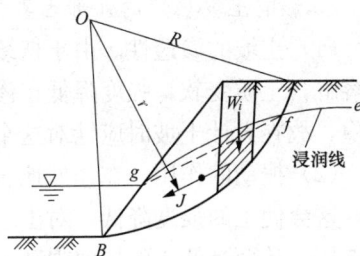

图 8-20 渗流时的土坡稳定计算

$$J = jA = \gamma_w iA \tag{8-19}$$

式中 j——作用在单位体积土体上的渗透力，kN/m^3 ；

γ_w——水的重度，kN/m^3 ；

i——在面积 $fgBf$ 范围内的水头梯度平均值，可近似地假设 i 等于浸润线两端 fg 连线的坡度；

A——滑动土体在浸润线以下部分 $fgBf$ 的面积，m^2 。

渗透力 J 的作用点在面积 $fgBf$ 的形心，其作用方向假设与 fg 平行，对滑动面圆心 O 的力臂为 r。

这样考虑渗透力后，对于均质土坡，用瑞典条分法分析土坡稳定安全系数的计算公式可以写为

$$K = \frac{M_f}{M_s} = \frac{R(\tan\varphi \sum W_i \cos\alpha_i + \widehat{cl})}{R \sum W_i \sin\alpha_i + rJ} \tag{8-20}$$

三、按有效应力法分析土坡稳定性

前面介绍的土坡稳定安全系数计算公式都属于总应力法，采用的抗剪强度指标也是总应力指标。若土坡是由饱和黏土填筑，因填土或施加的荷载速度较快，土中孔隙水来不及排除，将导致孔隙水压力加大，使土的有效应力减小，增加土坡滑动的危险。这时，土坡稳定性分析应该考虑孔隙水压力的影响，采用有效应力法计算。其稳定安全系数计算公式可将前述总应力方法公式修正后得到。条分法稳定安全系数可改写为

$$K = \frac{\tan\varphi' \sum (W_i \cos\alpha_i - u_i l_i) + c' \widehat{l}}{\sum W_i \sin\alpha_i} \tag{8-21}$$

式中　φ'、c' ——土的有效内摩擦角和有效黏聚力；

　　　u_i ——作用在土条 i 滑动面上的平均孔隙水压力。

第三节　土坡稳定性的影响因素及防治措施

一、影响土坡稳定性的因素

影响土坡稳定性的因素很多，大致可以分为内部因素和外部因素两大部分。

1. 影响土坡稳定性的内部因素

（1）土的性质。土的性质越好，土坡就越稳定。不同土质的抗剪强度是不一样的，如湿陷性黄土，遇水后软化，强度会发生骤降。

（2）土坡的坡角。坡角越小越安全（但不经济）；坡角越大越经济（但不安全）。

（3）土坡的坡高。试验研究表明，其他条件相同的土坡，坡高越小，土坡越稳定。

2. 影响土坡稳定的外部因素

（1）土坡的渗透性。由于持续的降雨或地下水的渗入，会使土中含水量增高，土中易溶盐溶解，土质变软，强度降低；渗透还会使土的重度增加，以及产生孔隙水压力，促使土体失稳，故在设计土坡时应针对这个情况，采取相应的排水措施。

（2）振动的作用。在强烈地震、打桩、工程爆破和车辆振动等情况下，砂土极易发生液化，这会使土的强度降低，对土坡稳定性产生不利影响；而对于黏性土，振动时易使土的结构破坏，从而降低土的抗剪强度。

（3）人为影响。由于人类不合理地开挖，特别是开挖坡脚；或开挖基坑、沟渠、道路边坡时将弃土堆在坡顶附近；在土坡上建房或堆放重物时，都可能引起土坡发生滑坡。

二、土坡滑动破坏的防治措施

防治滑坡应当贯彻早期发现，预防为主；查明情况，对症下药；综合整治，有主有从；治早治小，贵在及时；力求根治，以防后患；因地制宜，就地取材；安全经济，正确施工的

原则。防治滑坡的措施和方法有：

1. 避让

选择场址时，通过搜集资料、调查访问和现场踏勘，查明是否存在滑坡，并对场址的整体稳定性作出判断，对场址有直接危害的大、中型滑坡应避开为宜。

2. 减少水对滑坡的危害

"水"是促使滑坡发生和发展的主要因素，应尽早消除或减轻地表水和地下水对滑坡的危害，其方法有：

（1）截。在滑坡体可能发展的边界 5m 以外的稳定地段设置环形截水沟（或盲沟），以拦截和旁引滑坡范围外的地表水和地下水，使之不进入滑坡区。

（2）排。在滑坡区内充分利用自然沟谷，布置成树枝状排水系统，或修筑盲洞、支撑盲沟和布置垂直孔群及水平孔群等排除滑坡范围内的地表水和地下水。

（3）护。在滑坡体上种植草皮或在滑坡上游严重冲刷地段修筑丁字坝，改变水流流向和在滑坡前线抛石、铺石笼等，以防地表水对滑坡坡面的冲刷或河水对滑坡坡脚的冲刷。

（4）填。用黏土填塞滑坡体上的裂缝，防止地表水渗入滑坡体内。

3. 改善滑坡体力学条件，增大抗滑力

（1）减与压。对于滑床上陡下缓、滑体头重脚轻的或推移式滑坡，可在滑坡上部的主滑地段减重或在前部的抗滑地段增加压重，以达到滑体的力学平衡。对于小型滑坡可采取全部清除。

（2）挡。设置支挡结构（如抗滑挡墙、抗滑桩等）以支挡滑坡体或把滑坡土体锚固在稳定地层上。由于采用挡的措施即能够比较少的扰动滑坡土体，又有效地改善滑体的力学平衡条件，故"挡"是目前用来稳定滑坡的有效措施之一。

4. 改善滑带土的性质

采用焙烧法、灌浆法、孔底爆破灌注混凝土法，以及砂井、砂桩、电渗排水、电化学加固等措施，改变滑带土的性质，提高其强度指标，增强滑坡的稳定性。

思 考 题

8-1　无黏性土坡的稳定条件是什么？

8-2　土坡失稳的根本原因是什么？影响土坡稳定性的因素有哪些？有哪些措施防止土坡滑动？

8-3　土坡稳定性分析的条分法原理是什么？如何确定最危险圆弧滑动面？

8-4　毕肖普法与瑞典条分法的主要差别是什么？

8-5　进行滑坡稳定性验算时，滑带土的力学参数 c、φ 值应采用何种试验获得？为什么？

习 题

8-1　一无限长土坡与水平面成 α 角，土的重度 $\gamma = 19\text{kN/m}^3$，土与基岩面的抗剪强度指标 $c = 0$，$\varphi = 30°$。试求稳定安全系数 $K = 1.2$ 时的 α 角容许值（如图 8-21 所示）。

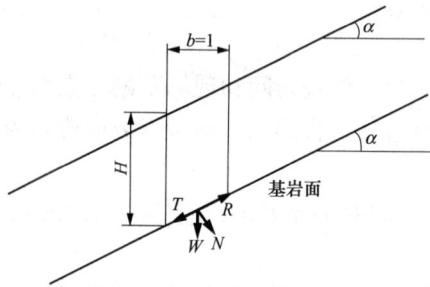

图 8-21　习题 8-1 图

8-2　一砂砾土坡，其饱和重度为 $\gamma_{sat}=19kN/m^3$，内摩擦角 $\varphi=32°$，坡比为 1：3。试问在干坡或完全浸水时，其稳定安全系数为多少？又问当有顺坡向水流时土坡还能保持稳定吗？若坡比改为 1：4，其稳定性如何？

8-3　已知某挖方土坡，土的物理力学指标为 $\gamma=18.9kN/m^3$，$\varphi=10°$，$c=12kPa$，若取稳定安全系数 $K=1.5$，试问：

(1) 将坡角做成 $\beta=60°$ 时边坡的最大高度是多少；

(2) 若挖方的开挖高度为 4m，坡角最大能做成多大？

8-4　一均质黏性土坡，高 15m，坡比为 1：2，填土黏聚力 $c=40kPa$，$\varphi=8°$，$\gamma=19kN/m^3$。试用条分法计算土坡稳定安全系数。

8-5　土坡外形尺寸与习题 8-4 相同。设土体 $c'=10kPa$，$\varphi'=36°$，$\gamma=18kN/m^3$，土条底面上的孔隙水压力 u_i 可用 $\gamma h_i \overline{B}$ 求出，h_i 为土条中心高度，孔隙应力系数 $\overline{B}=0.60$，试用毕肖普条分法计算土坡稳定安全系数。

参 考 文 献

[1] 东南大学，浙江大学，湖南大学，等．土力学．北京：中国建筑工业出版社，2005.

[2] 汪仁和，林斌，李栋伟．土力学．北京：中国电力出版社，2010.

[3] 钱德玲．土力学．北京：中国建筑工业出版社，2009.

[4] 姚仰平，汪仁和，徐新生．土力学．北京：高等教育出版社，2004.